いじめ・暴力に向き合う学校づくり

対立を修復し、学びに変えるナラティヴ・アプローチ

ジョン・ウィンズレイド 著
マイケル・ウィリアムズ
綾城初穂 訳

新曜社

本翻訳書は、SAGE 社と新曜社の協同プロジェクトによる出版です。

John Winslade and Michael Williams
SAFE AND PEACEFUL SCHOOLS
Addressing Conflict and Eliminating Violence

Copyright ⓒ 2012 by Corwin, a SAGE subsidiary. All rights reserved.
This translation is published under cooperation contract between SAGE and Shinyosha.

はじめに

本書の目的

　私たち著者は二人とも、学校におけるさまざまな対立をどう解決するか、そのためのアプローチに関心を持っており、これが本書を書くきっかけになった。私たちはこれまで、調停や仲裁（メディエーション）、修復会議、カウンセリング、対立コーチングといった活動に携わってきた。それから、秘密いじめ対策隊というアプローチや、暴力を無くすためのグループカウンセリングなどの活動も行ってきた。こうした活動は、どれも共通の視点を持っている。しかし私たちの知る限り、まだこれらの活動の全体が一つのプログラムとして体系化されたことはない。

　「学校で対立が起きたら、どちらの側にも敬意を持って対応しよう。厳しい罰に頼らないで問題に向き合い、暴力を減らし、傷ついた関係を修復し、排除するのでなく包摂する雰囲気を生み出していこう。」もし学校がこんなふうに宣言したら、そのあり方もきっと変わってくるのではないだろうか。このような方向に歩みを進めるためには、学校コミュニティの人間関係に働きかける必要がある。そのためには、具体的にどういうプロセスが必要なのだろうか。私たちの関心は、そこにあった。

　私たちが本書で論じようと思っているさまざまな対立解決アプローチには、ある共通した視点がある。それは「ナラティヴによる仲裁（ナラティヴ・メディエーション）」（Winslade & Monk, 2000, 2008）という考えから始まったもので、これまでにさまざまな対立の解決に応用されてきて、いまではおよそメディエーションと呼ぶものを超えて広がっている。理論的には、ポスト構造主義、社会構成主義、ポストモダンといった多様な領域で豊かな展開を見せた諸概念から影響を受けているが、私たちは、そうした概念を全面的に支持しているわけではない。そもそも本書では理論以上に、ナラティヴ・セラピーやコミュニティ・ワークといった実践を重視して取り上げている。その意味で、本書はこれまで包括的に論じられることのなかった複数の具体的実践を一つにまとめようと試みた、実践書なのである。

　対立が起こっても効果的に対処できる、そんな雰囲気を学校の中に作り出したい。こうしたことに関心を持つ、学校で指導的な立場にある方々（スクールリーダー）を念頭に置いて、本書は執筆された。なお、ここで言う「対処」とは、上から対立をコントロールするという意味ではない。そうではなく、対立に関わる人々全員に敬意を持って対応するという意味である。また、読者としては、本書の実践に関

i

心を持って取り組んでくれるスクールカウンセラーや心理士の方々も想定している。スクールリーダーとスクールカウンセラーという二つの専門職を本書の読者として設定したのは、政策と実行をつなぐ上で、言い換えれば、援助計画と援助実践をつなぐ上で、この二つの専門職の協力関係が必要不可欠だと思うからである。本書を読むと会話の細かいやりとりを目にすると思う。読者がスクールリーダーであれば、そうした詳細なやりとりの手法を習得することは必ずしも必要ではない。ただし、実践を担うスクールカウンセラー／心理士をサポートすることができるよう、そうした活動がどのように行われるのかは理解しておいていただきたい。また、読者がスクールカウンセラーや心理士である場合には、スクールリーダーにすべての意思決定や方針策定を任せたりせず、学校で生じる対立に対処するための体制づくりに積極的に加わっていただきたい。アメリカでは実践の指針として、スクールカウンセリングのための ASCA ナショナルモデルや教育介入反応（RTI）といったものがあるが、本書で示す包括的アプローチは、これらと良く適合すると思う。

　本書では、スクールカウンセラーをさまざまな援助技能を持つ実践家として位置づけている。ただし現場によっては、たとえ専門的技能を持っていたとしても、さまざまな理由から本書のような実践活動は行わないと判断するカウンセラーもいるだろう。そうした場合には、学校心理士やスクールソーシャルワーカー、時には実践スキルのある生徒たちが、本書で紹介する援助アプローチの担い手となって活動することも可能である。それに学校現場には、本書の内容に関心を持ち、実際に実践もできる教師も多くいる。地域によっては、援助活動を担える人に、また違った役職名が付けられているかもしれない。たとえばアメリカでは「生徒マネジメント専門士」（student management specialists）という専門職があるし、ニュージーランドでは「学習・行動支援教師」（resource teachers of learning and behavior）という職がある。ヨーロッパの一部では「ペダゴグ」（pedagogs）と呼ばれる専門職もある。私たちは「誰が何をするか」にこだわったりはしない。管理職をはじめとした教育の専門家の皆さんが、何かこれまでと違ったことを試すために、包括的・理論的に複数のアプローチをまとめた本書のアイデアを活用していただけるならば、それで良い。

　学校のスケジュールに巻き込まれてしまい、カウンセリングや対立解決のトレーニングを受けられないという話をスクールカウンセラーからよく聞く。だがこれは、レベルの低い活動の言い訳をしているに過ぎないと思う。私たちは本書を通して、自分の専門活動をより高いレベルに引き上げたいと願うカウンセラーたちに、そのツールを提供していきたいと思っている。そのようなスクールカウンセラーがいたら、スクールリーダーも大いに期待してほしい。

　本書では修復的実践、ナラティヴによるメディエーション、アンガーマネジメントグループ、秘密いじめ対策隊、カウンセリングといった実践が扱われている。そ

れぞれの実践の有効性については先行研究から支持されているが、複数の実践を一つにまとめるというアイデアはまだ萌芽の段階にある。こうした実践の有効性の検証に取り組んでも良いという学校があれば、ぜひ一緒に活動したい。とはいえ、その場合でも、優先すべきなのは研究よりも実践であり、研究が実践を主導するのではなく、実践が展開してからその意義を研究で確認するという順序で進めなければならない。本書は実践に関する本だからである。

本書が書かれた背景

第一著者のジョン・ウインズレイドと第二著者のマイケル・ウィリアムズが最初に出会ったのは、マイク（マイケル）がワイカト大学（ニュージーランド）の教育学修士課程に在籍していた時である。ジョンはワイカト大学の教員だった。マイクの最終学位論文の指導教官だったジョンは、スクールカウンセラーとしての活動でも続けてナラティヴのアイデアを実践していくようマイクに勧めた。偶然であったが、マイクが働く学校は、その10年前にジョンがスクールカウンセラーとして働いた学校でもあった。

マイクが再びジョンに連絡をとった時、マイクは秘密いじめ対策隊という新しいアプローチに着手し始めたところだった。二人はこのアプローチについていくつかの論文を共同で発表するようになった。そのうち二人の会話と執筆への熱意は秘密いじめ対策隊からナラティヴによるメディエーションにまで及ぶようになり、そこから徐々に、さまざまな実践を包括的にまとめた本を書こうというアイデアが生まれてきた。二人は多くのEメールを交わし、時々は電話やスカイプで会話し、毎年ニュージーランドの学会でも検討を加えながら、少しずつ本書を形にしていった。

2003年からジョンはカリフォルニアに拠点を移したが、ニュージーランドにはいまでも定期的に戻っており、マイクが働いているエッジウォーター・カレッジ高校にもよく訪れている。現在、ジョンはカリフォルニア州立大学サンバーナーディーノ校でスクールカウンセリングを教えながら、アメリカの文脈で本書の実践をどのように形にすることができるのか、その方法を検討している。

つまり本書は、ニュージーランドとアメリカ合衆国という二つの国をまたいだパートナーシップを基盤に執筆されたことになる。著者はそれぞれ高校と大学で働いているが、このように違った領域にいる者同士のパートナーシップも、本書を執

筆する上では意識された。本書には面白い実践のストーリーがたくさんある。これはほとんどすべて、ニュージーランドの高校でマイクが行ったものである。そのため、本書のストーリーにはそこかしこにニュージーランドの趣があるし、高校というバイアスもかかっている。実践を解説する際は、ニュージーランド以外、高校以外の実践家にも意味がわかるよう注意したが、なかには読者が自分の領域の言葉に翻訳しないといけない箇所もあるだろう。

　本書で紹介する修復的実践は、アメリカでもそれ以外の国でも展開している方法である。アメリカには秘密いじめ対策隊というアプローチを実施している学校もある。たとえば、カリフォルニア州サンバーナーディーノのスクールカウンセラーであるミッシェル・マイアーズは、秘密いじめ対策隊を小学校に導入し、成功させている。なお、アンガーマネジメントグループについてはかなりの数の論文があるが、本書のように「暴力に向き合う」グループという視点で検討したものはほとんどない。

各章で読めること

　本書の最初の2章は、言わば場面設定である。第1章では対立の性質について解説し、学校での暴力が現実問題としていかに深刻であるかを指摘した。また、暴力の対応策としてよく知られる「ゼロトレランス」に関する主なレビューも紹介し、その効果がイメージほど良いものではないことを示した上で、新たにどういうアプローチが必要となるか議論した。さらに本書のアプローチが、民主主義社会の市民になる経験を若者に積ませることにもつながるということも論じた。

　第2章では、本書が採用するナラティヴの視点について解説した。特にこの章では、対立解決へのナラティヴ・アプローチの特徴がまとめられている。また、第3章以降で取り上げる諸概念についても解説している。

　第3章は、対立時や対立後に個別の生徒に実施するカウンセリングに焦点を当てた。また、関係性の視点に立って実施する対立コーチングの方法についても解説している。さらに、生徒と関係するいろいろな規則（ルール）を「脱構築する」ことについても触れた。その他、対立をきっかけとしてトラウマ的な出来事が起きてしまい、「事後対応」的なカウンセリングが必要となる場合についても取り上げた。ここでは、トラウマを抱えた人や集団をカウンセリングする際の原則や実践についてまとめてある。

　第4章と第5章は仲裁（メディエーション）に関する章である。第4章では、スクールカウンセラーが行うナラティヴによるメディエーションの実践過程が事例とともに解説されている。続く第5章では、ピア・メディエーションプログラムについて論じた。こ

こでは、ピア・メディエーションプログラムを作る上で、学校として検討すべき課題についても示した。さらに、同輩（ピア）の仲介者に対する初期のトレーニングについても概説している。

　第6章と第7章では、学校での修復的実践について取り上げた。第6章では、重大な規則違反に対応する際に有効な修復会議という手法について、その概要と実践事例を記した。第7章では、修復会議をさまざまな場面で使えるようアレンジした、修復的対話という手法についてまとめた。

　第8章では学級に場面を移し、サークル会話という方法について取り上げた。サークル会話はある生徒間で起きた対立ではなく、学級全体の関係の中で起きた対立に使える方法である。本章ではサークル会話の目的と背景を概略した上で、学級内の対立にこの方法がどう使えるのかを解説している。

　第9章では、いじめや対人関係への攻撃といったテーマをめぐって構築されるナラティヴについて取り上げた。また、秘密いじめ対策隊というアプローチを使うことで、いじめ関係がどのように変容していくのか、その可能性についても示した。

　第10章で焦点を当てたのは、学級で実施するガイダンス授業である。ガイダンス授業では、人々の間にある差異について生徒たちに考えてもらうことを通して、暴力や差別を減らすことを目指す。この意味でガイダンス授業というアプローチは、学校で起きる対立の背景にある社会一般の問題に取り組む方法でもあると言える。

　第11章では、グループカウンセリングについて扱った。特に、暴力的な行動パターンから抜け出せない生徒たちを支援し、怒りのあまり他の人を傷つけないよう個々の生徒の変化を促すグループカウンセリングを取り上げた。こうしたカウンセリングは一般的にはアンガーマネジメントと呼ばれるが、私たちはこうした名称を避け、代わりに「暴力に向き合う」グループと呼ぶことにした。その理由は、章内で説明している。

　第12章では、ここまでの章でつたってきた紐を手繰り寄せ、一つに結ぶことを目指した。どのアプローチを使うか決める際、スクールリーダーが考慮すべき課題もリストにしておいた。また、本書の手法を実践する上で必要となるトレーニングについても論じた。

謝　辞

　本書を書くにあたっては、多くの方々にお手伝いいただいた。まず、エッジウォーター・カレッジ高校の生徒や教師の皆さんに感謝したい。皆さんがいなかったら本書を書くことはできなかった。この学校の環境はとても素晴らしく、本書に記したストーリーの数々を提供してくれた。名前は変えてあるが、本書で取り上げ

た実践はすべて、実際のものである。言わばこの学校の若者たちが直面し、そして打ち勝った奮闘の歴史が本書には記されているわけである。生徒たちはメディエーション、ピア・メディエーション、サークル会話、修復会議、そして秘密いじめ対策隊の事例の元であるとともに、その取り組みの励みでもあった。また、マイクが多くのフォーラムで本校の実践を研究発表することができたのは、校長のアラン・フェスターと学校の理事会の応援のおかげでもある。

　対立解決のためのナラティヴ実践をジョンと共に発展させてきた長年の同僚であるジェラルド・モンクは、本書の草稿も読んでくれ、励まし、支えてくれた。なお、彼もまた、サンディエゴのプロジェクトで本書のアイデアを実践している。

　ウェンディ・ドルーリィとワイカト大学の修復的実践発達チームにもお礼を申し上げたい。このチームにはアンガス・マクファーレン、マリア・ケチケメート、キャシー・クローニンランプ、ロン・クローニンランプ、ドナルド・マクメナミン、ヘレン・アダムス、そしてケリー・ジェンナーが所属している。彼らの活動には、私たちが本書で触れた実践の精神が体現されている。

　秘密対策隊（undercover teams）という用語を作ったのは、ビル・ハバードである。マイクがこのアイデアに最初に出会ったのは2004年であった。ビル・ハバードは、教室で実施するサークル会話についても、マイクに多くのインスピレーションを与えてくれた。ビルはニュージーランドの高校の多くで修復的実践を行ってきたパイオニアでもある。なお、ビルが秘密いじめ対策隊を展開しようとした時に特に参考にしたのは、イギリスのメインズとロビンソンによる「誰も責めない(ノー・ブレイム)」アプローチである。こうした方法をナラティヴのメタファーに変換した責任はマイクとジョンにあるが、革新的な手法を生み出したビル・ハバードにはとても感謝している。

　マイクを個人的にサポートしてくれた友人のロジャー・モルツェンにもお礼申し上げたい。学校での活動を行う中でも、本書を形にしていく中でも、ロジャーはマイクを励まし続けてくれた。また、マイクの妻ジェニーにも感謝したい。彼女はマイクの話を聞いてくれたばかりでなく、本書の実践にはじめて触れる読者が抱くであろう数々の疑問を提起してもくれた。

　ジョンの妻ロレインも、多くの会話と励ましを通して本書の執筆を助けてくれた。ジョンはロレインのサポートについてこの場で感謝できることを、とても嬉しく思っている。

　カリフォルニア州立大学サンバーナーディーノ校およびワイカト大学のカウンセリングプログラムの学生と職員にも一言お礼を述べておきたい。学生たちはジョンの聞き手となって本書のアイデアに耳を傾けてくれ、また問いを投げかけてくれた。本書のアイデアをさまざまな実践の文脈に関連づけることができたのは、彼らのおかげである。

本書の出版元であるコーウィン社の協力にも感謝申し上げたい。編集者のジェシカ・アランは、本書の執筆を提案した際、その可能性を最初に認めてくれた人である。原稿の編集ではテレサ・ハーリンガーにお世話になった。また、8名の校閲者からは素晴らしいコメントをたくさんいただいた。本当に感謝している。彼らの提案、コメント、批評のおかげで、本書は良いものになった。

　最後になるが、この本を読んでいる読者の皆さんにも感謝を伝えたいと思う。私たちはこれを読んでいるあなたのニーズ、関心、反応を想像しながら本書を書いてきた。だから、ある意味で、あなたがこの本を知るずっと前から、あなたはこの本の中に存在していたということになる。きっとあなたは、あなた自身が思っている以上に、そして私たちが本書で示した以上に、本書を先へと連れて行ってくれることだろう。

　コーウィン社からも下記の校閲者にお礼申し上げます。

スコット・ホリンガー
テキサス州ダラス、テキサスコミュニティ財団
教育コーチ、前高等学校長

ニール・マクニール
オーストラリア、エレンブルック、エレンブルック小学校
校長

アマンダ・メヨー
ルイジアナ州ジェイズマー、アセンション学校
学校改善コーディネーター

ケイティ・オルワイラー
ワシントン州シアトル、レイクサイド
学校カウンセラー

ジョイス・スタウト
カリフォルニア州トーランス、レドンドビーチ統一学区
小学校スクールカウンセラー

ブリジット・テニス
ワシントン州レドモンド、レイクワシントン学区ステラスコラミドルスクール
学校創設者・校長・8年生担任

目　次

はじめに　　i

第1章　学校で起きている対立を理解する ───── 1
　対立が起きるのは普通のこと　　1
　暴力は問題である　　3
　ゼロトレランスはうまくいかない　　5
　包括的アプローチ　　6
　暴力とは何か？　　8
　暴力に至るきっかけ　　10
　民主主義への備え　　14
　まとめ　　16

第2章　ナラティヴの視点 ───── 19
　ナラティヴ実践入門　　19
　人が問題なのではない　　20
　欠陥思考の副作用　　22
　複数のストーリー　　24
　ダブルリスニング　　25
　外在化する会話　　26
　問題の影響をマッピングする　　27
　脱構築　　28
　参考ケース　　29
　謝ること　　33
　カウンター・ストーリーを広げていく　　34
　まとめ　　36

第3章　カウンセリング ───── 39
　学校でのカウンセリングは学びに関するものであり、治療ではない　　39
　対立コーチング　　41
　ナラティヴによる対立コーチング　　42
　参考ケース　　46

ルールを脱構築する　　　　　　　　　　　　51
　　　トラウマへの対応　　　　　　　　　　　　　54
　　　まとめ　　　　　　　　　　　　　　　　　　58

第4章　メディエーション ─────────────── 61
　　　関係性のオルタナティヴ・ストーリーを探し出す　61
　　　ナラティヴによるメディエーションのプロセス　63
　　　参考ケース　　　　　　　　　　　　　　　　65
　　　まとめ　　　　　　　　　　　　　　　　　　74

第5章　ピア・メディエーション ────────── 77
　　　ピア・メディエーション入門　　　　　　　　77
　　　ピア・メディエーションの過程　　　　　　　81
　　　ピア・メディエーションのトレーニング　　　89
　　　まとめ　　　　　　　　　　　　　　　　　　101

第6章　修復会議を開く ──────────────── 103
　　　規則違反に罰則を適用することの問題　　　　103
　　　修復的司法の考え方　　　　　　　　　　　　104
　　　修復会議の原則　　　　　　　　　　　　　　105
　　　参考ケース：修復会議　　　　　　　　　　　109
　　　まとめ　　　　　　　　　　　　　　　　　　122

第7章　修復的実践 ───────────────── 125
　　　問題改善の原則　　　　　　　　　　　　　　125
　　　参考ケース：「押した」　　　　　　　　　　127
　　　修復過程　　　　　　　　　　　　　　　　　131
　　　修復的対話のガイドライン　　　　　　　　　135
　　　まとめ　　　　　　　　　　　　　　　　　　138

第8章　サークル会話 ──────────────── 141
　　　サークル会話の背景と目的　　　　　　　　　142
　　　参考ケース　　　　　　　　　　　　　　　　144
　　　まとめ　　　　　　　　　　　　　　　　　　152

第9章 秘密いじめ対策隊 ——————————— 155
いじめとは何か？ 155
いじめのストーリー 157
いじめへの一般的なアプローチ 161
秘密いじめ対策隊 163
参考ケース 164
社会的学習活動 174
まとめ 176

第10章 ガイダンス授業 ——————————— 179
ガイダンス授業で抑圧行為についての意識を高める 179
ガイダンス授業におけるナラティヴ原則 182
問題にインタビューする 184
受け入れるか、抵抗するか 191
まとめ 195

第11章 「暴力に向き合う」グループ ——————————— 197
暴力行動を変化させる上でグループカウンセリングには
　どんな意義があるか 197
なぜアンガーマネジメントではないのか？ 199
「暴力に向き合う」グループとジェンダー 200
「暴力に向き合う」グループカウンセリングの原則 202
「暴力に向き合う」グループのプラン 204
まとめ 221

第12章 すべてを一つにまとめ上げる ——————————— 223
個々の糸を結び合わせる 223
正しいアプローチを選ぶために 225
必要なトレーニングは何か？ 231
誰が決定を下すか？　誰が相談を受けるか？ 232
最後に 233

訳者あとがき　　235
文　献　　245
索　引　　249

装幀＝新曜社デザイン室

第1章 学校で起きている対立を理解する

この章で何を学ぶか

対立が起きるのは普通のこと
暴力は問題である
ゼロトレランスはうまくいかない
包括的アプローチ
暴力とは何か？
暴力に至るきっかけ
民主主義への備え
まとめ

対立が起きるのは普通のこと

　対立(コンフリクト)が起きるのはいたって普通のことである。最初にこのことを認識しておく必要がある。対立が起きるのは避けられない。たとえ学校の中に同じような人ばかりがいたとしても、生徒も教師もみんなどこかしら違うものだ。だからいろいろな決まりを守ろうとすれば、他人の決まりとぶつかるのは仕方がないことである。

　そういう意味では、学校は社会の縮図だとも言える。周りの大人に、誰かと対立した経験があるか聞いてみるといい。みんな笑うだろう。もちろんある。誰にでもある。若い時とは違って年齢を重ねると、対立が起きても落ち着いていられるものではあるけれども。

　対立自体は避けられるものではない。対立は人と人との間にある違いが、お互いに影響し合って生じるからである。文化的背景や考え方、個性、世界観、見方、希望、情熱など、人は十人十色である。そして多くの場合、対人間の摩擦はこうした違いから生じる。これは学校というコミュニティにおいても、社会の他の場所においても同じである。だから学校は、対立が生じない環境づくりを目指す必要はない。それよりも、対立が起きた時に、効果的に対処できる環境づくりを目指した方がいい。

そうすれば、お互いの違いが尊重され、相反する考え方のどちらにも価値が置かれ、生徒や教師一人ひとりの話に耳が傾けられ、皆が会話に入れてもらえるようになるだろう。こうした環境づくりは、教育活動を続ける上で欠かせないことである。

とはいえ、多くの人たちにとって対立は良いものではない。対立の経験がどんなものであったか誰かに聞いてみれば、すぐにわかる。対立が起これば、人は傷つく。うまく対処できないことも多いし、たいていは前を向いて進んでいけるような建設的な解決方法も見つからない。対立相手との間に亀裂が走り、痛みが生まれる。他のことに使えたはずの多くのエネルギーが、その対立を考えるのに浪費される。その上、対立のせいで、時には暴力まで起きる。そんなふうにして、対立の痛みは何倍にも膨れあがっていく。

このように、対立に建設的に対処するのは難しい。にもかかわらず、家庭や学校で学ぶ対処法の多くは、行き当たりばったりなやり方でしかない。他者とうまくやりながら、互いの違いを乗り越えていける、そんな対処法を学べる学習カリキュラムなど、ほとんど見たことがないだろう。だから対立への対処法を生徒たちが学んでいるとは、必ずしも言えないわけである。たしかに生徒たちは、時に講義を受けたり、うまいやり方をアドバイスされたりもする。しかし、具体的なスキルを教えてもらうとか、実際に実践する機会を与えてもらうとかいったことはほとんどない。

この本で私たちはいくつかの方法を紹介するが、それらは学校コミュニティで起きるさまざまな対立に使えるものである。これらの方法はそれぞれ特色が違うが、組み合わせれば、一つの包括的なプログラムになる。学校で起こる対立に対処するためには、一つの介入法の紹介だけでは不十分である。何か一つの介入法だけで、たとえばピア・メディエーションだけで、学校で起きるあらゆる対立に対応できると考えるのは無理があるからだ。だから本書では、複数の方法を紹介していく。こうした方法を通して生徒も教師も平和に共存することを学ぶことができるならば、そして、学び教えるという学校本来の活動を続けていくことができるならば、幸いである。

対立や緊迫した状況というのは、教師同士の間でも、学校と地域のコミュニティの間でも、生徒個人とグループの間でも、生徒と教師の間でも、組織と教師との間でも起き得る。ここで認識しておく必要があるのは、どの場合であっても対立は普通のことであり、学校には対立に対処する用意もすでにあるということである。対立に対処するということは、ある見解を押し付けることではない。対立に関係している人々がいろいろな見方を話し合い、互いに影響を受け合い、聞き合い、そうして多くの見方を取り入れ合っていく、そんな解決に近づこうとすることである。だから、学校で求められるリーダーシップにも、ベストな決定を常に判断できる能力は必要ではない。それよりも、人々の間の違いを建設的に扱えるプロセスを作り出

すような、そのためには時に対立さえ呼び起こせるような、そうした力が、学校のリーダーシップでは求められるのである。

暴力は問題である

　対立が生じるのは普通のことであり、それに対処する方法を優先して考えるべきだといっても、だからといって私たちは暴力が起きるのも仕方がないと考えているわけではない。暴力は解決しなければならない問題である。
　傷つくことを恐れている子どもたちや困惑し怒りを抱えている子どもたちは、学習する精神状態にはない。これは難解な書物に目を通さずともわかることだ。効果的な学習は、落ち着いて楽しめる感情状態でこそ可能になるのであって、不安や怒り、恐怖といった感情が支配するところでできるものではない。有名な教育思想家であるネル・ノディングス（Noddings, 2002）は、はっきりと次のように述べている。

　　私は50年以上教育と子育てに携わってきて、子どもたちは（大人たちもですが）幸せな時に最も良く学ぶのだと気づきました。（p.2）

　ノディングス（Noddings, 2002）によれば、学びの能力には、実際に暴力を受けること以外に、暴力を振るうと脅されることや暴力を受けるのではないかと恐れること、さらに他の人が暴力を受けるのを見ることもまた影響するという。アメリカ合衆国司法長官のエリック・ホルダーが2009年10月に発表した調査結果を見ると、学校における暴力問題がいかにひどいかわかる。シカゴで発表されたこの調査報告は青年期の若者の暴力に限定されたものではあるが、ホルダーはその中で次のように述べている。

　　今日、アメリカ国内の青少年暴力について司法省は新たな研究を発表したが、その結果には愕然とさせられた。これによれば、調査対象となった子どもたちの60％以上が過去1年に間接的あるいは直接的な暴力にさらされている。ほぼ半数の子どもと青少年が少なくとも一度は暴行を受けており、その結果10人に1人以上が負傷している。四分の一以上が強盗、器物破損、窃盗の被害者となっており、16人に1人が性被害を受けている。これらの数字は驚くべきものであり、受け入れられないものだ。暴力の蔓延は青少年から彼らの日々を奪い去り、今日の被害者が明日の加害者になるような悪循環を生み出す。これを看過することなどできない。

全国児童暴力問題調査（Slowikowski, 2009）によれば、46.3％の子どもたちが過去1年に少なくとも一度暴力を受けており、そのうち14.9％は武器によるものであった。また、10％はその暴力によって負傷していた。6.1％は性的暴行を受け、9.8％は家庭内の暴力を目撃し、13％は1年以内に、21.6％はいままでに一度は、いじめの被害者となっていた。他のデータ（U. S. Department of Education, Institute of Education Sciences, 2007）によれば、いじめの被害者で最も多いのは12歳から18歳で、調査の前年には32％を占めていた。このうち4％が、電子機器によるいじめ（インターネットやテキストメッセージ）によるものであった。
　とはいえ、これらの数値を見る限り、子どもたちの大多数はまだ直接的には暴力にさらされてはおらず、事態が悪化しているという危機感を支持しているとは言えない。実際、アメリカ心理学会（APA）のゼロトレランス委員会（The American Psychological Association Zero Tolerance Task Force, 2008）は次のように述べている。

> 　この調査結果は、校内暴力がコントロール不可能だという仮説を支持しない。学校の問題全体の中でも、深刻かつ生死に関わるような暴力の発生率は比較的小さい。おおよそ1985年以降は、校内暴力と学校の荒れは増減なしか、あるいは幾分減少していることがデータから一貫して示されている。（p.855）

　だが、暴力にさらされている子どもたちにとってみれば、上記のデータは暴力が彼らの生活に及ぼし得る「潜在的」な深刻さを示しているとも言える。ここで「潜在的」という表現を使ったのは、暴力に直面しながらも立ち直っている子どもたちがたくさんいるからである。しかしだからといって、その子たちが暴力を人生のありふれた出来事の一つとして受け入れているわけではない。たしかに暴力は心理的傷つきに自動的に直結するわけではない。しかし、暴力が子どもたちにトラウマとなる影響をもたらすリスクがあることは明らかである。
　暴力について考える上では、貧困の中で育った子どもの置かれている状況にも関心を払うべきだろう。最近の研究では（Kracke & Hahn, 2008）、アフリカ系アメリカ人の低収入世帯の子どものうち、43％が殺人事件を、56％が傷害事件を目撃している。一方で、上流・中流階級では、その比率はそれぞれ1％と9％である。少し考えてみればわかるように、こうした貧困層の子どもたちの学びやテストの成績には、暴力が影響を及ぼしている。だから学習度の「ギャップ」を埋めようと安易な調査をしたところで、暴力の影響を考えなければうまくいくはずがないのである。
　暴力の問題についてもっと詳細に考えていくこともできるが、それが本書の目的ではない。統計を用いた議論の問題点に警鐘を鳴らしても、それで何かを変えるこ

とはない。それどころか、不安や怒りといった意味のない感情的反応をいたずらに掻き立てる可能性すらある。重要なのは、暴力という問題に立ち向かう上で助けとなる、実践的なアイデアを提供することだ。そしてそれこそが、本書の目的である。

ゼロトレランスはうまくいかない

とはいえ、まずは、これまで試みられてきたおなじみの対応策について考えてみたい。物事の順序としては、これまでの対応が望むほどにうまくいっていない場合、何か別の方法を試してみてはどうかとなるからだ。近年、スクールリーダーや管理職の多くによって行われているのは、暴力への荒療治的な対応である。これは、1990年代以降、多くの学校が暴力行為への対応策として採用するようになった「ゼロトレランス」という考え方に基づいている。もともとゼロトレランスという概念は麻薬密売に関する法律のために考案されたのだが、複数の学校での銃乱射事件が世間の注目を浴びた1990年代以降は、暴力に対して使われるようになった。暴力に対するゼロトレランス方式は、その解釈にかなり幅はあるものの、たいていは次のようなものである。

> あらかじめ定めておいた決まりを適用する。この決まりのほとんどは性質上、厳しい罰則である。決まりの適用にあたっては、行いの深刻度や酌量すべき事情、状況の文脈といったものは勘案しない。（APA Zero Tolerance Task Force, 2008）

こうした方針に沿って制定された罰則には、ほとんどの場合、違反した生徒を学校から排除するという内容が含まれている。排除さえすれば校内の悪い雰囲気が改善し、他の生徒に問題が波及せず、将来的には違反の防止にもつながるという前提があるからである。このように、ゼロトレランス方式は、暴力行為だけではなく暴力を行う生徒にも拡大適用されている。この裏には、暴力は一部の生徒にもともと備わっている性質であって、学校コミュニティはそうした生徒に寛容であってはならないという考えが潜んでいる。このような考え方は、**本質主義**的な前提に基づいていると言えるだろう。なぜなら、暴力を人の「本質」と考えているからだ。だが、こうした考えを押し進めると、結果として、暴力を行う生徒たち自体が学校という権威による象徴的暴力（Bourdieu & Passeron, 1977）の対象となり、学校から追放される事態へと発展してしまうことが多いのである。

このゼロトレランスアプローチには一つ大きな問題がある。それは、うまくいっていないということだ。校内暴力の発生率や生徒の安心感を指標とした場合、ゼ

ロトレランスはうまくいっているとは言えない。先に紹介したアメリカ心理学会（APA）のゼロトレランス委員会は、もともと、学校におけるゼロトレランス方式の効果を調査するために組織された。しかし、委員会が 2008 年に制作した報告書はゼロトレランスの効果や意義にかなり否定的なものとなっており、事実「ゼロトレランスは学校の雰囲気や安全を改善しているようには見られない」(p.860) と結論づけられている。この報告書に示されたエビデンスは、違反した生徒を学校から排除すると他の生徒の学校経験が良くなるという「見解に…一貫して反している」(p.860) という。それどころか、ゼロトレランス方式は逸脱行為と中退を実質的に**増やしており**、停学処分を受けた生徒の不正行為の発生率を高めているということも報告された。停学率が上がると学校全体の学業成績が上がるということも、たとえ社会経済的な違いを考慮に入れたとしても、示されなかったという。

　ゼロトレランスアプローチは、きちんと振る舞うべきだという道義的な欲求は満足させるかもしれない。しかし、対立を解決したり暴力を避けたりする方法を若者に伝えてはいないようである。アリゾナ州のある小学校での出来事は、ゼロトレランス方式がもたらす馬鹿げた対応の一例を見せてくれた。ある日 6 歳の少年が学校におもちゃの銃を持ってきて、それを友だちに向け「殺すぞ」と言ったところ、ゼロトレランス方式に従って、この少年は学校の敷地外まで連れ出され、警察の車両で連行されてしまったという！　このゼロトレランスに基づいた対応は、熟慮された対応にはほど遠い、度が過ぎたものであった。

　ゼロトレランス方式では、若者たちを脅して社会的な行動をさせるということすらできない。アメリカ心理学会（APA）の報告書が示唆しているように、若者が他者を侵害するようなことをよく行うのは、彼らが未熟であったり、行動の結果について思いめぐらす学びが不十分であったりするためである。だから、若者が犯罪を行った時には、その発達面を常に考慮に入れなければならない。それゆえ、ゼロトレランス方式に従って若者を刑務所行きのルートに乗せるということは、そうした発達の次元を無視するということでもある（そしてこれは、生徒が鑑別所に送致される際にしばしば起こっていることである）。

包括的アプローチ

　以上のことから、何か新しいアプローチが必要だと言えるだろう。すべてに答えを出せる方法などないけれども、私たちはこの本の中で新たな視点を提供していきたいと思っている。なお、本書で紹介するアプローチの背景にはナラティヴ実践という哲学があるが、これについては第 2 章で解説する。なかには、ある介入法を使

うだけで暴力を減らせると書いている本もある。ゼロトレランス方式はそうした介入法としてよく引き合いに出される。しかし、他のアプローチとの併用によって効果が出る可能性はあるものの、調査のエビデンスから考えると、何らかの介入法を一つだけ使用するのは効果的とは言えない。なかには、ピア・メディエーションの活用を強調する人もいる。たしかにこの方法の効果は素晴らしい。しかし、ピア・メディエーションだけで暴力に関するすべての問題に対処できるわけではない。本書の著者は二人ともスクールカウンセラーとしてニュージーランドで働いていたが、世界にはこのニュージーランドのように、「青少年の非行」（Basley, 2002）を減少させるという名目でカウンセラーが導入された国もある。だが、カウンセリングそれ自体は、校内暴力に対してほとんど効果がない。他にも、たとえばいじめを減少するプログラムが開発されたりもしているが、あらゆる暴力がいじめの定義に当てはまるわけでもない。

　暴力を生じさせず、対立にも建設的に対処できる雰囲気を校内に作り出したい。学校が本気でそう考えるならば、必要なのは、最善の方法を状況に応じて検討・決定できる包括的なアプローチである。一つの方法だけで学校の空気を一変させられる魔法の特効薬などない。ゼロトレランスは特効薬ではないし、ピア・メディエーションもそうだ。関係づくりのスキルを教えることも特効薬にはならない。だから幅広いアプローチを持っておき、その中から、特定の状況に合わせて最も適切なやり方を選択することが必要だと、私たちは考えている。

　時には、メディエーションやカウンセリングが要るかもしれない。別の状況では、関係の修復を目的とした会議や話し合いが必要となるかもしれない。生徒によっては「暴力に向き合う」ためのグループカウンセリングに紹介した方が良い場合もあるだろう。本書ではそうしたさまざまな実践を紹介し、包括的アプローチの有用性を示していく。暴力を誘発する対人関係を解消するために、学級単位で取り組めるガイダンス授業という方法も紹介する。さらに、実際に実施してみて非常に効果的であることがわかってきた、秘密いじめ対策隊と呼ばれる、いじめ問題への新たなアプローチについても、本書の中で解説する。

　本書が特に意識している読者は、学校の管理職、そしてスクールカウンセラーや学校心理士といった心理職である。なぜなら、本書が提案する包括的アプローチがうまくいくためには、スクールカウンセラーや心理士が専門性を発揮するとともに、スクールリーダーや管理職が実行上の意思決定プロセスに携わるといったように、両方の専門職が協働することが必要だからである。

　暴力に対処する具体的なアプローチについて記す前に、この本の基本的前提についてもう少しだけ考えておきたい。ここではある哲学的立場を取ることになるが、読者の中には、その考えに賛同できない人もいるかもしれない。学校で起きる暴力

に対処する難しさの一つは、多くの場合、対応する人たちの間で前提が共有されていないことである。そこで読者には、これから見ていく考え方をとりあえずの前提として試してみることをお願いしたい。この考えは従来のようなものとは違うので新鮮に映るはずだし、だから「これまでやってきたこととほとんど同じ」にはならない可能性も持っているからである。

暴力とは何か？

「暴力とは何か？」この質問は、わざわざ聞く必要がないほど当たり前のことを問うているように見えるかもしれない。しかし、答えは思ったほど単純ではない。多くの人は暴力を見た時、それを暴力だと認識するだろう。確かにそんなふうに、ほとんどの人が暴力と呼ぶことに異論を挟まないような行為もたくさんある。けれども、何を暴力とするかということには、常に解釈の要素が入る。どの暴力が正しくどの暴力が正しくないかを考える場合であっても、その深刻さに基づいて解釈がなされることもあれば、打算が入ることもある。

何を暴力とするかについて教師側がある定義を持っていると、結果的に特定の行動や特定の生徒だけに関心が行き、他の行動や別の生徒に注意が向かなくなるという事態が起きる。だからこそ、どんな行動に焦点を当て、どんな行動を改善させたいのか、教師側が明確にしておくことが大事なのである。

では、暴力をどう定義すれば良いだろうか。ほとんどの人は、あまりに強い力が行使された場合、それを暴力と定義するだろう。しかし暴力をそう解釈するということは、暗に、そこで用いられた攻撃の強さに焦点を当てているということでもある。要するに、ある場面において使われた力がある程度以下であれば耐えられる、あるいは許されるものであるとし、それより行き過ぎた場合に暴力と見なす、としているわけである。こう考えれば、誰かを身体的に傷つけた場合、とりわけ物理的な力が過剰に用いられた行為は、暴力とされやすいと言えるだろう。

こうした定義よりもっと有用な暴力の定義の仕方として、**暴力過程**に着目したものがある。この視点に立つ場合、暴力は人の権利を侵害する行為と定義される。なお、この場合の「権利」とは、自分のために行動し、自分を守り、自分の考えを表現し、そして自分と他者のために行動する権利のことを特に意味している。

ブレンダ・ソロモン（Solomon, 2006）の研究では、こうした暴力の定義が採用されている。学校で暴力がどう学ばれるのかに関心を抱いていた彼女は、教師たちが何を暴力と呼んでいるのかを研究することにした。その結果わかったのは、ある生徒が他の生徒に向けた物理的な力がかなり強い場合でも、それが「行き過ぎた力」

になっていなければ、暴力とは呼ばれないということであった。教師たちのそうした解釈は、特に男子の遊びを話題にする中でよく見られた。というのも、教師たちがコメントする「子どもたち」の振る舞いとは、たいてい男子の振る舞いだったからである。一方で、女子やゲイ・レズビアン、人種的マイノリティの生徒は「子どもたち」とは呼ばれず「特別な子」などと呼ばれていた。そのため、こうしたグループに属する生徒の行動は、男子生徒の行動よりも際立つものとなっていた。また、マージナルな社会集団に属する生徒の行動は「行き過ぎた力」の基準に合ったものとして、要するに暴力として解釈されることがかなり多いということも研究から明らかになった。もちろん、どういった場合においても「行き過ぎ」という基準に入らなければ、その行動は状況に関係なく問題ないとされてはいた。しかし女子の場合は、かなり弱い力が使われた場合であっても、暴力と解釈される傾向が高かった。

　能力や権利など、何が侵害されたのかということから暴力を解釈する考え方は、暴力を行き過ぎた力として解釈する考え方の代案となるばかりか、行き過ぎた力という視点から見るよりもより広く暴力を理解することを可能にしてくれる。たとえば、他者に権力を行使する際に、加害者の社会的立場がどのように使われるのかといったことも検討できる。このように侵害という視点から暴力を考えると、暴力に伴う力の強さよりも、暴力によって他者を支配するプロセスの方が重要な検討事項となる。なぜなら、身体にダメージを与えることだけではなく、脅迫や脅し、感情的虐待も暴力と解釈されるからである。後者のような権利を侵害する暴力は、ひっそりと行われ、ほとんど人目に触れないこともあるため、教師からも見落とされやすい。しかし、この種の暴力も身体的暴力と同様に傷つきを生むし、時には、物理的な力以上に被害生徒に強烈な衝撃を与えることがある。メールによるいじめやSNSサイトへの投稿は、この種の暴力の一例である。これらは「行き過ぎた力」を使っているわけではないが、暴力を振るっているのである。そういうわけで、（生徒であれ教師であれ）ある人がある生徒を萎縮させようとして、その生徒の顔から数センチの距離まで詰め寄って大声を出したら、たとえ身体的接触がまったくなかったとしても、その生徒に対する暴力と見なされる可能性が出てくるわけである。

　ハワード・ゼア（Zehr, 1990, 2002）は修復的司法に関する著書の中で、暴力に対する考え方を変えてみるよう読者に勧めている。彼によれば、法律（これは校則とも読み替えられる）が長いこと主眼にしてきたのは規則と権力の行使であり、人間関係の中で起こる出来事についてはあまり省みてこなかったという。そこでゼアは、攻撃行為を人間関係に対する損傷と見なすべきだと考えた。そして読者にも、問題行動を関係性の視点から考えるよう勧めたのである。ここで重要となるのは、私たちがその攻撃行動にどう対応するかである。ゼアが主張するのは、規則の権威を取

り戻したり、権力を持つ人々の地位を回復したりするような対応ではない。そうではなく、**関係性における損傷に注目し、その損傷を修復する**対応である。そうした対処ができれば、学校コミュニティ全体の人間関係に変化がもたらされる可能性もあるだろう。それに、実質的には行動をほとんど変化させることのない罰則をいろいろと作らなくてもよくなる。

　ここまで述べてきたように、暴力とは他者との関係を侵害する権力行使のことである。注意してほしいのは、すべての権力行使が暴力というわけではないという点である。ここで述べている権力とは、ミシェル・フーコー（Foucault, 2000）によって明確にされた概念のことだ。この「権力」は、誰かが他の人に影響を及ぼそうとする際によく見られるものであり、人間関係に伴うごく一般的な特徴である。権力を暴力と呼べるのは、他者の意に反して、その人を支配しようとしている場合だけである。

暴力に至るきっかけ

　暴力は生徒同士が対立しているからといって必ず起こるわけではないし、個人の性格が原因で起こるものでもない。だから本書で私たちは「**人が問題なのではない。問題が問題なのだ**」という原則に立つ（きちんとした説明は第2章で行う）。この原則に立つと、暴力に至るきっかけは関係的・文化的文脈の中に見出されるのであり、人の心理が主たる原因ではないということになる。

　暴力のきっかけとして、暴力に関する関係的・文化的文脈を挙げることができる。こうした文脈は、生徒の日常に影響を与える社会文化的規範に目を向けると見えてくることがある。そういった規範は多くの場合、誰もがすぐに想像できる小さなディスコースとなって生徒たちの日常に存在している。ディスコースとは皆が当たり前だと感じる前提のようなものである。だから生徒たちも深く考えることなく、日常的にそうしたディスコースに沿った行動をしているのだが、それが暴力に至るきっかけとなるのである。こうしたディスコースは、生徒の発言の中に表れることがある。いくつか例を挙げてみよう。

　　挑発されたのにやり返さないなんてヘタレだな。
　　男になりたいなら強くならないと。
　　おれらの縄張りに踏み込んだら、それはケンカしようってことだから
　　まずケンカから入るのがおれの流儀。話はそれからだ。
　　ケンカしたがらない男子は、みんなゲイだね。

争うつもりはないけど、やろうっていうなら、オレは最後までやるよ。
　最初に一撃くらわすのが大事なんだよ。

　ディスコースの表れたこうした発言を探っていくと、対立が起きた時、何に注意を向ければ良いのかも見えてくる。たとえば、対立を暴力で解決すれば良いと思っている若者たちにとって、何か代わりになるそれとは別の（オルタナティヴな）ディスコースはないか探る、といったことが考えられる。注意しなければならないのは、そうしたオルタナティヴなディスコースは、大人ではなく若者たちにとって意味あるものでなければならないという点である。つまり、オルタナティヴ・ディスコースもまた、若者の文化や世界の中から見つけ出す必要がある。そうして探っていくと、たとえば次のようなものが、若者たちの文化や世界から見つかるかもしれない。

　　女性に敬意を払うのが真の男だ。真の男は上に立とうとして暴力を振るったりはしない。
　　時には、ケンカをしない方が勇気がいる。
　　お前がオレをゲイとかゲイじゃないとか言おうがどうでもいい。楽しく生きる権利はお前だけにあるわけじゃなく、お前と同じくらいゲイの人にもあるんだよ。
　　もしやられたら自分のことは守るけど、何があっても自分から暴力を振るうことはしない。
　　大事なのは、暴力を振るわないことと他者に対する敬意だとおれは思ってる。

　これらは例に過ぎない。しかし、どんな言語コミュニティにも、若者たちが使えるオルタナティヴ・ディスコースが必ずある。スクールリーダーに求められるのは、若者たちがそうしたオルタナティヴ・ディスコースを選び取っていけるよう、そこに光を当てることである。なぜなら、オルタナティヴ・ディスコースが維持されるためには、まずそうしたディスコースが日の目を見、それが学校の人たちにとってなじみあるものに変わり、そして実際の行動として体現される必要があるからである。
　縄張りへの所属やアイデンティティも、暴力のきっかけとなり得る。縄張りと言うと、地元、裏道、教室の隅、校庭など、文字通り物理的な空間を思い浮かべるかもしれない。だが、もっと抽象的に、会話の中で取得したり奪われたりする空間もまた縄張りとなる。
　多くの場合、生徒同士の対立過程を理解することは、生徒同士の縄張りの力動関係を理解することと同じである。「ここはオレらの場所だ。入ってくんじゃねえ！」

地元や近所、校庭の隅、教室の席などについて、生徒たちはよくこんなことを言う。こうしてみると、縄張りをめぐって起きた争いは縄張りへの所属を脅かされたと感じたがゆえに起きた行動だとも言える。

　こうした縄張りをめぐる動きは、アイデンティティ・ナラティヴという観点から整理することができる。アイデンティティは常に他者との関係の中で、とりわけ私たちにとって重要な他者との会話の中で作られる。さらに、アイデンティティは物　語(ナラティヴ)と関連しながら形作られていくものでもある。こうしたアイデンティティ・ナラティヴは時間の経過とともに変化していくが、同時に空間とも分かち難く結びついている。だから、個人のアイデンティティは自分の存在確認ができる何らかのグループ空間の中で、たとえるなら、自分が登録している会員制クラブの中で発達していくものなのである（White, 2007）。

　縄張りをめぐる争いを毎日見ていると、動物行動学や種としてのヒトという視点から理解できそうだと、ついつい思ってしまうことがある。人間の領土争いは猫のケンカのようなものだ。そんなふうに言うこともできるかもしれない。なるほど、確かに人間はこの点から見れば他の動物と似ている。しかし大きな違いもある。人間は縄張りを抽象的にも定義できる。だから私たち人間の縄張りは、他のどの動物種よりもずっと柔軟で交渉可能なものだと言える。私たち人間は、哲学者のジル・ドゥルーズ（Deleuze & Parnet, 2002）が言うところの、脱領土化や再領土化ができる。このように縄張りを抽象化できる可能性を私たち人間が持っているということは、対立解決を考えていく上で重要な視点となる。なぜなら、人を話し合いに招き入れることさえできれば、争いのきっかけとなった縄張りをもっと柔軟に再定義したり、交渉したりすることも期待できるからである。

　暴力に至るきっかけが、社会的支配や権力行使の過程に見られることもある。こうした過程はコミュニティ内にもともと備わっている何らかの形式に沿って生じる。ミシェル・フーコー（Foucault, 2000）は、権力争いの中から社会的支配が生じてくるプロセスを示した。フーコーは、現代では社会的支配のために暴力的な弾圧政治はあまり行われず、代わりに「規格化された判断(ノーマライジング・ジャッジメント)」や人々を位置づける正規分布など、もっと洗練されたテクノロジーが用いられるということを示した。実際、あらゆる人にとって普通でありたいという願いは、人生を考える上でかなり重要な要素となっている。ここで問題なのは、「これが普通である」という定義それ自体が、特定の人たちを自動的に社会の周辺へと追いやり、周辺的存在というアイデンティティを押し付けることにつながるという点である。周辺的存在とされてしまった人たちは、文化的生活から幾ばくか除外されることになる。こうした周辺化の過程で、人はさまざまな心理的体験をする。その一つが、**疎外感**である。

　たとえば、2007年4月にバージニア工科大で32人の学生を撃ち殺したチョ・ス

ンヒの言葉に目を留めてみよう（Wikipediaなどの記事には、事件を起こした理由が彼自身の言葉で掲載されている）。そこには、仲間からの「疎外」についてさまざまな表現を見ることができる。彼だけでなく、他の大量殺人犯の多くにも、同じような傾向が見られる。彼らは事件前に「一匹狼」などと言われていたことが多いが、これはつまるところ、彼らが他者から疎外されていたか、あるいは他者と疎遠になって、誰かとつながりを持っているという感覚を失っていたということを意味している。他者とつながっていれば、彼らが攻撃の矛先を向けた人々に対して、あるいは同情などの念を持つことができていたかもしれない。

　深刻さの度合いはぐっと低くなるものの、多くの若者もまた学校で失敗を繰り返し、学習機会から疎外されてしまったという気持ちを抱いている。こうした生徒たちはトラブルになることが多いため、教師など権威者の思いを意図的に無視することを学習していることがある。そのため、結果として学校に通う意義から疎外されている場合すらある。

　こういうわけで、疎外という体験は対立を生み出すきっかけの一つになる。疎外体験は、社会から排除されたり周辺化されたりする過程で生じるものだからである。このことにきちんと目を向けるなら、対立を解決するヒントもまた見えてくる。つまり、対立を解決するために必要なことは、社会という言わば関係の綾の中に、人々という糸を縫い直していく過程にある。だから対立を解決する過程では、問題解決を難しくさせている人がいたとしても、その人を排除すべきではない。むしろ、そうした人たちを排除することなく包摂できるような進め方をしていくべきなのである。もちろん、この縫い直しの過程は関係性に着目して進められていくべきであり、誰かを病理的な存在と見なして問題視するようなことは避けなければならない。

　ここまで対立や暴力のきっかけについて触れてきた。最後に、ステレオタイプもそのきっかけとなるということについて、簡単に述べておきたい。**ステレオタイプ**とは人や集団について誤った考えを生み出すものであるが、普通は型にはまった単純化されたものの見方といった具合に考えられている。だがステレオタイプで重要なのは、これが何らかのデータに基づくものというより、偏見ないしは支配的（ドミナント）ディスコースに基づいているという点である。だから、あるステレオタイプを持つ人にその反証となるようなデータを提示したとしても、往々にして受け入れてくれないのである。ここで危険なのは、あるステレオタイプがだんだんと一般的なものとなり、何度も繰り返し使われている間に、あたかもそのステレオタイプが真実であるかのように理解されてしまうことだ。ステレオタイプが発展する領域としては、人種、民族、ジェンダー、性的指向、地域社会、社会階層、宗教などがあるが、そうしたステレオタイプを参照して人を見ることは、一種の思考停止である。

　ステレオタイプにはネガティブなものもポジティブなものもあるが、一般的に問

題となるのはネガティブなステレオタイプである。特に問題が生じるのは、ネガティブなステレオタイプに無理やり当てはめられた人が、生活していく上でのさまざまな可能性を制約されてしまう場合である。ステレオタイプを当てはめられる人々も、それを当てはめる人々も、どちらもそのステレオタイプがどういうものであるかについてはよく承知しているものだ。そのため、ステレオタイプに伴う反応は素早くかつ容易に起こる。だからステレオタイプを繰り返し使っていくと、それが導火線となって、前からくすぶってきた対立に火をつけてしまうことも多い。特に暴力が生じる初期の段階では、ステレオタイプがきっかけとなっていることがある。

　学校内で起こる対立にステレオタイプがどのように影響しているのかを検討していけば、対立を解決できる何かうまいやり方が見つかるかもしれない。たとえば、ステレオタイプについてより深く考えてもらう授業を行えば、その後も生徒たち自身の力で、身近なステレオタイプに含まれるいろいろな間違いを意識的に探していけるようになるかもしれない。

民主主義への備え

　ここまで紹介してきたような対立への対処法を生徒に教えても、それでは独裁的な組織の中で生き抜く術を生徒に教えることはできない。そんなふうに思う人もいるかもしれない。しかし、それが私たちの意図するところだ。民主主義社会においては、社会の一市民となる備えをしておくこともまた、学校に通う児童生徒の課題である。民主主義社会はリーダーを選ぶために選挙を行う社会というだけではない。自分たちの生活を作る上で、一人ひとりが発言権を持つ社会でもある。発言権があると言っても、個々人に完全な統治権があるということではない。人は一人では生きていけないのだから。発言権があるとはそういうことではなく、一人ひとりが権力に関与しているということである。こうした社会が本当に実現できれば、支配され、権利を奪われ、その声に耳を傾けてもらえない、そんな人は一人もいなくなるだろう。

　とはいえ私たちは、生徒たちをもっと民主的にするよう学校を一から構築し直すべきだと主張したいわけではない。管理職や教師には、指導者として決定を下し、その責任を全うする役割がある。私たちはそうした構造そのものをひっくり返そうと思っているわけではない。だが学校生活の中には、生徒たちが発言権を持って関与できる物事がたくさんある。生徒に一切の発言権を持たせなければ、先に述べたような疎外された人々を生み出すリスクすら出てくる。そうして疎外された人々は、

将来的に社会に破滅的な影響をもたらす犯罪に関わるかもしれない。もちろん、近代民主主義社会においては、市民には読み書き計算の能力、科学的方法の理解、自分たちの社会や歴史についての正しい認識といったことが求められる。カリキュラムを作る上で、これらが大事だということに異存のある人などいないだろう。だが同時に、学校という場所は、どうしたら他の人とうまくやっていけるか、どうしたら自分のしたいことを公共の福祉との間で調整していけるか、そしてどうしたら排除でなく包摂する形で他者との違いを扱っていけるか、そうしたことを子どもたちが学んでいくべきところでもある。

　子どもたちはそうしたことを自動的に習得していくわけではない。だから、必要となるスキルをきちんと学ぶ必要がある。そのために学校は、民主主義を維持する態度と実践を子どもたちが発達させていける足場掛け（これはヴィゴツキー（Vigotsky, 1986）の用語である）を行う必要がある。こうした足場掛けは潜在的カリキュラムなどと呼ばれることがあるが（McLaren, 2005）、私たちとしては、こうしたカリキュラムを顕在化することを勧めたい。オーストラリアで最初の女性首相であるジュリア・ギラード（Gillard, 2010）は、その前任であった教育相時代に次のように述べ、対立と暴力を扱う教育の必要性をはっきり顕在化させている。

> 　期待し得る最高のものへと到達するためには、一つのシンプルな命題を理解しておく必要があります。それは、幸福で安全な学校であればあるほど良い学校だということです。
> 　児童生徒の幸福感を増すことが有益であることはよく知られている通りです。幸福感の増加は学業成績に直接的に影響を与えます。これは、児童生徒が学校教育によく関わり、学級でよく活動し、学級のあり方を理解し、連帯意識を強めていくからです。児童生徒の幸福感が高くなればなるほど、記憶保持率や到達度テストの結果も良くなる傾向があります。こうしたことは生産性や社会的弱者の救済、社会資本の構築といった経済目標にもとても良い影響を与えます。
> 　ですから、幸福感を高め、いじめを根絶していくことは、副次的な問題などではなく、国家における主要な教育目標と言えるのです。

　程度の問題はあれ、民主主義を完全に達成することは難しい。ある意味で、たどり着きたいと願う約束の地のようなものである。しかしだからこそ重要なのだ。なぜなら、民主主義に近づこうとすれば、他者との会話に留まり続けることが常に求められるからである。会話をしないで一人考えるような**独話的思考**の先に民主主義はない。しかし**対話的思考**であれば、クリエイティブに彼の地への道を追求し続けることができる。なぜなら、対話的思考は複数の視点に開かれ、常に新たな差

異を生み出していくからである。

まとめ

　第1章では、本書の基本的前提を整理した。対立は普通のことだというのがその前提の一つであった。対立は、人々の間の違いが表面化した結果生じるものである。もちろんだからといって暴力を当たり前のことと考えるわけではない。大事なのは効果的に暴力を止めることができ、その傷つきに対処できる有効な方法を模索することである。
　本章では、罰則を伴うゼロトレランス方式がなぜうまくいっていないのかについても解説した。実証的なエビデンスによれば、ゼロトレランスは学校内の暴力発生率を減少させていない。それでは、どうすれば良いだろうか？　私たちが提案したのは、複数の方法をあらかじめ持っておき、状況に応じてそれらを組み合わせる包括的なアプローチを採用するということである。このことは、本書の中で一貫して主張していくつもりである。
　さらに本章では、対立や暴力に影響するディスコースについても検討した。何をもって暴力とするかを考える際、「行き過ぎた力」に着目するのがほとんどであり、権利の侵害が考慮されることはない。しかし、対立を建設的に扱う学習環境を作り出すためには、権利の侵害という点に重きを置くことが必要である。対立を建設的に扱えるような学習環境ができれば、学校は民主主義社会に生きる市民としての基本を学ぶ場ともなる。
　本書に通底するナラティヴの視点については、本章では簡単に言及しただけであった。続く第2章では、この視点についてより詳しく説明しようと思う。

振り返りのための問い

1. 学校の中で正常とは見なされない暴力には、どういったものがあるだろうか？
2. 他者の権利を侵害しているが「行き過ぎた力」は使っていない暴力の例を挙げられるだろうか？
3. 暴力に対する反応は、男女間でどう違うだろうか？
4. 対立に出会った時、あなた個人はどのように対応することが多いだろうか。そうした対応はどのように学ばれてきただろうか？
5. これまでに対立をうまく扱うことのできた、印象に残る出来事は何かあるだろうか？　その具体例をあなたなりに説明してほしい。
6. 自分と他人との違いの中で、うまく折り合いをつけることが個人的に最も難しいの

はどういったものだろうか？

研究のための問い

1. 対立を解決する上で包括的アプローチが効果的かどうかは、どのようにすれば測定できるだろうか？
2. その測定結果とゼロトレランスのアプローチの結果とを、どのようにすれば比較できるだろうか？
3. 暴力を引き起こすきっかけの中で、最も強力かつ一般的なものは何だろうか？
4. スクールリーダーやスクールカウンセラーは、対立に対応する際の自分たちの役割を、どのようなものとして捉えているだろうか？ 彼らは、民主主義社会で生きる備えを生徒たちにさせるということを、自分たちの役割と関連づけて考えているだろうか？

第2章 ナラティヴの視点

> **この章で何を学ぶか**
>
> ナラティヴ実践入門
> 人が問題なのではない
> 欠陥思考の副作用
> 複数のストーリー
> ダブルリスニング
> 外在化する会話
> 問題の影響をマッピングする
> 脱構築
> 参考ケース
> 謝ること
> カウンター・ストーリーを広げていく
> まとめ

ナラティヴ実践入門

　本書は一貫してある哲学的視点に立っている。私たちはそのこと自体に問題があるとは考えていない。ただ、それがどういう視点か説明し、本書の実践がその哲学とどう関係するのか示しておくのがフェアだろう。そこで第2章では、本書がよって立つ前提を明らかにしていこうと思う。

　この哲学的視点は、広く**ナラティヴ実践**として知られているものである。ナラティヴ実践という用語は略称のようなもので、社会科学、社会理論、哲学、カルチュラルスタディーズ、社会心理学、人類学、社会学といった分野で近年発展してきた倫理的志向性、およびその実践のことを指している。

　ナラティヴ実践はオーストラリアのマイケル・ホワイトとニュージーランドのデヴィット・エプストンが家族療法の分野で行っていた活動を契機に広がっていった

(White, 2007; White & Epston, 1990)。現在では、スクールカウンセリング（Winslade & Monk, 2007）と対立解決（Winslade & Monk, 2000, 2008）のどちらの領域にも、ナラティヴ実践が適用され、拡大してきている。

　ナラティヴの視点では、社会で行われるさまざまな実践は語り(ナラティヴ)のパフォーマンスであると理解される。つまり、何らかの筋書きがあって、キャラクターと配役が決められていて、一定の制約が設けられたものとして人々の活動を捉えるわけである。こう考えると、人の行動を構築するのは、そこに流れるストーリーということになる。それゆえ、ストーリーは人々の生活に対して社会科学の中で伝統的に考えられてきたよりも、もっと重要な役割を果たしていると言える。従来の社会科学は、ストーリーの背後で作用している諸要因や働きを見つけることに主眼を置いてきた一方で、ストーリー自体は知における副次的なリソースと見なしてきた。ナラティヴの視点はこの考え方を180度転換させ、人々はストーリーを語ることを通して自分の生活を理解していると考える。

　「今日、学校どうだった？」と子どもたちに聞けば、子どもたちは何らかのストーリーを語ってくれるだろう（そっけない反応が返ってこないとすれば、だが）。「今日の英語の授業、どうだったか教えてよ」という親の発言は、子どもから何らかのナラティヴが出てくることを期待しているものだと見なすことができる。「何でケンカになったの？」という質問も同じである。もしこう尋ねた時に、子どもがケンカの原因を並べ立てるだけで、何のストーリーも話さなかったとしたら、聞いている方としては変に思うのではないだろうか。

　人の行動というのは、その人が作り上げた自分や他者に関するナラティヴに基づいている。仮に、周囲から素行不良だとストーリー化されている生徒がいたとしよう。おそらくこの生徒は、周囲から「前途有望なリーダー」や「オール5の生徒」とストーリー化されている生徒よりも、もっと厳しい目で監視され、もっと冷たい口調で話しかけられ、もっと厳しい処分を受けることになるだろう。ここからわかるように、ストーリーを事実がいくらか薄められたものなどと思わず、ストーリー自体の影響を検討してみると、多くのことが見えてくるのである。

人が問題なのではない

　学校というコミュニティにおいて、対立とは何を意味するのだろうか。それを考えるヒントになるのは、生徒や教師が問題を持っているのではなく、生徒や教師は（対立をめぐって作られた）問題ストーリーに巻き込まれているのだと認識してみることである。これを別の言い方で表現したのが、マイケル・ホワイトの次の格

言である。「人が問題なのではない。問題が問題なのだ」(White, 1989, p. 6; Winslade & Monk, 2007)。この格言は重要な原則だと言える。これは人の思いを邪推し、最悪の想定に素早く対処するための方法ではない。そうではなく、人が抱く最善の思いに耳を傾ける方法を示している。つまり、人の語りを聴く際には、その人を有能でモラルのある主体と見なすべきだということであり、その人をどこかしら欠けた人であると（だから、その発言も真剣に受け取る必要はないと）考えるべきではないということを、この格言は示しているのである。

　一方で、多くの学校で蔓延しているのは、人を「問題」とすることである。周囲がある生徒を何らかの「問題」、たとえば「トラブルメーカー」などと見なせば、その生徒のアイデンティティまでそうした評判によって形作られてしまう。よくあるのが、何か問題が起きると「その生徒の人格上の欠陥がその問題を引き起こした」と仮定するような論理である。ここで言う人格上の欠陥に関するディスコースとしては、モラルに関するものや（「彼女は悪い人だ」）、医療に関するもの（「彼はADHDだ」）、教育に関するもの（「彼女は学習に障害がある」）、社会に関するもの（「彼は社会的リスクのある生徒だ」）などが挙げられる。ほかに学校でよく見られるものとして、非難の矛先を変えて、子ども以外の人たちに欠陥ディスコースを付与するものもある。これは、たとえば子どもに対して同情の気持ちがある場合に、その親や家族に何か欠陥があると考えるといったことである（「この子の家族が機能不全だとすれば、こうなるのも不思議ではないよ」）。さらに、エビデンスなどほとんどないにもかかわらず、ひとり親や離婚している家庭は、子どもの養育に何かしら欠陥があると想定されることも多い。

　時には、マイノリティだからという理由で、ある社会集団全体に欠陥ステータスが付与されることもある。若いアフリカ系アメリカ人の女性が著者の一人に話してくれたことがあるが、彼女は単に肌の色のために「社会的リスク」が想定されると言われたことがあるという。彼女が社会的リスクを想定された背景には統計データがある。しかし、個人の人生に統計の知見を適用するというのは、科学的に考えても疑わしい。こういう仮定に基づくならば、彼女が学校で非常に高い成績をおさめたことなど、ほとんど説明がつかない。

　学校教育をめぐる政治的ディスコースに目をやると、最近の傾向として指摘できるのは、教師や学校に欠陥があるとする**欠陥思考**の増加である。「学校の失敗」という概念は近年繰り返し使われるようになってきているが、そのせいで、そうした現象があたかも実在するかのように一般に思われてしまっている。いまでは、学校の失敗という概念を当てはめられてしまうと、その見立てが本当に正しいかどうかに関係なく、その学校に関係するすべての人の活動に影が落とされるほどになっている。

欠陥という考え方に伴う問題は、見立てが正しいか否かということだけにあるのではない。それよりも大きな問題は、欠陥ディスコースが常に**還元主義的**だという点にある。還元主義は人や集団を全体化する、つまり何か一つのもので人や集団を代表させてしまうので、人々についての見方を狭い範囲に限定させてしまう。だが、人はいつでも複雑な存在であり、どんなやり方であっても、たった一つの記述で表現しきれるはずがない。人だけではなく、学校もまた同じである。どんなに正確な表現だとしても、そこに例外が見つからないことなどない。欠陥思考が生み出す副作用の数々を見ていけば、いま指摘してきた問題がもっと良くわかるだろう。そこで、次に欠陥思考の副作用について見ていこうと思う。

欠陥思考の副作用

　欠陥思考がもたらす主な副作用は、生徒が自分自身について描くストーリーへの悪影響である。特に欠陥思考の背後に教師や校長といった権威がある場合、あるいは医者や心理士といったもっと強力な権威がある場合は、そうした欠陥という自己像を生徒側が否定していくのはかなり難しい。そのため生徒は、ある程度そうした欠陥的な見方を内化し、その通りの人にならざるを得なくなる。この他によく見られる副作用としては、自分一人では問題を修復できないといった具合に無力感を感じ、結果的に、専門家への依存を深めていくというものがある（Gergen, 1994）。この副作用において展開される論理は次のようなものだ。「もし私に、もし私の子どもに、あるいはもし私の生徒に、何か障害があるとすれば、この問題は私あるいは他の誰かの個人特性から出てきたものなのだから、私にできることはほとんどない。だから、この問題に取り組むためには心理の専門家や医者を紹介してもらうことが必要だ。」こうした論理が展開していくと、人々は多くの場合、欠陥を当てはめられた人の語りに耳を傾けて、その語りを真剣に受け止めるのを放棄してしまう。ケネス・ガーゲンは、こうした帰結をエンパワーとは逆に「弱体化（enfeebling）」と呼んでいる。

　読者の中には、学校の対立解決を謳う本の中で欠陥の論理や全体化に伴う問題をなぜこれほど強調するのか、疑問に思う人もいるかもしれない。それは、欠陥の論理や全体化が、対立が起きている状況で非常によく見られるからである。学校内で対人関係の問題が起きると、ついつい、欠陥ディスコースや全体化を使いそうになってしまうものだ。「あの子に間違っているところがあるから、私はあの子に怒っているの。」「オレがアイツとうまくいかない感じがするのは、アイツの性格に問題があるからだ。」対立が起きると、こんな具合に、物事すべてが誰かの個人特性に

帰属されていく。「お前は嘘つきだ！」と非難する例を考えてみよう。この表現は、嘘をつくという行為を現前の相手の性質と切り離せないものとしている。相手が嘘つきという個人特性を持っているということになれば、非難する方は、相手が言ったことが本当に嘘かどうかなど、責任を持たなくてもいいということになる。

　一方、ナラティヴの立場を取るスクールカウンセラーは、生徒個人に欠陥があると言ったり、生徒のアイデンティティを一つの言葉やフレーズで全体化したりしないように、うまく話していく。「いじめっ子」「被害者」、「良い生徒」「悪い生徒」、「行動上の問題」「学習上の障害」、「社会的リスク」「ソーシャルスキルの欠如」といったものは、人を全体化する表現の一例である。ナラティヴの立場ではこうした表現は使わない。そして、いじめ、問題行動、ぎこちないやりとりといった関係スタイルを示す人も、他にたくさんの関係スタイルを取ることができると考える。要するに、本質的ないじめっ子や根っからの被害者、生得的に行動上の問題がある人などは、どこにもいないと考えるわけである。

　とはいえ、そうした人たちが別の関係スタイルを取ることが本当に可能なのかという問題はある。いじめた生徒、いじめられた生徒、傍観していた生徒の全員が、いじめの背後で働いているストーリーの外に出て、それ以上いじめを続けなくなるような、そんなストーリーへと歩みを進めることは、はたして可能なのだろうか。私たちは、何かを表現をするということは、その人の本質的な自己が現れるということではなく、その人がそのナラティヴの中で取る立ち位置（ポジション）が作り出されるということだと考えている。こう考えるならば、人々の間で何らかのナラティヴが作用し始めても、そのストーリーに関わる人たちは、そのストーリーに沿うことも、そこから離れることもできるはずだと言える。ただし、そこから離れることができるよう、生徒たちを別のストーリーにうまく招き入れることができたとすれば、ではあるけれども。

　いま但し書きした文章こそ、学校でナラティヴ実践を行う上での目標である。つまり、問題ストーリーから離れ、それに対抗する（カウンター）ナラティヴを展開させることを、ナラティヴ実践は目指すのである。そのために一番大事になるのは、生徒たちによく練られた質問をしていくことである。本書では、そうした質問の例をたくさん示していくつもりである。ただし、そういう質問は先に述べたような哲学的前提から導き出されたものであり、機械的なテクニックではないという点には注意していただきたい。

　ナラティヴ実践では、暴力やいじめをはじめとした問題行動を関係パターンから見ていこうとする。こうした見方は、動機や感情から問題行動を考えるのとは違う。ナラティヴ実践では、精神病理といった本質主義的な考え方は採らないし、対人関係上の戦略として行動を見ることもない。だからたとえば、いじめっ子の中の「怒

第2章　ナラティヴの視点　23

り」が増加したことによっていじめが生じた、だからその子には「アンガーマネジメント」のトレーニングが必要だ、といった理解の仕方はしないのである。ナラティヴの視点を取れば、いじめの中心にあるのはいじめ**関係**である。いじめという行為は、人と人との関係に影響を与えようとするものだからである。いじめ関係には、傍でいじめを見ている生徒たちも含まれる。だから、いじめに直接的な変化をもたらすためには、関係をターゲットにするのが理に適っているわけである。第9章で私たちが説明するいじめへのアプローチは、まさにこうした前提に基づいている。

複数のストーリー

　人は誰もが複数のストーリーによって形作られており、その人自身も自分を複数のストーリーによって形作っている。これが、ナラティヴ実践の基本となる前提だ。現代世界において私たちの生がもはや単一でないということは、つとに識者によって指摘されているところである（たとえば、Gergen, 1992）。私たちを形作る複数のナラティヴは、しばしば重なり合うし、また逆に、まったく異なることもある。それは、さまざまなナラティヴが私たちの生活の多様な文脈の中で発展していくからである。人に対して当てはまることは関係においても言える。特に長く続いている関係に当てはまる。なぜなら、関係もまた、その関係が生きた複数のストーリーを持っているからである。だから、たとえばある関係が、敵対的なナラティヴと平和的なナラティヴをどちらも持っているということもあり得るわけである。
　こうした異質なナラティヴ同士を統合させていくことに関心を持っている心理学者は多い。彼らが強調するのは自己実現という価値観であり、そのために自己が単一で一致した完成体になることを目指そうとする。
　ナラティヴ実践は、これとは別の考え方を提唱している。ナラティヴ実践では、アイデンティティを形作るナラティヴがばらばらであっても問題とは考えない。それどころか、むしろ逆に、それを喜び、活用しようとする。つまり、人や関係性を一つのまとまったストーリーにしようとせず、複数のストーリーとして見ていくわけである。こう考えるなら、対立を解決する際に相反するナラティヴ同士を無理やりつなぎ合わせたり、別のストーリーライン（筋）にすっかり移行させたりする必要は無くなる。それゆえ、ナラティヴ実践では、対立し合うストーリーの中から何か別の新しい見方を発展させたりする必要はない。平和、共同、尊敬、その他どんな新しい視点であっても、大事なのは、対立するストーリーと並行しながら展開させていくことなのだ。こうして出てきた新たなストーリーライン（オルタナティヴ）には、これから

こうであったと見ていける過去と、マップを広げて計画できる未来とが備わっている。そのため、対立解決で課題となるのは、既存のストーリーからオルタナティヴなストーリーラインの方に、コース変更してもらうことなのである。実際、争っていた当事者たちがいったん新しいストーリーラインへと飛び移ってしまえば、往々にして問題はすぐに解決できてしまうものである。

ダブルリスニング

　常にオルタナティヴなストーリーラインが存在するという前提に立つと、傾聴にも新たなスキルが必要になる。なぜなら、単一のストーリーではなく複数のストーリーに耳を傾けなければならないからである（White, 2006; Winslade & Monk, 2008）。これはダブルリスニングと呼ばれ、問題ストーリーと解決ストーリーの両方を並行して同時に聞く方法である。ダブルリスニングを用いると、痛みを伴う対立ストーリーも、希望についてのストーリーも、その両方を認識し承認する（acknowledge and recognize）（これはバルーク・ブッシュとフォルジャー（Baruch Bush & Folger, 1994）の用語である）ことができる。同じ人の語りの中にあり、時には同じセリフの中にすらある多様性が、ダブルリスニングを行うことでより豊かに聞こえてくる。ダブルリスニングを使えば、いつもであれば見過ごしてしまう小さな断片情報を、これまで省みられることなく服従させられてきた何らかのストーリーを示すものとして理解できるようになる。

　例として、次のような発言を取り上げてみよう。「オレはそん時、後で落ち着いたけど、本当ムカついてたんだ。」ほとんどの場合、この発言は怒りや憤慨のストーリーとして聞かれることになる。しかし、ダブルリスニングを使えば、「後で落ち着いた」というストーリーにも耳を傾けることができる。この「後で落ち着いた」というストーリーには、違った形の人付き合いができる、思慮深い反省ができる、最初の反応を後で修正できるといった、好ましく、かつ重要な特徴が含まれているかもしれない。この発言の間に入っている「けど」という言葉は、二つのストーリーの動きを支えるちょうつがいのような働きをしていると言える。二つのストーリーに耳を傾けることができれば、私たちは二つのストーリーを対比して、どちらを選びたいか、発言した生徒に尋ねることのできるポジションに立てる。

　別の例を挙げてみよう。誰かがこう言ったとする。「おれはあの数学教師ともっとうまくやっていきたい。でも、あいつはいつもうるさく言ってくるから本当イライラする。あいつのために何かしようなんて思えないね。」ここでも、ダブルリスニングを使えば二つのストーリーに注目できる。「うるさく言ってくる」教師に苛

立つというストーリーのせいで見えにくくなっているが、ここには数学教師とうまくやっていきたいというストーリーもあるからだ。このようにダブルリスニングをすれば、苛立ちのストーリーに注目するだけでなく、たとえば次のように言って、それとは別のストーリーの方を検討していくこともできる。「どうしてその数学教師ともっとうまくやっていきたいって思うんだい？ その先生に君がうまくやってきたいと思っていることをわかってもらうには、どうしたら良いと思う？」

　ダブルリスニングを使うと、言葉の表現と非言語表現との間のズレについても気づくことができる。あるアイデアにイエスとは言っているものの、ためらいがちな声で、表情もあまり乗り気に見えない人のことを考えてみよう。この人はイエスと声に出してはいるが、非言語的にはノーと言っているのかもしれない。では、聞き手である私たちは、どちらのストーリーに反応すべきだろうか。ダブルリスニングに従えば、私たちはイエスとノーの両方を矛盾したストーリーの入り口として聞くべきだということになる。各ストーリーは、それぞれ違ったナラティヴの中に意味を持っている。どちらのストーリーも、これが正しいと言えるものではない。しかし、どちらも好奇心を持って尋ねる価値のあるものである。

外在化する会話

　ナラティヴの視点に立って会話していく基本的方法の一つに、外在化する言語を使うというものがある（White, 2007; Wislade & Monk, 2000, 2007）。外在化する言語とは、話し合っている問題や対立を第三の存在として扱う語り方のことである。この語り方を使うと、問題や対立が、当事者たちの日常で活動している一つの主体であるかのように扱われることになる。結果として、こうした語り方は文章上の文法だけではなく、対人関係に関する思考の文法にも変化を起こしていく。この事実から見えてくるのは、対立する人々だけでなく、対立そのものもまた、固有の生を持っているということである。言うなれば、対立は独自の軌道に沿って発展していく存在なのであり、人々は、対立がもたらすいざこざに絡め取られ、その軌道の先にある終局へと連れて行かれるのである。

　そのため、ナラティヴの立場を取る実践家は、争っている人たちがどうやって対立を引き起こしたのかを調べるのではなく、対立という存在がどうやって人々を巻き込んだのかを調べようとする。そこでナラティヴ実践家は、次のような質問を徹底して行い、外在化を進めていく。「その対立は君が決めていたのとは違う行動をさせようと、君を**誘ってくる？**」「その対立は、君の人生をずっと妨害してる？」「その対立は、君が本当はしたいなあと思っているのとは違うことを君に考えさせたり

言わせたりしようとして、いろいろと説得してくる？」

　このように、対立を一つの存在として扱い、当事者を対立と同一視しない語り方を貫徹すると、うっかり誰かを非難したり、敵対している時についつい言いがちの否定的な言葉を発したりすることが無くなる。また、外在化するような言葉遣いは人と対立を切り離すので、当事者自身も対立と共鳴**しない**ようになり、これまでとは別の関係ストーリーに共鳴する余地が生まれてくる。さらに、外在化を使えば、争っている人同士を対峙させるのではなく、争っている人同士に共に問題に対峙してもらうこともできる。この方が、当事者たちのメンツも保てる。

　ひょんなことから対立に何か名前が付けられた場合は、後々の会話でもその名前を使うと良い。そうすることで外在化が進んでいくことがあるからだ。誰かが次のように言ったとしよう。「私は病気です。このどうしようもなさに疲れました。」熟達した実践家であれば、こうした表現を敏感に感じ取り、その「どうしようもなさ」がしでかしていることは何なのか、どんなふうに「どうしようもなさ」が周りの人にまとわり付き、彼らの思いを無力にし、お互いの関係を悪くしているのかといったことについて、詳細に尋ねていく。時には、対立に何か名前を付けるとしたらどんなものが良いと思うかなどと、当事者たちに直接尋ねてみることもある。名前を付ける場合のコツは、対立する両者の視点をどちらも含んでいて、かつ、その対立状況を象徴するような名前を探し出すことである。どちらか一方のストーリーや感情を想起させるような名前は付けない方がいい。満足のいく名前が見つからない場合には、「それ」とか「問題」とか「論争」といった呼び方をしておくのも一案である。

問題の影響をマッピングする

　いったん対立を外在化し名前を付けたら、それ以降はその名前を一貫して用いていくべきである。ここで対立の影響をマッピングすると、とてもうまく外在化を展開させることができる。マップという言葉は一種のメタファーであるが、文字通り、一枚の紙やホワイトボードに問題の影響関係を図式化していくことを意味している。気をつけてほしいのは、マッピングの際に意識すべきなのは問題の**影響**であり、問題の**原因**ではないという点である。マッピング時に検討するのは誰が何をしたかということではなく、**対立それ自体**によって、人がどのような影響を受けたかということだからである。こうしたことからもわかるように、実践家にとってマッピングとは、誰かを非難する論理に陥らないよう助けてくれるものでもある。

　ここで、マッピングの際に使う質問の例をいくつか示しておこう。こうした質問

をすると、対立がもたらした影響を詳しく調べるのに役立つ。

- この対立は、君にどんなことを感じさせる？（どんなことを感じる？よりもこちらの方が良い）
- こうしたこと全部が、君にどれくらいの代償を支払わせてる？
- この対立のせいで、君は、自分ではこうしたいなあと思ってることとは違う行動をさせられちゃってるかな？ もしそうだったら、それはどういったことかな？
- この争いは、相手の生徒について、君にどんなことを考えさせる？
- こうしたこと全部が、君の健康に（もしくは、君の勉強や他の人との関係に）どんな影響を与えてる？
- そのケンカは、君のクラスメートにどんな影響を与えた？
- もしこのままもっと悪くなり続けたとしたら、最終的にはどうなると思う？
- その対立がしでかしていることって、他に何かある？（数ある質問の中で、しばしばこの質問が最も有益である。）

　こうした質問をするのは、問題がもたらす影響の広さと深さという、それまで当事者たちが考えてこなかった問題の影響の諸側面への気づきを促したいからである。こうしたことに気がつくと、人はいまの方向性を変えることをいっそう強く願うものであるし、問題の影響を詳しく吟味していけば、対立が人の感情にどんな影響を与えたのかということも見えてくる。このマッピングの作業を共感的に行っていけば、対立の当事者たちは、問題の影響を探りつつ、同時に自分のことを聞いてもらえたとも感じるだろう。場合によっては「相手側の考えも理解できる」などと言うこともあるかもしれない。そうなれば、争いをもたらした不一致も、ある程度まで弱まってきていると言える。

脱構築

　脱構築的な質問を行うということも、ナラティヴ実践の特徴の一つである。最初に**脱構築**という概念を開発したのはジャック・デリダ（Derrida, 1976）である。この概念で示されているのは、語られたストーリーを丹念に調べ、そのストーリーが勢い良く流れてしまうことを押し留めることで、そうでなければ瞬間的に消えてしまう意味づけを引っ張り出すということである。ナラティヴ実践では、外在化する言語を使うことが脱構築に大いに役立つ。なお脱構築については、時に誤った捉え

方をしている人がいる。脱構築はあらゆる意味づけを崩すことでも、意味づけを構成する要素を分析したりすることでもない。デリダは、脱構築とはある意味づけに内在する矛盾を詳らかにし、剰余と呼ばれる新しい意味づけが出てくるようにすることだと、はっきりと述べている。またデリダは、矛盾の中には、脱構築に向かう衝動が見えないながらも潜んでいることが多いとも述べている。

たとえば調停・仲裁（メディエーション）の文脈では、対立の裏にどんな意味づけが隠れているのかを探るために、戦略的に質問しながら脱構築を試みていく。脱構築する時には、争っている当事者たちのどちらか一方に対立の責任を帰属しないよう注意する。仲介者は、言うなれば考古学者のような存在となって、いろいろと質問しながら当事者たちのストーリーの地層に丁寧にブラシをかけ、争いを引き起こした意味づけを探っていく。いろいろと質問する時に一番必要なのは、わかり済ました専門家然とした姿勢ではなく、言わば「素人」の精神である。そうして対立の歴史をさかのぼっていき、どういう意味づけが対立を引き起こしたのかを探求していく。争いを引き起こした意味づけが明らかになれば、当事者たちは自分たちに影響を与えているディスコースについて新たな洞察を得ることができるし、その背景にある文化的ナラティヴが自分たちにどう作用したかについても見えてくる。そうなれば、文化の違いや意見の相違は短所や欠陥などではなく、尊重され理解されるべき正当な経験と見なされるようになっていくし、対立に向かっていた衝動も、対立の起きていない部分を拡大していくことに使われるようになっていく。次のセクションで取り上げる事例には、対立状況で脱構築的な質問が用いられると、どのように関係性が移行するか、その一例が示されている。

—— * * * ——

参考ケース

昼休みの後、シェイクは養護教諭に連れられ、カウンセラー（マイク）のところにやってきた。シェイクは泣いていて、はれ上がった唇は手当てを受けていた。口の中も怪我しているようで、彼は出てくる血を繰り返し拭っていた。バスケットボールコートで他の生徒とケンカした、とシェイクは話した。カウンセラーは、そのケンカについてきちんと理解したいという思いを彼に説明した上で、いくつか質問があること、同じ質問をケンカ相手の生徒にもしようと思うこと、しかしまずは、彼に話を聞いておきたいことを伝えた。この会話は次のようなものだった。

マイク：　バスケのコートで何が起きたの？

シェイク：あー、あいつがボールを持ってたから、おれタックルをしたんだ。そしたらあいつがカッとなって、おれをコート中追いかけ回してきたってわけ。で、あいつがおれの胸ぐらをつかんだから、おれも胸ぐらをつかみ返したら、あいつがおれの口にパンチしてきたんだよ。おれも何回か殴ったけど、あいつもやり返してきた。そしたら、周りにいた奴らが皆寄ってきて、おれらのことを引き離したんだ。ちょうどよかったよ。マジであいつをぶっ殺すところだった。

マイク：今回のケンカの前にも、その子と問題があったりしたの？

シェイク：いや。あいつは友だちで、昼休みはいつも一緒に遊んでた。こういうことが起こったのは初めて。

　表面上、このケンカはバスケットボールをめぐって起きた、とてもシンプルな対立に見える。しかしマイクは、他にも何かあるような感じがしていた。というのも、きっかけとなったタックルのことが、マイクにはどうにも不思議に思えたからである。

マイク：そのタックルってどんなものだったの？バスケって相手に触っちゃいけないんじゃなかった？

シェイク：ちょっと調子に乗って、あいつの腰あたりをラグビーみたいにつかんだんだよ。そしたらあいつはすぐ別の奴にボールをパスして、おれのところに来た。で、おれの胸ぐらをつかんだんだよ。

マイク：そんなふうに「胸ぐらをつかまれ」て、何が嫌だった？

シェイク：あいつはおれのコーランをつかんだんだ

　シェイクはとても小さな声で話したので、マイクはほとんど聞き取ることができなかった。ただ、宗教に関することを話しているということはわかった。

マイク：彼がそれをつかんだってことが、君にとって、どうまずかったんだい？

　シェイクは誇らしげに顔を上げ、それから血のついたシャツの中に手を入れた。そして、首の周りにかかっている細くて赤い紐を取り出した。その紐の下には、小さな聖典のレプリカのようなものが付いていた。

シェイク：見てよ。これ、おれのコーラン。母さんがくれたんだ。これは外したりしちゃダメなんだ。母さんが言うには、これが地面に付くと、目が見えなくなっちゃうらしいから。でも、あいつはおれの胸ぐらをつかんだ時、コー

ランもつかんだ。おれんちのコーランに触れていい奴なんかいない。あいつがこれを引っ張って地面に落とすんじゃないかと思ったら怖かったよ。父さんはいまアフガニスタンにいるんだ。だけど、おれんちには預言書があるし、コーランがある。

マイク：　コーランには、学校のケンカについて何て書いてあるの？
シェイク：ケンカしちゃいけないことになってる。平和じゃなきゃいけないんだ。トラブルを起こしちゃいけない。本当はアビエルとも仲良くいたいんだ。
マイク：　アビエルに来てもらって、彼にとってこのケンカがどういうものだったか聞くこともできるんだけど、どうかな。ケンカが起こった時、アビエルが何を考えていたか、一緒に探ってみないかい。

　アビエルがドアから入ってくると、マイクは彼に席につくよう身振りで促した。アビエルはシェイクから目を逸らしていたが、顔は赤く、体は強張っていた。マイクには、アビエルがとても怒っているように見えた。

マイク：　座ってくれるかい、アビエル。バスケコートで起きたこと、僕らで話し合う必要があると思うんだ。
アビエル：みんな楽しくやってたのに、あいつがおれの腰にタックルしてきたんだよ。
マイク：　シェイクがルールを破ったということかな？
アビエル：あれはバスケだ！　触っちゃいけないだろ！　あいつがタックルしてきた時はマジでムカついたよ。
マイク：　シェイクは、君が胸ぐらをつかんできたからつかみ返したんだと言っているけど、君は何が嫌だったんだい？
アビエル：あいつはおれのボタンをむしり取った。母さんは、服が破れたりするのが本当に嫌いなんだ。シャツが破れでもしたらひっぱたくって、いつも言ってるよ。

　こうして明らかになってきた事の重大さに、この二人の少年はまだ気づいていなかった。ここには二つのストーリーがある。どちらにも尊敬する母親がいて、だからどちらも身を守らないといけなかった。二人とも自分が愛する人を守る責務があった。そのため、ケンカをして学校の処分を受けることなど頭に浮かばなかったというのも、それなりの理由があったわけである。

　深呼吸してから、マイクは続けることにした。シェイクの方を向くと、シェイクはまた血を拭おうとしていた。

第2章　ナラティヴの視点

マイク： シェイク、胸ぐらをつかまれた時、君がどうしてそんなに怒ったのか、アビエルに説明してもらってもいいかな。

シェイク：お前がおれのコーランを触ったからだよ（彼はシャツの中からコーランが付いた赤い紐を取って見せた）。母さんがこれをくれた時、もしこれが地面に落ちたら目が見えなくなるって言ってた。なのに、あの時お前はこれを引きはがそうとしただろ。だから、この預言書が理由だよ。

アビエル：いまはじめてコーランのことを知った。おれがあの時考えていたのは、どうやったらシャツをつかむのをやめさせられるかってことだけだ。殴って悪かった。

シェイク：おれもタックルして悪かった。ちょっと調子に乗ってた。

マイク： 君たちは二人ともケンカなんてしたくなかったようだね。だけど、二人とも大事に思うものとか、守りたいものがあったわけだ。で、お互いどんな関係になるのが良いかな。

アビエル：友だちかな

マイク： 君はどうだい、シェイク

シェイク：ああ、ケンカしたくはなかった。マジで、ケンカはしちゃいけないことなんだ。

（シェイクは、握手しようとアビエルに手を差し出した）

アビエル：「オールグッド」だ

アビエルはシェイクの申し出に応じるように、頭をちょっと上げた。マイクはこの微妙なジェスチャーを見て、二人の少年が仲直りしたことがわかった。

マイク： 明日の朝一番にもう一度会おう。それで仲直りしたことを、ケンカを見てた他の子たちにどうやって伝えられるか考えてみよう。二人には今日の夜、それをうまくやるにはどうしたら良いか考えてきてもらいたい。できれば親御さんにも今日のケンカのことを伝えて、どうやって解決したか教えてあげてほしい。僕も明日の午後、君たちの親御さんに電話して、問題解決にあたって二人がいかに大人だったか説明するよ。ただ、まずは君たち自身で伝えてほしいんだ。

翌朝、マイクは再び二人の少年に会った。

マイク： 親御さんの様子はどうだった？

シェイク：めちゃくちゃ大変だったよ。母さんには言いたくなかったから。きっと怒

　　　　　るだろうと思ったし、実際、最初は怒ってたよ。ただ、引っ張ったシャツ
　　　　　のことでアビエルが言ったこととか、ケンカを解決した流れとかを話した
　　　　　ら、落ち着いた。兄貴は、よくやったって言ってくれたよ。
アビエル：うちの母さんも同じだった。ケンカは許されることじゃないから最初は
　　　　　怒ってたよ。母さんは、ケンカはあり得ないくらい嫌いだって言ってた。
　　　　　うちの父さんはケンカが原因で家からいなくなったからね。だからたぶん
　　　　　母さんは、おれがケンカをうまく解決したことを嬉しがってたとも思う。
マイク：　ケンカを見てた子たちには何て言ったらいいと思う？　どうしたらいいかな。
シェイク：何も言わなくていいよ。また何もなかったようにバスケをしたらいい。
アビエル：そうだ。もう終わったことだし。誰も何も言わないよ。もし何か言ってく
　　　　　んなら、そん時に教えてやることにするよ。

―― * * * ――

謝ること

　謝ることが対立の収束をもたらすと考える人もいる。たしかに、シェイクが手を差し伸べ、アビエルが「オールグッド」と言った時、二人の謝罪は本心からのものだったろうし、だから二人が謝ったことはこの対立解決に必要であったのかもしれない。実際、この学校のティーンエージャーの間では、対立が終わったことを表現するのに「オールグッド」という言葉がよく使われている。ただ、このぐらいの年齢の子どもたちは、対立が解消されるのを嫌がったり、もっとトラブルを起こそうとしたりすることもある。というのも、生徒同士のいざこざは、見ている側にとっては延々続くエンターテイメントでもあるからだ。

　ナラティヴの視点から見ると、謝ったということは、一連のストーリーの中で起きた一つのイベントに過ぎない。謝ることが本当に大事かどうかは、もっと広い関係性のストーリーを踏まえて考える必要がある。そうしないと、謝ることで対立が終わるかどうかなど予測できるはずもない。これまでのいろいろな実践を通して私たちに見えてきたのは、謝ったことで新たなストーリーラインが開いたと考えると良さそうだということである。要するに、謝ることは何かの終わりなのではなく、何かの始まりなのである。だからこの段階で重要なのは、開き始めた平和な関係性につながるストーリーを広げるために、もっと質問していくことである。

　逆に注意しないといけないのは、謝ることが必要不可欠だと思い込んでしまうことである。必要なのは自由意志に基づいて謝りたいと思うことであって、謝罪は強

要されるべきことではない。生徒の中には、どうやってけじめをつけるか聞かれて、謝るという形で応じる子もいる。自分がしたことの何が問題だったかはっきり認められたら、謝罪はもうすぐそこという子もいる。そうした生徒の場合、何が問題であったか認められたら、こちらはそれを喜んで受け入れるべきであるし、謝罪よりも認めたことそれ自体を新しいストーリーの始まりと見なすべきである。

　謝罪がなされたら、カウンセラーは、その謝罪が確かな効果を持つよう支援していくと良い。そのためには誰か他の人にそこまでの進展を認め、サポートしてもらう必要がある。上記の事例の中で、ケンカを見ていた生徒たちやケンカを止めに入った生徒たちを新しいストーリーに含めるプランをカウンセラーが計画したのは、このためである。二人の少年の家族もそうしたサポートが期待できる人たちである。だからカウンセラーは、二人の関係を立て直す際に、彼らの親を巻き込むという試練を二人に与えたのである。カウンセラーが「親に電話しようと思う」と二人の少年に言ったのもまた、二人が問題解決で見せた良い動きをより確かなものとするためだった。こうしてカウンセラーは、子どもたちの変化を認めてくれる立ち合い者を十分な人数確保していったわけである。このことはつまり、二人が謝ったことがそこで終わりにならず、実際に行動へと移されていく可能性も増したということになる。

　この事例でカウンセラーが立てた対立解決プランには、鍵となる特徴が多く含まれていた。一つ目は、細部まで取り決めたという点である。また二つ目に、時間に制限を設けたという点も挙げられる。三点目として挙げたいのは、実行することが実際に可能であったということ、つまり難しいけれども、何とかできることであったということである。このようにして、カウンセラーは二人の少年が自分たちなりに親と話したり、他の子たちへの説明の仕方を考えられるようにしたのである。

カウンター・ストーリーを広げていく

　いまの事例で取り上げたストーリーには、行動（「タックル」「胸ぐらをつかむ」）の意味づけがどう脱構築されていくかが示されている。また、対立ストーリーから解決ストーリーへの移行がどう展開していくのかということも示されている。ナラティヴの用語では、移行先のストーリーのことを「カウンター・ストーリー」と呼ぶ（Lindemann Nelson, 2001）。これは、対立ストーリーと反対の方向性を持つストーリーのことである。対立ストーリーからカウンター・ストーリーへと移行するには、いまの事例で言えば、少年たちの行動の意味づけが脱構築され、その脱構築された意味づけについてお互いに理解できる必要があった。事例からもわかるように、

いったん少年たちがカウンター・ストーリーの流れに入った後は、弾みがついてすんなりとそのストーリーへと進んでいった。

最初にカウンター・ストーリーが見えたのは、マイクが二人の男子に「お互いどんな関係になるのが良いかな」と尋ねた時である。少年たちの反応からすると、彼らが参照したのは「友だちになる」というストーリーであり、要するに対立したくないというストーリーであった。対立ストーリーと同じように、こうしたカウンター・ストーリーにも独自の過去、独自の現在、そして独自の未来がある。この出来事の前には、二人の少年がお互いに友だちであったという過去や、コーランやシャツを守る理由であった愛する母親との過去があったわけだし、この出来事の先には謝罪を約束しそれに努力する未来が、言い換えれば、相手との関係の綾に謝罪を織り込んでいく未来があるわけである。それから、家族や他の友だちに対してちょっとカッコつけたという現在も、ストーリーを変えていく上では重要な要素になった。

とはいえ、カウンター・ストーリーを開いていく方法は一つではない。ダブルリスニングを使えば、会話を始めて幾ばくも経っていない時でさえ、好ましいストーリーの断片を見つけることはできる。言葉の端に挟まれた問題ストーリーの例外（たとえば「おれたちが友だちだったのは昨日まで」という語り）について詳しく尋ねていくと、カウンター・ストーリーが展開することもある。またもっと直接的に、対立によって引き起こされたいまの状況は好きか、これが続いていくともっと悪くなるかもしれないが気にならないかといったことを、争っている当事者たちに聞いていくという方法もある。誰かが「いや、それは困る」と言ったなら、「じゃあ、どうなると良いと思う？」と聞いてみるわけである。平和な関係を作る上で役立ちそうな要素や（たとえば）他者への敬意や理解を促進する上で役立ちそうな要素が会話の中で出てきたなら、それがどんなものであっても、カウンター・ストーリーを発展させるのに使える。カウンター・ストーリーは現在だけでなく、常に過去と未来も指向しているからである。そして、その過去と未来は、質問によって探り出せるのである。

当事者がこれ以上対立を深めたくない、何か別の関係が良いと思っているとすれば、どうしてそう思うのか、その理由を尋ねていくと、カウンター・ストーリーをさらに発展していけることがある。そうした会話の中では、当事者たちが大事にしている価値観や、個人的に誰かと結んだ約束、あるいは文化的な背景といったものが見えてくることがある。多くの人は他者とどんな関係を持つかについて、自分なりの理想を持っているものである。たとえば、他の人たちと協力する、公平できちんとした話し合いをする、文化的植民地化へ抵抗する、民主的に意思決定をする、平和な未来に希望を持つ、あるいは人を気遣うといった理想を抱いていることだろ

う。しかし、争いの渦中では対立のしみ込んだストーリーが展開しているため、当事者たちがそうした理想を抱いているなどということは見えなくなってしまう。そうした理想を持っているのに、それを脇に置き、理想と矛盾するかのようにいがみ合っているからといって、その人が二枚舌だということにはならない。単にそれは、その人が複数のストーリーを持っているということを示しているに過ぎない。だから、争いの当事者たちが持つ最良の自己と最高に誇れる意思とを、彼ら自身の言葉で表現できるよう、カウンセラーは働きかけていくことが必要なのである。こうした働きかけこそ、ナラティヴ実践の最大の特徴である。自分と相手の関係を対決ストーリーだけに独占させてはいけない。対決ストーリーとカウンター・ストーリーを対比することができれば、それまでのストーリーとは別の選択肢を選ぶことができる一種の自由も生まれる。実際、ナラティヴの原則に沿って対立解決を進めていくと、当事者たちは自分たちが対決で身動きがとれないわけでもないということを実感するようになる。これは要するに、対決ストーリーの拘束がほどけ、別の未来が開いてきたということである。こう考えると、他の選択肢が選べるという自由は、ある種の学びを可能とするコミュニティを創り出すとも言えるだろう。ただしここで創り出されるコミュニティは、数学や語学を学ぶコミュニティではない。そうではなく、学校コミュニティや将来属するコミュニティにおいて良き市民となることを学ぶ、そうした学びのコミュニティが創り出されるのである。

まとめ

　第2章では、一言で言えば他者への敬意と表現できる、ナラティヴ実践の基本原則について説明した。その後、ナラティヴ実践による対立解決について、次のようなステップで解説した。

1. ダブルリスニングを使って対立ストーリーを聴く。
2. 外在化する会話を行う。
3. 対立の影響をマッピングする。
4. 対立ストーリーの意味を脱構築する。
5. 対立ストーリーとは別の軌道を持つカウンター・ストーリーを広げる。
6. カウンター・ストーリーに、現在だけではなく過去と未来も加える。
7. カウンター・ストーリーを、人が価値を感じ、望んでいるものとして理解する。
8. カウンター・ストーリーから、解決のための選択肢を発展させていく。

　以降の章では、以上の原則や特徴が微妙に違った形で表現されている。なぜなら、

各章で示される対立解決のアプローチは、それぞれに異なった文脈や問題に対してデザインされたものだからである。アプローチの概要は各章ごとに示すつもりでいる。ただし、それらもすべて一貫した哲学を反映しており、原則は同じである。

　鍵となるのは、敬意を持って人を見る、つまり、他者の権利を敬意を表するに値するものとして見なすという倫理原則である。何か欠陥があるはずだと仮定して他者を見ることではない。**人が問題なのではない。問題が問題なのだ。**この格言はとても重要だ。今後も繰り返し目にすることになるだろう。

振り返りのための問い

1. ナラティヴの視点のうち、どの辺りが印象に残っただろうか？
2. あなた自身は、何らかの欠陥があるとレッテルを貼られた経験はあるだろうか？ それによってどんな影響を受けただろうか？ あなたはそのレッテル貼りを受け入れたか、戦ったか、あるいはその両方だったか？
3. 個々人の人生について、一本線のストーリーではなく、複数のストーリーを持っているものとして捉え直してみると、そこにどういった違いが見えてくるだろうか？
4. **人が問題なのではない。問題が問題なのだ。**この表現を自分にひきつけて考えてみると、どのようなことが見えてくるだろうか？
5. 謝罪をストーリーの終わりとしてではなくストーリーの始まりと考えると、そこにどのような違いが見えてくるだろうか？

研究のための問い

1. 学校の問題に関する調査研究を行う時、もしカウンター・ストーリーが常に考慮されるとすれば、それはどのような調査研究となるだろうか？
2. 脱構築は研究ツールとして使うこともできるだろうか？
3. 学校で起こる対立に関して、関係するナラティヴをアーカイブとしてまとめていったとしたら、そこからどのようなことが学べるだろうか？
4. 学校で起こるケンカは、それに巻き込まれている人たちに、またそれ以外の人たちに、どのような影響を及ぼすだろうか？

第3章 カウンセリング

> **この章で何を学ぶか**
>
> 学校でのカウンセリングは学びに関するものであり、治療ではない
> 対立コーチング
> ナラティヴによる対立コーチング
> 参考ケース
> ルールを脱構築する
> トラウマへの対応
> まとめ

学校でのカウンセリングは学びに関するものであり、治療ではない

　対立を解決する作業のほとんどは、当事者同士の関係の中で、会話を通してなされる必要がある。対立が関係的な出来事であれば、対立の解決もまた、関係に焦点を当てるのが道理だからである。ただ、だからといって、個人カウンセリングは対立解決にほとんど意味がないというわけでもない。起こりかけている対立を避ける上でも、すでに起こってしまった対立を考えていく上でも、生徒とカウンセラーが話し合いながら、関係の次元にどうアプローチしていくか考えていくことはできる。
　とはいえ、まずはじめに、そもそもカウンセリングとはいったい何であるのか、そして、対立解決はカウンセリングの実践に沿ったものなのかということについて、いったん立ち止まって考えておく必要はある。私たちの考えでは、教育の文脈におけるカウンセリングとは「治療」ではなく、主として「学びと発達」に関係するものである。とりわけカウンセリングはどのように生き、どのように他者と関係するかを学ぶことに関わるものだと私たちは考えている（教育だけでなく臨床の文脈においても、カウンセリングをこのように見なした方がいいかどうかについては、とりあえず脇に置いておこう）。少なくとも学校においてカウンセリングが治療でないとすれば、学校でのカウンセリングを、何らかの欠陥を診断し、それを「治療

する」医療モデルで捉えるべきではないということになろう。医療モデルのようなメタファーは教育には適さないし、どう生きるべきかを学ぶ上でもほとんど助けにならない。にもかかわらず、医療ディスコースを学校へ導入していこうとする動きは増加の一途をたどっている。私たちは、カウンセラーも管理職も、そうしたディスコースを学校に導入することに異を唱えるべきだと考えている。これは、ADHDとか行為障害とかいう診断によって生徒の行動を説明できると思わないようにする、ということでもある。そうした診断が間違っているなどと考える必要はない。ただ単に、そうした診断は、学校という状況では有用性に乏しいというだけである。多くの場合、診断は全体化となって数々の不本意な副作用をもたらすし、診断によって説明できる以外のものを見えなくしてしまう。管理職にとっても、子どもに何らかの診断が下されているとなると、安易な改善策に縛られてしまうものである。そして、教師や親をなだめたいがために、「アンガーマネジメント」といった小手先の技を子どもたちに学ばせることに関心が向いてしまいがちとなる。

　生徒たちは学校の中で、学校というコミュニティでの過ごし方や学校というキャリアでの歩み方について日々学んでいる。学校でのカウンセリングをこうした生徒の学びの支援の一つと捉え直してみると、対立解決においてカウンセリングにできることもまた見えてくる。すなわち、カウンセリングにできることとは、他者との間で直面するさまざまな違いの中で生徒たちがどう生きていくか、その生き方づくりを手助けすることなのである。結局のところ、対立は他者と自分との違いに関わることだ。だから、他者との違いを踏まえて相手との関係をどのようにすり合わせていくかということは、生徒だけでなく、現代世界に生きるすべての人が直面する最重要課題の一つでもある。

　ほとんどの場合、カウンセリングではアイデンティティのストーリーに悩む人々を援助する。こういった意味でのカウンセリングは、第4・5章で述べるメディエーションよりも、次節で述べる対立コーチングに近い。本章では対立コーチングをはじめとして、学校におけるカウンセリングの特徴についていろいろと見ていくことになる。これらの特徴は、学校という文脈で対立をマネジメントする際の核心とも言えるものである。管理職もカウンセリングのそうした側面をわかっていれば、スクールカウンセラーや心理士に生徒を紹介する時に、より明確な目的意識を持てるであろうし、心理職のスキルももっと活用できるようになるだろう。心理職側も学校におけるカウンセリングの特徴をはっきり自覚できれば、生徒の（時には、教師や管理職の）ニーズに対応する一つの選択肢として、自分たちをもっと役立ててもらえるようになるはずだ。

対立コーチング

　対立コーチングは、対立解決の領域で発展してきた手法としては、比較的新しい（Brinkert, 2006; Jones & Brinkert, 2008 を参照）。もともとは、コーチングやメンタリングといった組織経営の分野から出てきた手法である。コーチングやメンタリングでは、経営者の役割の大部分は組織内の対立マネジメントが占めると考える。組織に当てはまることが学校に当てはまらないということはない。組織同様、学校でも対立が起きることは避けられない。それゆえ、管理職は学校での対立をマネジメントする必要がある。校長とカウンセラーとの信頼関係が十分に育まれていれば、管理職は対立をコーチングする役としてカウンセラーを活用できるだろう。場合によっては、スクールカウンセラーが教師のコンサルタントとなって、学級内の対立のマネジメントをコーチングすることも可能となる。

　生徒への対応でも同じことが言える。立場上、スクールカウンセラーは生徒たちが他の生徒や教師に不満を述べるのをよく耳にすることになるが、不満を言うということは、考えてみれば、不満を感じる相手について学ぶ機会が生じているということでもある。不満が見られた場合、往々にして一番効果があるのは、対立している人たちを一堂に呼んでメディエーションを行ったり、可能であれば修復的対話を行ったりすることである。こうした活動は当事者同士の関係性だけでなく、おそらくクラス全体の関係性にも影響を与える。また場合によっては、サークル会話という方法も選択肢の一つのとなる。こうしたアプローチについては、改めて次章以降で述べたいと思う。ただ時には、対立相手と同じ席を囲むのを嫌がる人がいるのも確かである。また、相手側が話し合いに来たがらないということもある。関係の中で生じた問題について、自分一人で責任を取りたいと考える生徒もいるだろうし、より端的に、責任を取るので支援してほしいとカウンセラーに申し出る生徒もいるかもしれない。いずれにせよ、そうした場合には、対立コーチングが選択肢の一つとなる。

　たとえば、教師に不満を抱いている生徒とのやりとりでは、次のような会話が考えられる。

　「そうなると、先生の言動で、君は嫌な気持ちになってしまったってことかな？」
　「そう。」
　「何が起きたのか、話してくれるかい？」

このあとカウンセラーは、生徒の話すストーリーに注意深く耳を傾ける。そして、自分が聞き取ったことを要約して、その生徒に返す。

　「僕の理解が合っていれば、君と先生との関係は、君が望んでいるようなものではない。だから君は、いまとは違った感じになるのを望んでいるということだね。」
　「そう」（時には、この「そう」という言葉に至るまでの作業が必要になる場合がある。特に、生徒がそこで起きている問題を、教師と自分との関係性にではなく、教師の人格にあると考えている場合には必要となる。ここで今一度、次の重要な原則について確認しておきたい。人が問題なのではない。問題が問題なのだ。）
　「そうなると、これから行える選択肢としては、少なくとも三つの可能性があると思う。一つは、いま君がしてくれたように何が起こったのかを話してスッキリして、それで終わりというもの。君は帰って自分がすべきことを自分で考えるわけだ。二つ目は、先生抜きで僕たち二人で話し合って、君の側から先生との関係を改善できる方法を考えていくというもの。もし、傷ついた気持ちを癒やしたいというなら、その方法を探していくこともできるよ。それから、その先生が君にとってもっといい先生になるよう、君ができる戦略を練っていくなんてこともできる（この選択肢は、対立コーチングである）。三つ目は、ここに先生を呼んで、二人の関係について、どうしていくか一緒に話し合うというものだ（この選択肢はメディエーションである）。この三つの選択肢の中で気に入ったものはあるかな。それとも、他に何か良いアイデアはある？」

　もし生徒が二つ目の選択肢を選んだら、カウンセラーは対立コーチングを行っていく。

ナラティヴによる対立コーチング

　対立コーチングにはいくつかのモデルがあり、それぞれに異なった理論や方向性を持っているが（Jones & Brinkert, 2008）、ここでは、その中でもナラティヴ・モデルをとる対立コーチングについて詳しく見ていく。なお、これから紹介するものは基本的にジョーンズとブリンカートによる説明を下敷きにしてはいるが、それを多少ともさらに発展させたものである。
　まず最初に、これまで述べてきた原則を繰り返しておきたい。ナラティヴ・アプ

ローチに基づく対立コーチングでは、複数のナラティヴ同士が何が起こったのかということについて自分こそが真実だと競い合って主張しており、その複数のナラティヴの競合の中に対立が埋め込まれていると想定する。つまり、あるナラティヴが形成される過程では、いくつもの可能性の中から一つのプロットが選出されていると考えるわけだ。ということは、対立の色が濃いナラティヴだけでなく、対立のしみ込んでいないナラティヴも常に存在していて、そちらを育てることも可能だということになる。ただし、対立を生み出すある種の権力関係、とりわけ何らかの支配的ディスコースを反映した権力関係がその背景にあると、生徒のナラティヴも対立の色の濃いものとなる。とはいえ、そうした支配的ストーリーの影にも、そのストーリーの代わりになる別のストーリーが常に複数存在しているし、おそらくその中には、その生徒が望むものにより近いストーリーもあるはずである。そこで対立コーチングでは、対立のしみ込んだドミナント・ストーリーからその生徒を引き離し、対立相手との関係についてより望ましい別のストーリーを発展させていけるよう支援していく。ナラティヴ・アプローチに基づく対立コーチングでは、ナラティヴのシフトが起これば、対立相手との実際の関係もまた変化していくはずだと想定している。

ストーリーに耳を傾ける

　ナラティヴ・アプローチに基づく対立コーチングでは、まずは、何が起きたのか生徒に話してもらい、そのストーリーに注意深く耳を傾けることから始める。耳を傾けるのは、プロットとなる出来事、登場人物のキャラクター、そして、おそらくはストーリーのテーマであると思われる、強調して語られる出来事などである。この時に大事なのは、生徒が話している出来事を、唯一の事実としてではなく、あり得る可能性の中から選び出された一つのストーリーだと思って聞くことである。これがナラティヴを聴くということである。加えてナラティヴ実践で必要となるのは、ダブルリスニングである。つまり、対立のしみ込んだナラティヴだけでなく、そのナラティヴのギャップや矛盾、例外、それから支配的ナラティヴに対する抵抗にも耳を傾けるのである。こうした支配的なナラティヴとの矛盾や例外、抵抗といったものは、ユニークな結果と言われたりもする。ユニークな結果は、後々、それとは別のストーリーに向かうポイントになる。ただし最初の段階では、ユニークな結果が見られても書き留めるだけにしておき、後のために取っておく方が賢明だろう。

　生徒と会話する際には、カウンセラーはきちんと理解するための質問をしたり、生徒の感情に配慮したり、言ったことを要約して返したりするといったことを適宜

行っていかなければならない。また外在化する言語を使い、生徒の話す出来事を誰か人のせいにするのではなく問題のせいにしていくという作業も進めるべきである。さらに、問題に関するストーリーがどういった形で説明されているのか、そうした説明を生み出しているものは何なのかということも、同時に考えていかなければならない。

　人によっては、問題を語る際にすでにどこかでリハーサルしてきたかのような首尾一貫した説明をすることがある。だが逆に、こちらからたくさん質問しないと、ある程度までストーリーが首尾一貫していかないという人もいる（Cobb, 1994 参照）。後者のような傾向は（トラブルのあった時を除いて）自分のことを話せる機会があまり持てなかった人たちに全般的に当てはまるが、特に若者に多く見られる傾向である。対照的に、教職に就いている人たちは自分のストーリーを整然としたパラグラフにきちっと当てはめて語る傾向が非常に強い。このような違いは知的な差というより、語る経験の差によるものだろう。教師と違い、ストーリーを語るスキルを学ばないできた人たちの中には、ストーリーの途中部分から語り始めて、出来事に関する事実をいくつか簡単に述べるだけという人もいる。このような場合、カウンセラーはバラバラの出来事に筋を通し、そこから一つのナラティヴを組み立てられるよう、その人を援助する必要がある。そういうわけで、対立コーチングを行う場合、カウンセラーはいろいろと質問していくことになるが、この際の質問の仕方は取り調べ的なものではなく、好奇心に満ちた「無垢な」ものでないといけない。この、ストーリーに筋を通す支援の重要性は過小評価されるべきではない。ストーリーに一貫性を持たせるよう援助することは対立コーチング上とても有益な機能を持つし、対立状況での生徒の行為主体性（エージェンシー）を強めることにもつながるからだ。

　ここで、対立について語ってもらうのに使える質問の例をいくつか示しておこう。コーチ役となる人は生徒にいろいろと幅広く尋ねる必要があるので、この段階で使える質問を自分のレパートリーとしてあらかじめ準備しておいた方が良い。

1. その対立はどんなふうに進んでいったの？ 対立が進む中で、君や君以外の人たちはどんな行動をしたの？
2. その対立が最初に起きたのはいつ？ その前は君たちの関係ってどんな感じだったの？
3. 物事が変わり始めたなって感じた瞬間はあった？ それとも、事態は徐々に変わっていった？
4. その対立は、どんなふうに君たちの関係を乗っ取っちゃったの？
5. この問題がこんなに大きくなったのって、どんなことが影響したと思う？
6. どういう流れで君がその行動を選んだのか、その行動が君以外の人にどんな

ことを引き起こしたのか、僕にもわかるように説明してもらってもいいかな？
7. 君はどんなふうに応じたの？ その子はどういうふうに応じた？ そしたら君はそれにどんなふうに応じた？

多様性を探求していく

　ストーリーの基本的な筋ができたら、今度はナラティヴの幅を広げていく。そこでカウンセラーは、生徒が最初の見方を脱し、もっと豊かな説明を語れるような質問へと切り替えていく。メディエーションを実施しているのであれば、その場にいる対立相手の語りを検討することでストーリーに多様性を持たせることができるのだが、対立コーチングでは対立相手がその場にいるわけではないので、対立相手がどんなことを言うか生徒に想像してもらうか、あるいは少なくとも、そこまで話してきた対立ストーリーを一度俯瞰してもらうかすることになる。こうしたことを行うのは、ストーリー全体をより複雑にしていくためではない。また、その生徒の見方を否定したり、他の人の幸せに責任を持たせたりするためでもない。そうではなく、ストーリーの多様性が増すと新たなストーリーにつながる要素が出てくる可能性も増すので行うのである。以下に、この段階で使える質問の例をいくつか示しておこう。

1. 君たちの付き合い方に何かパターンがあるとして、君ならそれをどう表現する？
2. その時、君としては相手が何を考えていたと思った？ それからいまは、相手がどう考えていると思う？
3. もし X さんがここにいたら、いま君が僕に言ってくれたことについて、何て言うと思う？ 君とは別のことを言うかな？
4. なんでも叶うとしたら、君は何を望む？ 他の人は何を望んでいると思う？
5. もし君が X さんだったら、いま君が話してくれたことについて何て言う？
6. もし誰かが起きた出来事をすべて見ていたとしたら、その人にはどんなふうに見えていると思う？
7. 君がしたことで、君が憧れている人と近いところはある？ それから、あの子が言ったことは、あの子のいつもの感じとどんなところで一致している？
8. 君が話してくれたことから考えると、あの子がどうしてそんなことを言うのかちょっとわからないね。何かヒントになりそうなことはある？
9. ヤコブ先生が君に対してもっと理解ある先生になるためには、どんなことを

わかっておく必要があると思う？

　こうした質問は、ストーリーの多様性を増していくので、問題ストーリーによる単純で薄っぺらい説明を脱構築していくことにもつながる。そうして問題ストーリーが脱構築されていけば、これまで他者との関係において当然だと思ってきた数々の前提に対して、本当にそうだろうかと生徒たち自身が疑義を呈することができるようにもなる。言わば、生徒たちは自分の生き方を探求する研究者のポジションを与えられることで、どんな考え方がどういった影響を他者との関係にもたらすのか、検討できるようになるわけである。とはいえ私たちは、生徒たちがどんな文化やストーリーのプロットからも自由になれるとか、学校の構造やルールを断ち切っても歩んでいけるとか、そういうふうに考えているわけではない。
　それでも、生徒たちは自分の評判やアイデンティティの裏にある微妙なプレッシャーやら期待やらを自覚できると、他の選択肢についてより自由に考えられるようになるものである。そうした新たな選択肢の中には、他者とうまくやっていくのがいままでより楽になるものもあるはずだ。だからストーリーを広げていくことは、自分の考えや行動の影響をモニタリングし、自らの成長・発達の可能性を広げていくという意味で、生徒たちの役に立つと言えるのである。

―― ＊＊＊ ――

参考ケース

　カウンセラーのもとに、ある生徒が紹介されてきた。彼は理科のクラスから追い出されたのだという。そのクラスを担当する教師は最近インドから移民してきたばかりの新人であったが、とても素晴らしい授業をすると評判だった。ニュージーランド人は自分のことを愛情を込めてキーウィ（ニュージーランド原産の鳥）と呼ぶのだが、この生徒は教師に向かって彼女はキーウィではないと言ったらしい。すると、その理科教師は差別だと怒って彼のことを非難したのだという。しかしその生徒は、なぜ自分がクラスから追い出されなければならなかったのか理解できなかった。彼は理科が好きだったし、以前はその教師とうまくやれてもいたのだが、いまはそのクラスに二度と出席したくないという気持ちになっていた。この生徒はコメディアンみたいだと周囲から評判だったので、カウンセラーとしても、その理科教師がなぜそんなに深刻な反応をしたのか疑問だった。
　「クラスから締め出されたって言ってたけど、どんなことが起きたの？」カウンセラーはその生徒に尋ねた。

「授業はそんな悪くない感じだったし、みんな気分良く授業を受けてたんだ。授業の内容は、キーウィの夜の生態のことだった。」その生徒は説明した。「先生がキーウィは夜寝る鳥だって言ったから、僕はほんの冗談のつもりで、『知ってる？　先生はキーウィじゃないんだぜ』ってふざけて言ったんだ。そしたら先生は、『私がここの人間じゃないと言う権利は、あなたにはない』ってすごく怒って、僕を追い出したんだ。何か間違ったことでもしてる？」

　その教師は生徒の発言を聞いて国籍のことを考えたのだろう、とカウンセラーは思った。しかし、この少年はそこに関連性を見出してはいないようだった。

「あの先生が新任でインドから来たっていうのは知ってる？」カウンセラーは生徒に尋ねた。

「うん」彼は言った。

「君が言ったことを、先生はどんな意味にとったと思う？『先生はキーウィじゃない』て言ったことをさ。」

　その生徒はしばらく考えてから、笑って言った。「ああ、わかった。ニュージーランド人じゃない、だから先生はここの人じゃないって僕が言ったと思ったわけか。けど僕は、先生が鳥じゃないって言ったんだよ！」

「先生が考えてたことがわかったわけだけど、いまから何かしなきゃいけないことってあるかな？」カウンセラーは尋ねた。

「今度のクラスの時に謝ろうと思う。あの人はいい先生だよ。そんなふうに受け取るなんて本当考えもしなかったよ。」

―― *** ――

問題を名付ける

　生徒と一緒になって問題に何か名前を付けてみると、外在化する会話を行う上で役に立つ。いったん名前を決めたら、その後はその名前を使っていく。そうすればカウンセラーは、対立しているどちらか一方の側から出来事を考えるという効果の乏しいやり方を避けることもできる。問題に名前を付けるのが特に意味を持つのは、語られるストーリーが非難でいっぱいの場合である。ここで大事なのは、カウンセラーとクライアントの間で問題に付ける名前を考え出すことである。カウンセラーから「この問題は、こう名付けたらいいんじゃないかな」などと言ってはいけない。

　問題に付ける名前が会話の中からポッと出てくる場合もあるが、名前を決めるのに少し話し合わないといけない場合もある。「対立」とか「問題」とか「それ」とか言った一般的な言葉を名前に使う場合もある。こうした一般的な言葉でもなんら

問題はないし、適切なものが見つからない時には、むしろそういった名前を使った方がいい。だが、あとちょっと粘ればより適切な名前が見つかるということもある。うまくいけば、それまでただ「問題」と呼ばれていたものが、「6限のケンカ」「水掛け論」「物理の時間」といった、もっとわかりやすい名前にできるかもしれない。

　良い名前を付ける鍵は、人ではなく状況を名前に使うことである。逆に、感情を使った名前は良くない。たとえば、「怒り」というのはあまり良い名前ではない。なぜなら、怒りは一個人の心の中を示す言葉であり、相手側の経験が見えないからである。また「私へのイジメ」という名前もあまり適切ではない。こうした名前は、問題ストーリーに関係する行動の責任を、すべて一人に背負わせてしまうからである。事実、こうした名前は話し手を弱い立場に置いてしまう。そのため、名前は一人の視点ではなく、複数の視点を含んだものでなければならない。

　問題の名前を考えていく上で使える質問を、いくつか例示しておこう。

1. いま直面しているこの出来事について何か名前を付けるとすると、どういうのが良いと思う？
2. それが君たちの間で起きた問題の元凶だってことだけど、それについて何て呼べそう？
3. それで、いま起きていることって、結局何なんだと思う？ 言い争いかな？ それとも、緊張状態？ それとも、ぶり返してくる痛み？ あるいは、何だろう？ 何て呼べそうかな？
4. いましてくれた話を後でもう一回繰り返さなくてもいいように、君とその子の関係を一言二言で表現するとすれば、どんなふうに表現できるかな？

問題の影響をマッピングしていく

　外在化する会話を進めるために、一度決めた名前は一貫して使い続けなければならない。多くの場合、クライアントもそうした名前を使ってくれるものだが、クライアントがその名前を使うか否かはそれほど重要なことではない。むしろ重要なのは、カウンセラー（あるいは、コーチ）がその名前を使うことである。名前を使って会話を進めていくのに一番良いのは、問題に名前を付けた後すぐに「『それ』は、君にどんな影響をもたらした？」と質問することである。そうして会話上の文法が外在化へと移ると、思考にも変化が生まれ始める。

　問題に名前を付けた後すぐに問題の影響について質問するのは、対立によって生じたダメージについて生徒に具体的にイメージしてもらうためである。実際、このような質問を受けるまで、生徒は対立によってどのくらいの被害が生じたのかきち

んと把握できていないものである。だから、問題の影響について質問する時には、被害が起こり得るあらゆる範囲をカバーできるような質問をすべきである。具体的には、感情（「それは君にどんなことを感じさせた？」）、認知（「それのせいで君の考えはどうなった？」）、行動（「それは君に君らしくないことを何かさせた？」）、身体（「身体にも何か影響があった？　頭痛、吐き気、肩こり、不眠とか」）といった範囲の質問を行う必要がある。それからもう一つ、「『それ』がしていること、他にも何かある？」という質問も紹介しておこう。これは、問題の影響について生徒に尋ねる時、何度も使うことのできる優れた質問である。

　対立の影響は時間軸にも及ぶ。そのため、過去に対する影響、現在への影響、そして未来に起こり得るであろう影響についても質問すると良い。未来のことについて尋ねる時には、次のような質問をすると、その後の変化のモチベーションにつながることが多い。「もし物事がこのまま続いていき、場合によっていまより悪くなったとすると、どんなことが起きると思う？　君はそれに耐えられそう？　どんな感じになると思うかな？」

　こうして問題の影響をマッピングしていくわけだが、この際、当の生徒への影響だけではなく、もっと広げて、対立している相手や傍で見ていた生徒、それを目撃した人など、他の人への問題の影響についてもマッピングすると良い場合がある。対立相手への影響を含めて、問題が他者にどう影響したかを考えることは、他者への共感を増幅させ、争いを解決しようというモチベーションを高めることがあるからである。

対立の影響について評価してもらう

　問題の影響を十分にマッピングしたら、今度はその影響を踏まえてある判断を下すよう、生徒に働きかけていくことになる。そうした影響を受けながら今後も生活していきたいか、あるいは何かを変えたいと思うのか。もし変えたいと思うなら、どのくらい強くそう思うのか。判断を下す対象は対立相手についてではないし、その生徒自身についてでもない。問題と、その問題が生徒に及ぼしていることについて判断を下すのである。ここでの質問は、あれこれする必要はない。一度質問すれば、それで十分である。この段階は言わば、問題の影響をマッピングした状態を数分間維持しながら、問題の中に足を踏み入れるようなものである。カウンセラーからの問いかけに対して、生徒が問題の影響をこれ以上看過できないと判断したとすれば、今度は、なぜそうした判断をしたのか、その理由を尋ねる。「なぜ」という質問に答えるには、変化する合理的な理由を生徒自身で見つけざるを得ないからである。以下に、この段階で使える質問例をいくつか提示しておこう。

1. この問題は、こういった影響を与えてくるわけだけど、君はそれについてどう考えている？ それでも大丈夫そう？ それとも、それだと困るかな？
2. 分かりきったことを質問してしまうかもしれないけど、この問題が引き起こしていること、君は嫌かな？
3. その問題が及ぼしてくる影響に、君は耐えられそう？ それとも、我慢の限界が近づいてる？
4. 君は、この対立の何に反対しているのかな？
5. 問題が引き起こしていること、君は好きにはなれない？
6. いまとは違うことを、君は望んでるのかな？ もしそうだとすれば、どんなことを望んでる？

オルタナティヴ・ストーリーを組み立てる

　ここからの課題は、相手との関係についてその生徒がより望ましいと感じるオルタナティヴ・ストーリーを組み立てていき、ここまで発展してきた新たな文脈の中にそのオルタナティヴ・ストーリーを位置づけることである。どんな苗木もそうであるように、新たなストーリーも最初は脆い。だから、批判を浴びせかけてくるディスコースの嵐から守ってやらねばならない。水と肥料を与えて育てる必要もある。

　対立コーチングはアイデンティティの発達を支援する個人カウンセリングとは違うので、少なくともこの時点では、会話の焦点を個人ではなく関係に当てておくことが大事である。つまり重要なのは、「自分について、君はどんなことを望んでいる？」と尋ねることなのではなく、「相手との関係について、君はどんなことを望んでいる？」と尋ねることなのである。ナラティヴ実践は、関係のストーリーを変えることが関係の経験を変えると想定している。だから、感情を開放してカタルシスを得るといったことは、それほど重要にはならない。

　この段階では、まず最初に相手との関係について何か好ましいストーリーの萌芽がないか探していく。ここまでの会話をダブルリスニングを使って聞いていれば、たいていの場合、カウンセラーはすでに、そうした萌芽が見られることに気づいているだろう。もしまだ見えていなければ、生徒に直接尋ねてみても良い。この場合、先に述べた「君はどんなことを望んでいる？」という質問に続けて、その望みを生徒の日常に位置づけられるような質問をすると良いだろう。たとえば「以前はそういう感じだったの？」と質問すれば、オルタナティヴ・ストーリーを生徒の過去に位置づけられるかもしれない。生徒の過去にオルタナティヴ・ストーリーに類する

経験があれば、その経験が最近であればあるほど有用である。逆に、相手との関係の中でオルタナティヴ・ストーリーに類する経験をしていたとしても、それがかなり昔のものであれば、いまの状況と関連づけるのが難しい場合もある。

　過去だけでなく、直近の経験をオルタナティヴ・ストーリーに関係づけることもできる。人というものは、対立している最中でも対立ストーリーに侵食されていない道徳規範や価値観を持ち、それに基づいて判断できる存在である。(敵意を増幅させるだけの)対立ストーリーの論理に抗って、敵対的な気持ちや行動を抑えることもできるし、対立ストーリーとはかけ離れた振る舞いをすることもできる。このように、人はそれまで表に出していた言動よりも、もっと良い思いを心に抱いておくことができる存在なのである。

　オルタナティヴ・ストーリーに勢いがつけば、過去や現在と同じく、未来へとそれを位置づけることもできるようになる。うまい感じに会話が進むと、今後物事が良くなっていくといいと生徒が思うようになる。その場合、生徒にはそうした未来へ望むことをきちんと表現してもらう。表現されたら、今度はその希望を肉付けしていくことも必要だ。そうした未来への思いを生徒と一緒に丹念に検討しているうちに、その思いが実際の行動へとつながっていくこともある。言わば、会話が可能性を現実に変える道へと導くのである。

ルールを脱構築する

　若者と大人の対立でよく見られるのが、「ルール」に関する争いである。たとえば、子どもが自分のアイデンティティを固持しようとして、家庭のルールに歯向かうことはよくある。若者側にしてみればムカつくだけで、何のために存在しているのか理解できないような学校のルールも、大人との間で対立を引き起こすことがある。コミュニティのルールや法律をめぐっても争いが起きる。生活に刺激がほしくて、ルールを破るという若者もいる。

　ルールをめぐって若者と大人が対立する場合、ルールそのものではなく、ルールの適用が問題となっていることもよくある。時には、衝突しそうな人たちをあらかじめ押さえ込む目的で作られたのではないかと思えるルールもある。実際、ルールを過剰に適用する、都合の良い時だけルールを持ち出してくる、ルールの適用に悪意があるなどといった点で、生徒が不満を抱くのも当然だと思われる場合も多い。しかし一方で、生徒がはじめからルールそのものに反抗的で、あまり考えずに反対していることもある。

　生徒がルールに抵抗している場合には、ルール自体の意味づけを脱構築したり、

ルールと生徒の関係を脱構築したりできるような会話をするとうまくいく場合がある。ただし、この会話のねらいは、規則遵守の態度を生徒に強制することではない。そうではなく、生徒の考えに寄り添いながら、条件反射的にルールに抵抗するのではなく、よく考えて省察的に自分の態度を決定するよう、生徒に働きかけることがねらいである。ほぼすべての子どもと若者に言えることであるが、理性的で責任のあるストーリーを育むためには、大人が彼らに好奇心を持って共感的に質問することが大事である。彼らがそうしたストーリーを発展させてこなかったのは、大人がほとんど誰も、彼らのストーリーに関わろうとしなかったからだという場合もある。大人に共感的に聞いてもらえる経験をしてこなかった生徒は、大人が何か質問すると警戒し、会話することすらぎこちなくなってしまうものである。こうなってしまうと、彼らを再び会話に誘い入れるのは難しくなる。

　繰り返しになるが、ナラティヴの基本原則は、あらゆる人が常に複数のストーリーを持っており、あるストーリーが前景に出るかどうかは、どんな会話をするかにかかっているということである。だから、自らの思考について考え、それを問い直すことのできる人として生徒を扱えば、生徒もそういう種類の思考を持つようになるものだ。逆に、価値あるアイデアなど一つも出せない無責任な奴だと生徒のことを見なして会話するのであれば、良いアイデアが出てこないことをその生徒自身が何とも思っていなかったとしても、それは当然であろう。

　カウンセリングでの会話は、うまく行えば、理性的で責任ある行動を生徒から引き出したり、そうした行動を作り上げたりする上で有効に働く。ただし、そのためにカウンセラーは、生徒の見方に本当に興味があるのだということを、わかりやすく示していかなければならない。逆に、生徒たちを誘導して「正しい」答えにたどり着かせようという意図で質問したりしてはならない。また管理職も、複数のアイデンティティ・ナラティヴの中から一番良いものが生徒から引き出されるはずだと希望を持ち、会話を続けるスクールカウンセラーを信頼する必要がある。そうした会話をすることは、うらみなどの副作用をもたらす罰則的な対応よりも、かなり効果的となる可能性があるからだ。

　ここで、ルールを脱構築していくための質問例をいくつか示しておこう。これらは一つ一つが別の質問というより、順番に尋ねていく一連の質問である。

- 家の中で一番はっきりしている、もしくは一番強力なルールって何かある？
- そうしたルールを持ち出してくるのは誰かな？それから、そのルールってどんな時に適用されるの？
- 暗黙のルールって何かある？（この質問をする際には、ルールが暗黙であるということがどういうことか、生徒に理解してもらう必要がある。たとえば「誰か

がケンカがしようぜって言ってきたら、たとえどうなろうとも、いつも『良いぜ』って言うことにしている？」といった質問をするということである。）
- そのルールで一番得しているのは誰かな？ それから、損しているのは誰？
- そうしたルールはなぜ作られたの？ そのルールの裏話って何かある？ その理由や裏話って、みんな知ってるの？
- どんなことが起きたらそのルールって変わると思う？
- そのルールを受け入れなかったらどんなことが起きるの？
- あんまり好きになれないルールがあったとしたら、君はそれをどうやって変えようと思う？
- 来週、先生のところに呼ばれる前に、学校側にルールを変えさせるチャンスはある？

こうして、脱構築的にルールについて話し合っていくと、生徒たちは、知ってはいたが自覚はしていなかったことに光を当てるようになる。生徒の世界へと入り込むためにも、開かれた姿勢で好奇心を持って生徒と会話することが大事だ。そうすると、生徒もカウンセラーを受け入れてくれるものである。実際、「いままで、大人からそんなふうに聞かれたことはなかったよ」と言ってくる生徒は多い。ほかにも、「そんなこと、これまで考えたことがなかった」とか「あの人がそんなふうに考えてたなんて、気づかなかったよ」というセリフも、こうした話し合いの中で若者たちからよく聞かれる言葉である。

衝動的に行動する時の気持ちや暴力行為に移る時の気持ちについて生徒たちに聞いていくことも、実りある話し合いとなり得る。というのも、「メンツ」や行動がもたらす結果について話し合うことができたり、特定のストーリーの筋に沿っていくとどうなると思うか、生徒自身の考えを聞いたりすることができるからである。また、過去に経験した対立やケンカを振り返ってもらうと、生徒たちの考えを維持させているものが何なのか見えてくることがある。さらに、生徒たちの学校での評判や地位を脇において会話をしていけば、生徒たちがこれまで抱いてきた「物事とはこういうものだ」という考えに、生徒自身で異議を唱える機会を作り出すこともできる。こうしたチャレンジが可能となるのは、生徒たちが学校の中で仲間と過ごした経験を持っているからであり、その意味で、学校に対する肯定的な思いを抱いているからでもある。それゆえ、こうしたチャレンジは、生徒たちが生きてきた学校の状況や文化的背景と不可分だと言える。

トラウマへの対応

　学校では、暴力的な出来事で傷ついた生徒たちの気持ちをサポートすることが必要となることもある。自殺や大きな自動車事故は生徒にトラウマをもたらすことがある。こうした悲劇的な出来事が仮に対人関係上にも危機を生じさせるのであれば、それもまた本書が扱う問題であると言えよう。想定できる問題としては、特定の生徒に対するひどい暴行や、学校での発砲、武器による脅し、レイプ、セクシャルハラスメント、教師による暴力などがある。こうした出来事が起きた場合は深刻な被害が出るため、対立の解消といった対応は選択肢に入らない。望ましい予防策を話し合うような対立の解消という選択肢は、この場合、単純に意味がないからである。そのため、予防策ではなく、事後対応（ポストベンション）について話し合っていくことが必要となる。

　トラウマをもたらす出来事が起きた場合、学校コミュニティ内のメンバーの少なくとも一部にとっては、学校の存在目的自体が ── つまりは、学びを深めるという目的自体が ── 、大きく揺らいでしまうことになる。トラウマ的な影響を受けた生徒にとって、テストをパスし、宿題を仕上げ、成績を維持し、良い学校にいきたいと願うことはすべて、突然、優先すべきことではなくなってしまう。この時、また違った種類の学びの重要性が立ち現れてくる。それは個人として、またコミュニティとして、この危機をどう扱うかという学びである。無責任なスクールリーダーの中には、トラウマをもたらすような危機など実際のところ起こっておらず、だからそのための学びも重要でない、そもそも何も起こっていないのだから、学校の焦点をクラスと宿題とテストから逸らしたりするべきではない、などといった具合に振る舞う人がいる。だが、スクールリーダーとしてずっと有益なのは、少なくとも一時的には、感情的サポートが学業よりも優先される場合があると認識しておくことである。

　トラウマをもたらす出来事が起きた場合、責任ある学校は生徒と教師がどんな気持ちになるか考え、可能な限り安心した状態でその思いを扱えるようなガイダンスを用意したり、そのための組織を整えたりするものである。そして、起きてしまった出来事にどんな意味づけがなされるのかに注意を向け、噂に対処し、必要なコミュニケーションを促し、学校のメンバーにとって受け入れ難い真相に直面できるようにし、個人やコミュニティの立ち直る力（レジリエンス）を建設的に高めていける意味づけを促していくといった対応をするものである。こうした対応を行う上で、管理職とカウンセラーの役割はかなり重要である。多くの生徒と教師は、明瞭かつ思いやりのあ

るリーダーシップを求めているからである。

　危機対応のチームを学校にあらかじめ作っておくことは、非常に有益な対応策の一つである。このチームには、管理職、指導部職員、それから地域のリーダーを入れるべきである。チームを作って最初に取り組むべきなのは、生徒、教師、保護者が何を必要としているのかを調べて、その対策をコーディネートすることである。対策を立てたら、次の作業は、具体的な対応策を計画し、カウンセリングや（学校の内外からアクセス可能な）その他サービスを準備し、学校コミュニティのメンバーがお互いに話し合って出来事を意味づけられるルートを確保することである。この時一番に重視すべきなのは、生徒や教師が安心できる情報とレジリエンスに関するストーリーにアクセスできるようにすることである。そのため、学校コミュニティに向けて基本的に次のようなメッセージを伝えておくと良い。「学校にはこの危機に立ち向かい、生徒や教師の反応を恐れずに対処していく準備があります。これは、思いやりの精神をもって困難に対処するために、また不必要に苦しみを延ばさないようにするために準備されたものです。」また、生徒たちが危機的状況からも学びを深めていけるような対応も考えるべきである。これは生徒たちがいままで体験したことのないような形で行うと良いだろう。たとえば、ある学校で一人の生徒が亡くなった時のことを取り上げてみよう。この生徒の家族はカトリック式の葬儀で、死者のためのミサを行うことにしていた。そこで、学校の危機対応チームはカトリック教会のスタッフに学校に来てもらい、葬儀に出席する予定の生徒たちを集めて、そのミサで行うことを説明してもらう手はずを整えた。このように、学校の危機対応チームは必要な情報をシェアするために毎週集まって、日々変化する状況に対応できるようにしておくとともに、深刻な出来事が起きた場合について、予測される流れとその対応策とをあらかじめ練っておくべきである。

　スクールカウンセラーは、その役割上、トラウマとなるような影響を受けた生徒やグループ、あるいは学校全体に、一番最初に対応することが求められる。ここで効果的に対応するためには、いくつか実践上の原則を覚えておく必要がある。危機対応に関しては重要文献があるが ―― これは時々「危機的事例デブリーフィング（クリティカル・インシデント）」と呼ばれることもある ――、これに関する一連の研究は、一部かなり強い批判も受けている。特に批判の対象となっているのは、前章で指摘したような欠陥用語を多用している点と、トラウマを受けた当事者に再びトラウマを与えてしまう危険性のある点である。ここで提案されている実践では、トラウマ直後にトラウマ時の感情体験にできる限り立ち戻ることが、しかもおそらくは繰り返し立ち戻ることが、セラピー的な意味を持つと考えられている。そうすることで、カタルシス効果が生み出され、トラウマの影響が緩まると想定されているからである。逆にナラティヴ実践では、とりわけそうしたアプローチで想定される危険性を避けようとす

第3章 カウンセリング　｜　55

る（Denborough, 2006; White, 2006）。紙面の制限もあって詳しく見ていくのは難しいが、下記にいくつか簡単な原則を挙げた上で、ナラティヴ実践を用いて即時対応するための簡単な枠組みを提示しておこう。

　最初の原則は、ダブルリスニングを実践することである（White, 2006）。危機対応の文脈におけるダブルリスニングとは、トラウマによるネガティブな影響を聞くと同時に、その人がトラウマにどう対処しようとしているのかも聞くということである。トラウマへの対処はその人が価値を置いていることや、貴重だと感じていることの中に見つけることができる。このようにナラティヴ実践では、人をトラウマ的な出来事に対して受け身的な存在であると想定せず、トラウマ的な出来事にどう反応するかを選択する能動的な存在であると想定する。もちろんそれでも、何が起きたかということや、トラウマ的な出来事でどんな影響を受けたかということについて話してもらう機会を持つのは必要である。トラウマに能動的に反応すると想定するからといって、「自分自身であるという感覚」（White, 2006, p.27）に対するトラウマの影響をマッピングすることの意義を、過小評価してはならない。

　トラウマがもたらすネガティブな影響を検討する上での焦点は、ただ一つ、トラウマの苦しみに圧倒され、荒廃した場所に佇む被害者自身である。トラウマとなる出来事に直面すると、人は多くのことをするものだ。たとえば、出来事に何か意味を与えようとしたり、安心しようと他者に近づいたり、トラウマの影響を緩和しようとしてみたり、レジリエンスを上げようとしたりする。だからカウンセリングの中でも、トラウマに圧倒されないよう頑張ったことや、完全に飲み込まれるものかと思ったことが、生徒たちから語られるかもしれない。ダブルリスニングをすれば、そうした語りを新たなストーリーのはじまりとして聞くことができる。ただし、新たに表れたストーリーをもっと発展させるためには、生徒が価値を置いたり、大切にしていたり、暗い日々の中で救われたりしたことをもっと語ってもらい、それらについて丁寧に探っていく必要がある。

　もう一つの大事な原則は、生徒個々人がそれぞれ別々に危機に対処すべきだという考えを捨て、彼らを相互サポートの輪の中に入れていくということである。この点で有用となるのが、グループカウンセリングや学級会、特別集会などである。レジリエンスのあるオルタナティヴ・ストーリーを作り上げるためには、そのストーリーに応答してくれるコミュニティが必要となる。そうしたコミュニティがオルタナティヴ・ストーリーを作るための足場となるからである。コミュニティはカウンター・ストーリーが発展する時の目撃者となって、その発展を学校コミュニティの関係の網の目の中に織り込んでくれる。ジョーンズとブリンカート（Jones & Brinkert, 2008）は、こうしたコミュニティを集めることを「ストーリー部隊」の招集と呼んでいる。また、マイケル・ホワイト（White, 2006）は、「定義的祝祭」に

参加するコミュニティの「アウトサイダー・ウィットネス」について述べている。つまりコミュニティの人々は、そうした儀式を通して他者の経験に共鳴する機会を与えられるのである。

　危機に即時対応できる見取り図を手に入れるためには、生徒たちにいろいろと質問していく必要がある。以下に、そうした質問のリストを記した。実際の場面では、このリストに沿って順番に質問していけば良いだろう。ただし紙面の都合上、必然的に短いリストとなってしまっているので、カウンセラーの人たちには他の書物にも当たってほしい。下記の質問は複数の出典から引用されているが、特に読者にお勧めしたいのは、トラウマの影響を受けた人に対するマイケル・ホワイトのセラピー（White, 2006）と、トラウマに対するコミュニティ活動について論じたデヴィッド・デンボローの著書（Denborough, 2006）、それからトラウマとなる出来事を目撃した人に対する従業員支援プログラム（EAP）のカウンセリングを扱ったマッケンジーの論文（McKenzie, 2010）である。

トラウマとその影響を文章化する
1. 君に影響を与えたトラウマ（あるいは、その出来事）について、教えてもらえるかな？

トラウマの影響をマッピングする
2. 君が他でもない君自身であると感じる感覚に、その出来事はどんなふうに影響を与えた？　また、君の勉強にその出来事はどんな影響があった？　人間関係や友人関係には？　ストレスはどんなふうに現れてくる？
3. 一番苦しく感じるトラウマの影響ってどういったものかな？　それはどうしてそんなに苦しいのかな？
4. その経験のせいで君がいろいろと変わってしまったことの中で、他の人もその変化に気づいたものって何かある？

カウンター・ストーリーを探す
5. 君はその影響にどうやって耐えてきたの？　君の助けになったものって何かな？　君が大事に守ってきた思い出とかある？
6. 誰が君の手助けをしてくれた？　誰が手を差し伸ばしてくれた？　そういう他の人からのサポートって、君にはどんな意味があった？
7. 日常とかけ離れたことが起きたわけだけど、だからこそ逆に、それについて日常の中で話してみたいなあって思う、親しい知り合いとかって誰かいる？
8. この出来事について誰かが言ったりしたりしたことの中で、あなたにとって

最も役に立ったことって何かな？
9. ここからの数週間、君の気持ちを落ち着かせてくれそうなもののうち、特に大事にしたいものって何かな？
10. この出来事に対処するにあたって役に立った過去の経験って何かある？

レジリエンスに関するストーリーを発展させる
11. この出来事に完全に飲み込まれないでいることって、どうして重要なんだと思う？
12. 一時的であれ、君はどうやってトラウマの影響を減らすことに成功したの？ 君はそのやり方をどこで学んだの？
13. どんな価値やつながりが、守るべき重要なものだと君は思う？
14. もし誰かが同じような経験をしたとしたら、君はその人にどんなアドバイスをする？

まとめ

　本章では、対立解決におけるカウンセリングの役割について見てきた。本章の出発点は、学校でのカウンセリングは治療ではなく、主として学びに関するもの、とりわけ、他者とどう関係を結ぶかという学びに関するものであると捉えることであった。その後、対立コーチングというアプローチを取り上げ、その概要を示した。このアプローチは、対立している人々の一方の側とだけカウンセリングを行う場合に使える方法である。ナラティヴに基づいた対立コーチングでは、まずダブルリスニングをし、次に外在化、影響のマッピング、影響の評価、オルタナティヴ・ストーリーの収集へと進めていく。さらに本章では、ルールに対する生徒の不満や反発をカウンセリングがどのように扱えるかということについても議論した。ここでは、権威的な会話ではなく、脱構築的な会話に価値があるということが論じられた。そのほか本章では、学校コミュニティで起きたトラウマとなる出来事に対処する際の、カウンセリングの役割についても述べた。ここでは、トラウマとなる出来事への危機対応においては再度トラウマを体験させるようなことは避け、代わりに立ち直る力(レジリエンス)を持つストーリーを作ることに焦点を当てるべきだと論じた。また本章では、学校コミュニティ全体への対応や個人・コミュニティのニーズをつかむ上で、校内に危機対応チームを作っておくことが必要であるということについても述べた。

振り返りのための問い

1. 学校の中で医療ディスコースがどんどんと一般的になっていることに、あなたはどこかで気づいただろうか？ それにはどんな影響があると思うか？
2. あなたが学校で経験した小さな対立について考えてみてほしい。そして、対立コーチングの節で提示した質問を、自分自身に問いかけてみてほしい。そうした質問をしてみると、どのような印象を受けるだろうか？ そうした質問は、どんな変化をあなたの中に作り出しただろうか？
3. あなたの学校で生じ得るトラウマとなる出来事を想像してみてほしい（あるいは、実際に起こったことを思い出してほしい）。その出来事に対処する危機対応チームがあったとして、そのメンバーの中で最も役に立ちそうな、鍵となる人たちとしては、どんなメンバーが想定できるだろうか？
4. あなたが実際に影響を受けたトラウマとなる出来事について考えてみてほしい。そして先に挙げた質問を考えながら、「カウンター・ストーリーを探求」し、「レジリエンスのストーリーを発展」させていくことについて考えてみてほしい。そうした質問は、どのような作用をもたらすだろうか？

研究のための問い

1. 最近の学校で影響力のある全体化ディスコースには、どういったものがあるだろうか？
2. 学校でトラウマティックな出来事に対処する場合、うまくいく実践にはどういった要素があるだろうか？
3. 生徒たちは学校のルールについてどのようなことを話すだろうか？ 家族のルールについてはどうだろうか？ また、仲間同士のルールについてはどうだろうか？

第4章 メディエーション*

> **この章で何を学ぶか**
>
> 関係性のオルタナティヴ・ストーリーを探し出す
> ナラティヴによるメディエーションのプロセス
> 参考ケース
> まとめ

関係性のオルタナティヴ・ストーリーを探し出す

　仲　裁（メディエーション）は、対立解決の領域で確立した手法の一つである。本章では、スクールカウンセラーや管理職が学べ、かつ校内で実践できるメディエーションというアプローチについて紹介する。このアプローチは、二人の人の間や二つのグループの間で争いが生じている場合に最も効果がある。そうした争いは、生徒同士、教師同士、生徒と教師の間、教師と親の間、あるいは教師と管理職の間で起き得るものだ。仲介者（メディエーター）は、そうした争いの当事者たちが「交渉する上での援助」（Kruk, 1997）を提供する。ただし、いかなる結論も当事者たちが共同で決められるよう、交渉の決定権は当事者たちの手の中に残しておく。メディエーションを通して出てくる結論は、互いの間の差異を扱う上での取り決めである場合も、話し合いの継続といったことである場合もあるが、そうしたことが起きれば、たとえ明確な和解がなされなくとも、結果として争っていた当事者たち同士がお互いに理解を深めることにつながるものである。

　スクールカウンセラーや管理職は、学校コミュニティのメンバーたちから、他のメンバーに対する不平や不満について相談を受けたことがあるだろう。そうした場合にはしばしば、対立している両者を呼んで、徹底的に話し合ってもらうことが必要となる。スクールカウンセラーは、その際に自身の役割を全うできるよう、必

---

* 本章は *New Zealand Journal of Counseling*（Williams & Winslade, 2010）の論文として出版されている。許可を得て再録された。

要なスキルと思考フレームを育んでおくことが大事である。実際、管理職の多くは、論争を仲裁するのに足る十分なスキルをすでに身につけているものである。本章の目的は、スクールカウンセラーと管理職の二つの専門職に向けて、メディエーションの枠組みを提供することである。なお、本書で一貫して用いているナラティヴの比喩は、本章でも使われることになる。

　メディエーションの際に行うナラティヴ・アプローチ（Winslade & Monk, 2000, 2008; Winslade, Monk, & Cotter, 1998）の基本プロセスは、対立のしみ込んだストーリーにどっぷりはまってしまった関係性を書き直していくというものである。対立ストーリーは、多くの場合、当事者に痛ましいものとして経験されている。だから当事者は、何か別のものを望んでいるはずだ。こうした前提のもとで、援助を進めていくことになる。望んでいるであろう「何か別のもの」とは、たとえば、相手とのより平和的な関係性や、思いやりのある関係性、協調的な関係性といったものである。こうした関係性は、理論的にはオルナタティヴな関係性ストーリーと呼ばれる。つまりメディエーションは、痛みを伴う対立ストーリーから当事者たちを引き離し、彼らの望むオルタナティヴな関係性ストーリーにもっと関われるよう、援助する営みと言える。

　関係性を変えていく方法としては、隠れた興味関心を見つけて問題解決を図るといったやり方もあるが（Fisher & Ury, 1981; Moore, 1996）、ナラティヴ・アプローチでは、そうしたことはせず、新たな足場掛けを通して関係性のストーリーを移すことを目指す。それは、争う者同士がそれぞれ別のナラティヴから問題を見ているからである。目指すべき理想的なナラティヴは、これまで対立を招いてきたナラティヴとは違って、両者が共に満足でき、しかも元気ももらえるような、そんなナラティヴとなる。

　ナラティヴによるメディエーションは、人を成り立たせているのは単一のストーリーではなく複数のストーリーであるという前提（White, 2007; Winslade & Monk, 2008）に立って進んでいく。人だけでなく関係性においても、同じ前提が当てはまる。ある関係性をめぐって展開しているストーリーは、それがどんなに正しいものに思えても、語られる可能性のあった多くのストーリーの中から一つ選び出されたものに過ぎない。つまり、ある対立を避けられないもの、正当なもの、あるいは少なくとも理解可能なものとしているのは、そこに展開しているストーリーなのである。だから、対立関係をめぐるストーリーは当事者同士の関係性に本質的に備わっているというより、その時点で優勢なナラティヴなのだと考える方が適切である。それゆえ、オルタナティヴな関係性ストーリーを探そうとすれば、対立ストーリーの支配によってその陰で従属的な立場に追いやられていた別の関係性ストーリー（White, 2007）が、いつだって見つかるものなのである。ナラティヴによるメディ

エーションの目的は、そうした従属的ストーリーを打ち捨てられた忘却の彼方から救い出し、対立の只中にいる当事者たちの人生に取り戻していくことなのだ。

ナラティヴによるメディエーションのプロセス

1. ナラティヴによるメディエーションで最初に行うことは、他のアプローチと同様、対立に関するストーリーを傾聴することである。ここで仲介者に求められるのは、傾聴しながらも対立ストーリーがきちんと表現されるよう働きかけることである。そのためには、対立する両者をそれぞれに認め、それぞれのストーリーに光が当たるような質問をし、それぞれが語ったことを要約し、その理解が正確かどうかを適宜確認していくことが必要となる。また、「ダブルリスニング」（問題ストーリーとカウンター・ストーリーの両方を傾聴すること）も、仲介者の仕事の一つである。メディエーションの初期段階では、カウンター・ストーリーはまだ弱々しかったり、はっきりとは見えてこなかったりすることが多い。しかし、これまでとは違う種類の会話をしたいと人々が願い、そう思う人々がまさにその部屋にいるということの中に、密かではあるがすでに、カウンター・ストーリーは存在しているのである。

2. ナラティヴによるメディエーションの第2ステップは、外在化する会話を進めていきながら、対立の影響をマッピングすることである。対立に外在化した名前を付ける場合、対立している両者の経験が含められるべきであり、どちらか一方を犠牲にして、一方の経験をより大きく強調すべきではない。外在化した名前としては、争いや緊張、ないし状況を示すようなもので十分なことがほとんどである。この名前は対立する両者の相談を通して決めるべきであり、仲介者の頭にどんなに良い案が浮かんだとしても、それを提案すべきではない。また、問題の影響をマッピングする際には、問題の幅・広さ・深さの三つの次元に注意を払うと良い。この場合の**幅**とは時間のことであり（「それが起きてからどれくらいになる？」）、**広さ**とは対立によって影響を受けた人生のさまざまな領域のことであり（その影響はどれくらい広がっていった？これ以上広がらないよう、君はどうやってそれを抑えてきたの？君以外に、誰がそれに影響を受けた？）、**深さ**とはその対立の影響の程度と深刻さのことである（その影響はどのくらい辛かった？君が受けたひどい影響ってどんなもの？）。

3. ナラティヴによるメディエーションの第3ステップは、第2ステップまでの会話から見えてきた対立ストーリーを検討して、その影響を評価し、対立ストーリーとは違う何か望ましいものを作り上げていくことである。このステップはしば

しば非常に簡単で、一分もかからないこともある。しかし同時に、それまで当事者の間にあった関係性ストーリーを書き直すプロセスにおいて、決定的なステップとなる場合も多い。また本ステップでは、対立ストーリーが何をして、どんな影響を及ぼしてきたのか、そのことを両者はどう考えているのか、仲介者を通して丁寧に検討してもいく。この検討の中で当事者たちは、互いについてではなく、ストーリーそれ自体についての判断を求められる（このことすべてを、君は受け入れられそう？ 耐えられそうかな？ それとも何か違う方が良いなって思う？ そうなら、どんなことを望む？）。当事者たちが望みを口にしたら、それがどんなことであったとしても、それまでの問題ストーリーとは別のカウンター・ストーリーが始まったと言える。

　4.　ナラティヴによるメディエーションの第4ステップでは、第3ステップで出てきた望ましい関係性ストーリーを拡大していく。そのためには、望ましい関係性ストーリーの歴史（君がいま望んでいることは以前にも起きたことがあるかな？）と、未来（君の望んでいることが起きたら、今後、物事はどのようになっていきそうかな？）について取り上げることが必要となる。また、カウンター・ストーリーを拡大していくためには、行為の風景（それはどんなものに近いかな？ 何か例を出してもらえる？）や意味の風景（その行動がどうして重要だと思うの？ その行動をすると、そこにどんな違いが生まれてくるの？）に沿った質問をすることも有益となる。両者がカウンター・ストーリーに乗り始めたら、今度はストーリーの正当性を高める質問をする（どうして君はそっちの方が良いと思うの？ 君の思う最善策にフィットするのかな？ だとしたら、どんなふうに？）。カウンター・ストーリーに何か名前（たとえば「節度ある会話」「良い雰囲気」「協力」）を付けてみると、さらにそのストーリーを強めていくことができる。なぜなら名前というのは、カウンター・ストーリーのさまざまな特徴をすべてひっくるめて表す時に使える、一種の参照点となるからである。

　5.　ナラティヴによるメディエーションの最後のステップは、この時点においてもなお取り決める必要のある事柄について、カウンター・ストーリーの精神に則って両者に交渉してもらうことである。交渉の際には、他のアプローチと同様、まずは考え得る選択肢を評価を下さずにブレインストーミングする。そしてその後で、合意形成が可能かどうかという点から、出てきた選択肢について検討していくと良いだろう。

--- *** ---

参考ケース

　ナラティヴによるメディエーションのプロセスは、ここまでに述べてきた通りである。ただし、実際に用いてみるまでは、読者にとって真に迫るものとはならないだろう。そこで以下では、ある学校で行われたメディエーションのストーリーを紹介しようと思う。これはケンカした男子高校生二人の間で行われたメディエーション事例であり、仲介者はスクールカウンセラーである。

　生徒同士がケンカした場合、当事者たちを罰するというのがこの高校の従来のやり方であった。しかし多くの場合、罰によって対立が解決する保証はないし、望ましくない副作用（権威に対して怒りを向ける、学校に来なくなる、報復すると脅す、専門職側にも不満が募る、など）が生じることも多い。一方でメディエーションは、ネガティブな結果を招くことなく関係性を回復でき、かつ、その解決を持続させる。その点で、メディエーションはそれまでとは違ったオルタナティヴなアクションであったとも言える。

　以下のストーリーは、ニュージーランドのある高校で起こった二人の男子生徒のケンカに関するものだ。このケンカはとある状況が一気にエスカレートしたものだった。二人はスクールカウンセラーに紹介され、メディエーションのための話し合いに参加することになったのだが、最終的にはメディエーションを経て、自分たちのアイデンティティを見直すことができた。おそらく二人は、自分たちの中に学校で成功したいという希望があることに気づけたのではないかと思う。

　このメディエーションに参加したスクールカウンセラーは、本書の著者の一人マイク（マイケル）・ウィリアムズであり、以下のストーリーも彼の視点から書かれたものである。二人の男子は匿名性を保持するため名前を変えてある。なお、二人とも、このストーリーを公開することを承諾してくれている。

　　　すぐに二人を歓迎できるよう、私はわざとオフィスのドアを開けて待っていた。二人が部屋に来た時、私は、素早く眉を上にあげるポリネシア流の挨拶をしてから、身振りで座るよう促した。
　　「やあ、君たち」私は笑って言った。「困ってるってわけじゃないけど、片付けなきゃいけないものがあるって感じかな。こういう話し合いをすることになるってこと、予測してたんじゃない？」
　　「ああ、あんたが俺たちと話したいって言ってるって、教頭に言われたから。」背の高い方の男子が応じた。

二人とも反抗的だが、堂々としていた。彼らにとって自分のマナを守ることがいかに重要なのかを考えて、私は微笑ましい気持ちになった（マナとはポリネシア、特にマオリの概念で、尊敬に値する地位を示す言葉である。マナはある程度は最初から人に備わっているものであるが、一方で社会的文脈の中で発展していくものでもある）。

　二人の男子生徒はお互いに見向きもせず、それぞれ部屋の両端に座った。彼らの間には緊迫した雰囲気があった。

　「君の言う通り、話し合いをしたいんだ。」私は説明した。「だけど実際のところ、僕が君たちに何か話をするといったことを考えているわけではない。むしろ僕は、君たちに話してもらいたいんだ。ところで僕は、君たちがケンカになりそうだったって聞いたんだけど。」

　「ああ」もう一人の男子が言った。「こいつを殴ることだってできた。でも、しなかったよ。」

　二人とも話し合うという雰囲気ではなかったが、私は屈しなかった。

　「僕が聞いてみたいのは、それがどんなふうにしてそうなったのかっていうことなんだ。僕は仕事がら、ここ何年もケンカについて研究してきたんで、そういうことについて聞くのが好きだからさ。」私は言った。「思うに、二人ともこの部屋に来ることになって、内心驚いているんじゃないかな。あと、ケンカ自体も知らない間に起こった感じがして、不意をつかれているんじゃないかと思うんだけど。どうかな？」二人はほんの少し頷いた。

―― ＊＊＊ ――

外在化する会話

　ここで仲介者は、二人の男子生徒を会話の中にポジショニングする上で、話す文法を外在化へとシフトさせている。つまり、対立が二人の中に根ざしたものであるかのように話すのではなく、対立自体を一つの対象として扱い、それがあたかも下心を持って二人を意のままにしたかのようにして話をしたわけである。仲介者はケンカを「知らない間に起こった」と表現した。このように誰も責めないように意識された言葉遣いは、対立相手への非難を強めることなく当人たちのメンツを保つのに役立つ。仲介者はどちらか一方（あるいは、学校の権威）に肩入れせず、二人の生徒が自分たちのストーリーや見方・感じ方を語る上での発言権を持てるよう配慮したわけである。

── *** ──

「僕たちカウンセラーがこんなミーティングを持つ時は」私は続けた。「いつも、いったん一気に話してもらって、どんなことが起こったのか、そのストーリーを教えてもらうことにしてるんだ。それから問題の解決策を探したり、どうやったら前に進めるかを考えるんだけど。どうかな？」

　沈黙

「君はジョシュアだね。それから、君はジェレミー。合ってる？」

「ああ」二人ともそう言った。

「君たちの間でこれまで何か『揉め事』ってあったの？」私は尋ねた。

「こいつのことはほとんど知らなかった」ジョシュアが言った。「おれはこいつのいた中学じゃなかったから。」

　私は目を凝らして二人を見つめた。

「誰が最初に？」私は尋ねた。

「あー、月曜日にダチと歩いててB区の曲がり角を曲がった時、こいつがおれを見たんだ。」ジェレミーは言った。

　見た。ここには『見た』以上の何かがあるに違いない！　私はそう考えたが、いまは自分の中に留めておくことにした。

「で、何が起こったの？」

「おれはただ歩いててだけなんだけど、こいつはケンカしたいのかと思ってさ。ダチも、こいつがケンカしたがってるみたいに見えたらしくて、アイツを殴るかっておれに聞いてきたんだ。」ジェレミーは言った。

「友だちがそう言ったことについて、君はどう思った？」と私は尋ねた。

「あー、こいつがケンカしたがってたかどうかはわからなかったけど、ダチはこいつがしたがってるって言ってた。」ジェレミーはそう答えた。

「それで何を？」

「こいつのところまで行って、胸ぐらつかんで、ケンカしたいのかって聞いたんだよ。」ジェレミーはそう説明した。

「彼は何て？」私は尋ねた。

「こいつはケンカしたくないって言ったよ。だけど、おれは嘘だと思ったね。」

「君はどうだった？」私はジョシュアの方を見た。

「いやー」ジョシュアは言った。「オレはケンカしちゃいけないんだ。ボクサーだから。」

「なぜケンカしちゃダメなんだい？」私は尋ねた。

「あー、もし学校でケンカしたら、オレはクラブから出て行かないといけない。」

第4章　メディエーション

そう彼は言った。「オレは21戦して19戦はKO、2戦は判定勝ちなんだ。」彼は誇らしげに言った。

「その数字はどういう意味なんだい？」

「要するにオレはクラブに所属してて、21戦して、全部勝ってるってことだよ！」

これを聞いたジェレミーの顔に少しだけ驚きの表情が浮かんだことに私は気がついた。

「申し訳ない」私は説明した。「ちょっと飛びすぎてしまったね。君のストーリーを話してもらう時間を与えてなかった。」私はジョシュアに言った。

「単純な話だよ」ジョシュアは言った。「オレはただベンチに座ってて、こいつらが曲がり角のところに来て、その後ろに太陽があった。オレはこいつらがジェレミーたちだと思ったけど、太陽でよく見えなくて、ちょっと目を凝らしたってわけ。」彼はそう説明した。「確かにオレはこいつを見た。ただ、こいつが言ったように見たわけじゃない。」

「それから何が起きたの？」私は好奇心を持って尋ねた。

「こいつが仲間と一緒にオレのところに来たんで、立ち上がったら、こいつが胸ぐらつかんできた。そこに教師が来て、止めたってわけ。オレはケンカなんてしたくなかったよ。禁止されてんだから」

ダブルリスニング

ここで仲介者は、二人からストーリーを聞いたことになる。多くの対立ストーリーと同様に、ここで特徴的なのは、そのストーリーのために自分たちがとることのできるポジションが制限されているということである（Winslade, 2005; Winslade & Monk, 2008）。そのため、各人は対立ストーリーに拘束されてもいる。仲介者は二人の対立ストーリーを聞いていたが、同時にオルタナティヴ・ストーリーの幕開けを待ち望んで、耳をそばだててもいた。とりわけ、暴力に反するような働きをするオルタナティヴ・ストーリーを聞き取ろうとしていた。ジョシュアの最後の発言は、そうしたオルタナティヴ・ストーリーの幕開けと言えるだろう。これ以降、仲介者はこのストーリーをさらに探求していくことになる。後に見るように、仲介者はケンカの動機を追求するのではなく（これはケンカが正当なもので、避けられなかったかのようにしてしまうリスクがある）、意識的に質問をシフトし、対立ストーリーとは逆方向に行くようなナラティヴの要素について質問していく。仲介者は権威を持って話したり、二人をその権威の声の正しさに従わせようとしたりするのではなく、二人がそれぞれ重要に思っていることに興味があるということを示していく。

「君にケンカをさせなかったものって、クラブ以外に何かある？」

「たぶんうちの親は、オレがケンカしたら怒っただろうな。オレも学校にはいたいしさ。それから彼女もそうだな。彼女はもしオレが学校でケンカしたら別れるって言ってるしね。」

そうした予測がジョシュア自身にどんな意味があるのか、私は気になった。「ケンカに関して何かルールはあるの？ジョシュア。」

「あー」彼は続けた。「クラブのルールがある…だから…クラブが認めてないところでケンカしたら追い出される。」

「他にケンカについてのルールは？」私は好奇心を持って尋ねた。「学校のルールとかは？」

「ああ、あんま学校のルールは気にしてない。」彼は誇らしげに言った。「ただ、まあ、学校でもケンカは許されてないね。」

「確か君は、家にも何かルールがあるって言ってたよね。」私がほのめかすと、彼は下を向いた。「ああ」彼は言った。

「君の彼女にもルールがあるわけだよね？」

「あいつはケンカが好きじゃないから。」

「何か、大人も教師も知らないようなルールってある？」私はさらっと尋ねてみた。「何て言うか、子ども同士のルールって言うか。ある子が前に僕に言ってくれたんだけど、もし誰かがケンカを売ってきたら、それは買わなくちゃいけないらしい。これも一つの『ルール』ではあるよね？」

「まあ、実際はルールってわけじゃないけど」彼は返してきた。「単にそうしないといけないってだけのことだよ。ただ、オレは買わないけどね！」

カウンター・ストーリーを特定する

いまジョシュアは、暴力を用いなかった理由である、さまざまな見解を述べてくれた。これらの見解は彼がケンカに参加したという事実とは合致しないが、ナラティヴの視点に立つ仲介者は、そうした一致しない複数のナラティヴを一致させることにはあまり関心がない。むしろ対立ストーリーと、可能性のあるオルタナティヴ・ストーリーとの間の対照的な違いを広げることに関心を持つ。いま見え始めてきたオルタナティヴ・ストーリーは、はじめ二人の男子が語ったストーリーでは基本的に排除されていたものであり、この段階でようやく語ることができるようになったものである。これは偶然起こったことではなく、特定の傾聴や質問形態を用いたからこそ、出てきたものなのである。

「学校を出たら、どうなりたい？」私は話題を変えた。

「オレは建築家になりたいね。」ジョシュアは誇らしげに言った。

「そうなると、ケンカには寄り付かない方がいいね。」私は冗談を言った。

　次に私はジェレミーの方に向き直った。「いま、ジョシュアが言ったことを聞いていたと思うんだけど、何か自分の中で変わったことはある？」私は尋ねた。

　「ああ、こいつはおれとケンカしたくなかったってのがわかった。たぶんつまんないケンカになっただろうな。こいつはやり返してこないんだから。」彼は言った。

　「君はジョシュアみたいなケンカのルールとかはあるのかい？」私は尋ねた。「君の両親か家族は、ケンカのことを知ったら何て言うかな？」

　「もし知られたら、困ったことになってただろうな。ただ、おれはちょっとムカついてて、ダチにこいつがオレのことを見てるって言われただけなんだけどね。」

　カウンター・ストーリーは、ジェレミーがケンカを避けた理由であった彼の思いを詳しく尋ねていくことで、さらに広がっていった。仲介者は、ケンカのルールを権威的な立場から強調したりせず、現実の中でもっと効力を持っているルール、つまりは二人がそれぞれの日常の中で同意しているルールについて探っていった。そうすることで、ジョシュアだけでなくジェレミーも、対立が暴力に発展してしまうのを押し留めている家族の価値観について話せたわけである。さらにジェレミーは、その出来事が「つまんないケンカ」になっただろうというイメージ、つまりケンカに意味がないというイメージを話すこともできた。

　私は、この二人の男子生徒が怒りのもたらす影響についてどんな見解を持っているのか気になった。「君たちみたいな子たちは、怒りにどう対処するの？」私は尋ねた。

　「おれはボクシングをやるね。」ジョシュアは教えてくれた。「ボクシングはかなり良いよ。練習すると自分の怒りを収められる。ちゃんと頭で考える必要があるからさ。」ジョシュアはそう続けた。

　「怒りにうまく対処できると、それはどんなことに役立つと思う？」私は半信半疑な声で聞いてみた。こうした仮定の質問をすると、問題ストーリーに対抗する(カウンター)思いをさらに深く探っていくことができる。

　「未来があるってことだろうな。オレは建築家になりたいから。」ジョシュアは私に未来についての質問を思い出させてくれた。

　「君は学校を出たら何をしたいんだい？ ジェレミー。」私は尋ねた。

　「会計士。」ジェレミーはきまり悪そうにそう言った。

　「ケンカしたことで君が脇道にそれてしまったら、君の将来はどんなことになりそう？」

　彼は床を見ていた。「それはもう起きないよ。」

部屋は静かになった。二人はここまでの話を深く思いめぐらしていた。私はあたかもアイデアが浮かんだかのように顔を上げ、手を伸ばして宙に額縁を描いた。「僕には見える。」私は興奮気味に言った。「ジェレミー、会計士。ジョシュア、建築家。」二人は笑った。私は前に進んだことを感じた。

　ここで仲介者は、怒りやケンカを外在化し、それらを二人の将来の夢を脅かす外部の力として話している。さらに最後の質問では、問題の影響のマッピングも少しだけではあるが行っている。今回の場合、問題は現在には影響していなかったが、想像できる未来には影響していた。このように問題の影響を考えていくことの方が、対立の原因を調べることよりも生産的だと、私たちは考えている。対立の原因を検討していくと、対立を避けられないものとして固定化してしまうおそれがあるが、対立の影響を検討していくと、変化の生まれる余地を拡大していくことができるからである。会話が進んでいくにつれて、二人の男子生徒は対立ストーリーの描く関係性から出て、別のストーリーへと着実に歩み出していった。今や二人は、違ったナラティヴを参照して話している。

　「他の人からのプレッシャーのせいで、自分がしたかったこととは違うことをさせられそうになることってあるよね。そうしたことって、どういったものが思い浮かぶ？」私は同調圧力を話題に上げた。ここでも、外在化する言語を使った質問をし、二人の「したい」と思う気持ちと同調圧力とを切り離した。

　「ジョシュアのボクシングの評判が他の生徒たちに知られたらどうなるんだろうって思うからさ。きっと生徒の中には、ジョシュアを試そうとする子もいるだろ。」私はこう言いながら、好奇心を持ってジェレミーを見た。「君はそんな感じのことをもう経験してるんじゃないかと思うんだ。ジェレミー。君のダチに、いまならジョシュアのこと何て言う？」

　「ジョシュアは問題ない、あんたのおかげで対処して、事は済んだって、あいつらには言うよ。」彼は応じた。

　「君たち二人で対処したんだ。」私は微笑んだ。私は、ジェレミーが自分のメンツを保つのに私を使うことも気にならなかった。

　「いま見つけたアイデアをすべて把握できているか、一緒に調べてみようよ。」私は言った。「図を書いて、学んだことを確認してみよう。」私は、彼らのアイデアを次のようにホワイトボードに書いていった。

> **ケンカに対抗できる素晴らしい口実**
> - 学校／クラブ／家族のルール
> - 将来が台無しになる危険
> - 彼女／兄弟／父親は、ケンカをしてほしくないと思っている。
> - 正しいケンカは多分ない

「良いスタートだと思う。」私は言った。「これに同意できそう？」私は尋ねた。彼らはおそるおそる頷いた。そこでこの箇条書きの下に、私は次のように書いた。
　ジェレミーとジョシュアの協定，2009年3月11日

　ホワイトボードに記録されたことは、ケンカのストーリーに反するカウンター・ナラティヴから出てきた意味づけである。二人はそれぞれ、このリストづくりに貢献した。また、このリストには彼らの生きる文化の中で受け入れられる考え方や経験も反映されていた。このリストは学校や専門家が彼らに押し付けたものではないからだ。そのため、効果をもたらす可能性もより高くなっていると言えるだろう。言葉というものは、ただ聞くだけでなく実際に書き出していくと、さらに大きな権威と地位を持つことになるし、当事者たちの意識にも長い間鳴り響く。また、当事者たちが使った言葉を用いることで、その対立がその時に起きた特別なものであり、解決もまたその対立に特化したものであると示すことができ、当事者たちの経験に敬意を表することができる。こうして、二人の男子生徒と仲介者は、まったく新しい関係性の構築に向かって、以前には存在しなかったストーリーの筋に乗ったわけである。さらに言えば、最後に提示した協定は、二人の男子生徒を「問題児」とか「ケンカっぱやい」などと断じてきたであろうこれまでの評判を否定することにもつながった（Epston, 2008）。

合意について交渉していく
　今や、今後の進め方について交渉し、お互いの合意を目指す段階となった。ここでの交渉は対立ストーリーに基づくものではなく、ここまで築き上げてきたカウンター・ストーリーに基づくものとなる。ここで仲介者は、ケンカに対抗するための理由が具体的な行動をもたらすのに十分かどうか確認した。

　「いま話してきた『揉め事』について、このミーティングの後でしようと決めたことって何かある？」私は尋ねた。「お互いが決めたことをちょっと書いてみてはどうかな。」
　最初にホワイトボードに近づいたのはジョシュアだった。彼はこう書いた。「お

れたちは対処した。」

　ジェレミーはそれにこう付け加えた。「いまはオールグッド。」

　こちらから促すことなく、二人は自分たちの名前をそこにサインした。私は何か言おうとしたが、ジョシュアがジェレミーの方を向いてこう言った。「お前のこと見て悪かった。」

　私はこんな展開は予測していなかったので、じっと成り行きを見ていた。ジョシュアはケンカを売った方じゃないはずだ。ジェレミーはそれにこう応じた。「おれも悪かった。ダチに同調すべきじゃなかった。」

　二人は抱き合って背中を軽く叩き、笑いながら座った。このハグに私も参加したかった！　私は彼らが会いに来てくれたことにお礼を言い、それからクラスに戻る彼らを見送った。

　次の日、教頭は私に、二人の男子がクラスに戻る前に彼の部屋に寄って、興奮気味に「対処したよ」と言ったと教えてくれた。二人とも教頭に謝って、彼を「悲しませた」ことを申し訳なく思っていると言ったのだという！

――　＊＊＊　――

生徒のアイデンティティを再ストーリー化していく

　このドラマの終わりは実際のところとても早く、またシンプルなものだった。二人の男子生徒はすでにお互いの間の関係について、ホワイトボードに記した「ケンカに抵抗できる素晴らしい口実」に代表されるオルタナティヴ・ストーリーを受け入れていたのだ。二人がこのオルタナティヴ・ストーリーに基づいてとった行動は、対立にとらわれていた話し合いの初期には予測すらできないものであった。自発的に謝罪がなされ、自然にハグが起こった。教頭に話しに行って、教頭や学校との関係を修復しようというアイデアも、二人から出てきたものである。こうした行動は、カウンター・ナラティヴのプロットをさらに発展させるものとなった。なぜなら、対立が解決したことを教頭に話したことで、これ以降、二人にはケンカっぱやいという評判が付きにくくなったと思われるからである。実際、カウンター・ストーリーは、お互いの間の関係性だけでなく、自分自身を定義する新たなストーリーともなる。そのため彼らにとっても、学校内で新たなストーリーを作り、維持していくという認識が必要になってくる（Lindemann Nelson, 2001）。

　いったん新しいナラティヴが根を張ったら、二人が別の学校に行っても、そのナラティヴは続いていく。そうしたナラティヴはリゾーム（Deleuze & Guattari, 1987）のように新たな領域に根を伸ばしていき、その適用範囲を広げていくからである。

たとえば、この新しいナラティヴは、ケンカを近くで見ていた生徒たちとの関係性にも根を広げ、派生していくだろう。さらに言えば、二人はこの新しいストーリーについて、愛する家族や彼女、ボクシングクラブのトレーナーと一緒に「対処した」と語る必要もあるかもしれない。なぜなら、対立を契機とした新たなストーリーは、家族やクラブとの関係もまた新たに作り直したからである。また、解決と和解のストーリーに関しては、カウンセリングルームを超えて拡大させる必要がある。主役の友人たちは、こんなドラマティックな展開など予測していなかったはずだ。だから、どうやってそんなことが可能になったのか知りたいと思うかもしれない。対立ストーリーは、主役たちだけで完結するものではない。対立ストーリーは、主役二人もその一部である関係の網の目の中に織り込まれているものなのである。だから、オルタナティヴ・ストーリー（あるいは、カウンター・ストーリー）も、その関係の網の目に織り込んでいかなければならないのだ。

　おなじみのプロットを打ち砕くことで、若者たちは新たなコミュニティのあり方にアクセスできるようになる。ジョシュアの場合、売られたケンカに抵抗したことで、力があってもそれを使わないでいられる奴というポジションを学校内で確固としたものにした。一方、ジェレミーはオトナな対応をとったことで、ケンカの誘惑に抵抗できたと自分を見なすようになった。彼らのこうしたアイデンティティの変化が、学校コミュニティにより広く知られるようになれば、二人がモラルある若者だという描写が大勢の人々の手で書き加えられていくことになる。そして、二人がそうした周りの期待に応えるよう振る舞えば振る舞うほど、二人はそれだけ、そのプロットを達成していくことになる。

まとめ

　本章では、管理職もカウンセラーも使うことのできる、ナラティヴ・アプローチに基づいたメディエーションの概要を示した。対立し合う当事者たちが、対立のしみ込んだ関係性ストーリーに基づいて自分たちのアイデンティティを作らず、協調、理解、解決といった特徴のあるカウンター・ストーリーへと歩みを進めるためには、どう援助していけばいいのだろうか。本章で扱ったのはこのことについてである。この援助過程で鍵となるのは、対立を外在化することと、対立を続けさせない行動を見つけることである。また、カウンター・ストーリーの要素が当事者たちのこれまでの歴史に見られるかどうか探ったり、将来と照らし合わせながらカウンター・ストーリーについて質問したりすることも、援助過程で必要となる。

振り返りのための問い

1. ナラティヴ・アプローチによるメディエーションと、その他のメディエーションの間には、どのような特徴的違いがあるだろうか？
2. テレビ討論では対立のナラティヴが支配的である。そこでテレビ討論をダブルリスニングによって検討し、合意につながるストーリーの入り口が見つからないか探してみよう。
3. 学校でケンカが起きた後、それに関わった生徒たちがその後またケンカに巻き込まれないようにすることを、大人側はどのくらい気にかけているだろうか？
4. どういったことが、外在化する会話をうまく進めるのだろうか？ また、外在化する会話を進めるのにあまり効果的でないのは、どういったことであろうか？

研究のための問い

1. 学校で行われる仲裁のストーリーを集めてみよう。そうした仲裁はどのように進んでいっただろうか？ そこでは何が達成されたのだろうか？ 仲裁が功を奏した際、それはどのように周囲から評価されただろうか？ その事例からどういったことが学べるだろうか？
2. 学校内でメディエーションを使った事例について、事例研究をしてみよう。

第5章 ピア・メディエーション

> **この章で何を学ぶか**
>
> ピア・メディエーション入門
> ピア・メディエーションの過程
> ピア・メディエーションのトレーニング
> まとめ

ピア・メディエーション入門

　前章では、大人が仲介者(メディエーター)となるメディエーションについて論じた。私たちは、この実践を若者や子どもに任せることについても考えていきたいと思っている。実際、多くの学校で生徒が同輩の仲介者(ピア・メディエーター)となり、生徒同士の仲を取り持つ訓練を受けている。この場合、生徒はトレーニングや指導を受けることが必要であるが（特に年齢が低いほど、多くの指導が必要となる）、大人の側も、生徒たちは自分たちなりの仕方で問題解決することができるのだと信頼する必要がある。生徒たちは、言わば若者の知恵が集まるローカル・コミュニティのメンバーであり、一方で大人たちは、そうしたコミュニティに部分的にしかアクセスできず、彼らの知についても周辺的な理解しかできない。だから多くの場合、生徒たちの間で何が起きているか知り、対立解決を手助けしていく上で最も良い位置にいるのは、大人よりも生徒の方なのである。

　教師やスクールリーダーと同じく、私たちカウンセラーの仕事もまた、生徒たちにさまざまな機会を与えたり、支援を行ったりすることである。学校に期待される機能の一つは、多くの人々との間でリーダーシップを共有できる、民主的な国民を育てることだ。では、もし学校で、人々の間の差異について話し合える方法を学ぶことができないとしたら、どうだろうか。それ以上に重要なことが何かあるのか、私たちには見当もつかない。将来的に見れば、人々の間の差異を話し合うための会話スキルは、今後世界中で必要とされていくようになるだろう。おそらくは、いま

よりずっと質の高いスキルが求められるはずである。そうした未来を想定するならば、学校でリーダーシップをトレーニングするにあたって、対立への対処の仕方を学ぶこと以上に大事なものなどないのではないだろうか！

　対立に対処するスキルをトレーニングした生徒は、学校という関係の綾の中に自らを織り込んでいかざるを得なくなる。なぜなら、そうした生徒は「そうした生き方」を始めるからである。彼らはそれまでとは異なったレンズで対人関係を捉えるようになり、自身に課せられた新たな役割を現実に体現していく。彼らは年齢に関係なく、学校の変化を担う主体となり、一貫していじめや関係性への攻撃に反対する態度をとり、学校の中の「雰囲気」に影響を与えていく。時には、子どもたちに対する大人の話し方すら変えてしまうかもしれない！

　これまでに仲介者となった生徒たちと対立解決について話し合いを持ったことがある人なら、生徒たちのエネルギーや推進力が、ピア・メディエーションの過程にいかに影響を及ぼすか知っていることだろう。より良い未来の希望の種を見つけることは、若者の話を聞き取ることより難しい。だが高校生くらいになると、教師が誇りに感じてしまうほど、多くの生徒たちが対立解決についてかなり複雑な考え方まで理解し、実践できてしまうものである。また、大人より生徒たちの方が、対立状況のポイントを早くつかんでいるということも多々ある。こう考えると、仲介者となる生徒たちにとっては、実践を通して他の生徒たちを支援することよりも、自分たちの持っている対人スキルについて学びを深めることの方が大事な課題であると言える。この種の学びは、学校のテストをパスするのに役立つものではない。しかし、生徒たちの実生活を助ける学びとなるのは明らかである。

　本章では、高校生用に作成したピア・メディエーション過程と、その年齢相応の話し方について解説していく。本章のピア・メディエーション過程は、小学4年時程度の年齢に対するトレーニングプログラムを作る上でも、参考になるだろう。ただし、より低年齢の子どもたちでも使える台本や対話例を作る場合には、本章のエッセンスを翻案するのではなく、その年齢に特化したプログラムを作る方が良いかもしれない。なお、生徒たちがいったんスキルと自信を獲得したら、それ以降は台本通りに進めていく必要はない。また、比較的低い年齢の子どもたちに対しては、質問のセリフやキーワードを書いてラミネート加工したカードを用意しておくといったサポートも必要となるだろう。

　仲間による仲介という活動を理論的に裏づける上で、レフ・ヴィゴツキー（Vygostky, 1978, 1986）の研究に目を向けてみたい。ヴィゴツキーは、子どもたちが大人から学ぶのではなく、学習プロセスの近い仲間から学ぶことの意義を明らかにした。これについてヴィゴツキーは「発達の最近接領域」という用語を作り、次のように定義している。

一人で行う問題解決によって明らかとなる実際の発達レベルと、大人による指導、もしくは、より有能な同輩との協働を通した問題解決によって明らかとなる潜在的な発達レベルとの間の隔たり。（Vygostky, 1978, p.86）

　発達の最近接領域の考え方では、生徒たちは自分と近い学習レベルにいるが、わずかに自分より前にいる他の生徒の援助によって、新たなスキル獲得のための支援を受ける。つまり、自分よりわずかに進んでいる学習者は、学びの「足場掛け」を助けてくれる存在なのである。ヴィゴツキーのこの考えは、ここ数十年、教育心理学で高い注目を受けており、リーディングなどの分野で大きな成果を上げているが、対人関係スキルについての学びに置き換えてみても、やはり同じように適用できると言える。

　本章で主に焦点を当てるのは、仲間によるメディエーションを行える仲介者のトレーニングである。本章では、ピア・メディエーションプログラム自体を学校でどう整備していくかについては、詳しく解説していない。具体的なプログラムは各学校の文化に即して作る必要があるので、詳細に解説すると、特定の文脈でしか機能しないことを書いてしまうおそれがあるからである。そこで本章では、ピア・メディエーションプログラムをどう用意するか詳しく説明することは避け、個々の学校のやり方に即して検討する必要がある課題を明らかにするに留めておく。この検討すべき課題については、ボックス 5.1 にリストアップしているので、ご覧いただきたい。

ボックス 5.1
学校においてピア・メディエーション活動を整備する際に検討すべき課題

1. 仲介者となる生徒をどのように選べば良いだろうか？ どういった募集方法が良いだろうか？ どのような審査を行えば良いだろうか？ どういった生徒は除外されるだろうか？（対立に巻き込まれた経験を持っている生徒は、往々にして良い仲介者になるという点にも注意してほしい。）
2. 仲介者をどのようにトレーニングすれば良いだろうか？ それは、どのくらいの期間を要するだろうか？ 学校のカリキュラムや時間割の一部にしても良いだろうか、それとも、課外活動とした方が良いだろうか？
3. ピア・メディエーションは、紹介制にすべきだろうか？ どの仲介者を割り当てるかを、どのように決めれば良いだろうか？ 仲介者の名簿を作成しておいた方が良いだろうか？

4. ピア・メディエーションには、どのようなリソースが必要だろうか？部屋は？予算は？申込書は？トレーニングは？スーパーヴィジョンは？事務は？
5. 授業時間中にメディエーションを行ってもいいだろうか？あるいは、昼食時や始業前、放課後だけにした方がいいだろうか？
6. ほかの生徒や教師にも、大々的にピア・メディエーションを公表しても良いだろうか？
7. 生徒同士だけでなく、教師と生徒を巻き込んだ対立も、ピア・メディエーションの対象とするか？
8. 仲介者となる生徒には、その役割をどのように認識してもらうか？バッヂを使うか？クリップ？Tシャツ？校長からの認定証？
9. 仲介者となる生徒の活動をどのように評価するか？（修了証明書など？）
10. メディエーションや対立解決の考え方を学校文化全体に広げるには、どうしたら良いだろうか？
11. ピア・メディエーションというアプローチを学校に導入した後、それを維持させるにはどうしていくと良いだろうか？
12. ピア・メディエーションを、学校文化と折り合わせていくには、どうしていけば良いだろうか？
13. メディエーション上の守秘義務が生徒や学校職員から尊重してもらえているか、どのようにして確かめていくか？
14. メディエーションプログラムの管理責任は誰にあるとするか？また、継続的にプログラムを提供するためにはどうしていけば良いだろうか？

　トレーニングを受けたピア・メディエーターたちは、学校において対立解決の機能を担うことになる。だから彼らは、対立がメディエーションに適した形になるまで待機している必要はない。学校内の平和な関係性を増進させるため、一連の戦略を実行しても良い。ボックス5.2には、仲介者たちに任せられる課題についてリストアップした。

ボックス5.2
仲介者である生徒たちが携わることのできる平和構築機能のリスト

---

1. 学校の中のさまざまなグループを特定し、グループ同士の対話をセッティングする。
2. いじめ反対キャンペーンを行う。
3. 生徒間で行われているネットいじめを見つけ、それを沈静化する行動をとる。

4. ガイダンス授業（第10章参照）に、ロールプレイ役として参加する。
5. 平和週間を作り、フェイスペイントをしたり、帽子・ウィッグをつけたりするイベントを企画する。
6. LGBTの生徒に対する偏見反対キャンペーンを企画する。
7. 校内新聞や公報に、平和に関する日々の言葉を毎日掲載する。
8. 対立を生み出している学校内のディスコースを見つけ、そうしたディスコースを公表する。
9. 学校のダンス大会で性的暴行が起きないよう監視する。
10. デートレイプに反対する意識向上キャンペーンを立ち上げる。
11. 教師とトラブルになっている生徒へのメンタリングを定期的に実施する。
12. ニュースレターを使って、学校コミュニティ向けに定期的な活動報告をする。
13. 資金調達活動を組織、実行する。
14. 学校のラジオ局で広報する。
15. ビデオやDVDを作成する。
16. 地元の新聞社を招き、特集記事を組んでもらう。
17. 学術雑誌に論文を発表する。
18. 国語の授業で平和とピア・メディエーションの標語を、美術の授業でたれ幕を、音楽の授業で曲やラップを、作っていく。
19. ピア・メディエーションプログラムを何らかの学校行事のスポンサーにする。
20. 保護者懇談会の際、保護者に対立解決過程のロールプレイを実演して見せる。
21. 学校の定期監査の際に、担当者に会う。
22. 折り紙を使って平和の象徴である鶴をつくる。

ピア・メディエーションの過程

　メディエーションを生徒に学んでもらう上では、はじめはメディエーション過程を少し簡素化しておくことが必要だ。また、メディエーションの実践をし始めた段階では、標準的なステップを踏んで学習を進めてもらう必要もある。そこで私たちは、初心者でも使えるよう簡素化させた仲介者用ガイドラインを作成した。生徒たちが実践を積んでいけば、このガイドラインを脇において、もっと柔軟な取り組みができるようになるだろう。なお、このガイドラインは本書に通底するナラティヴの原則に基づいている。ボックス5.3には、チェックリストの形でこのガイドラインを要約した。

ボックス 5.3
仲介者のためのガイドライン

メディエーション過程

1. 準備	椅子をちょうどいい感じに並べる
	必要なら窓を開ける
	テーブルがごちゃごちゃしていたら片付ける
2. 導入と基本原理	訪れた生徒を歓迎し、座る場所を伝える
	仲介者である生徒から自己紹介をする
	これからの見通しについて、概要を伝える
	行動ガイドラインをメディエーションを受ける生徒たちに渡す
	守秘義務について確認する
3. ストーリーを話してもらう段階	生徒の話を聞く際には、アクティブリスニングを行う
	メディエーションを受ける生徒が「はい」「いいえ」というクローズドな回答にならないよう、オープンエンドな質問をする
	対立ストーリーを外在化する
	対立の影響をマッピングする
	要約
4. 解決を探る	メディエーションを受けている生徒たちに、対立をこれからも続けていきたいと思うか、それとも何か別のことを望んでいるか尋ねる
	彼らが希望しているのはどういったことか尋ねる
	解決のために可能な選択肢をすべて列挙する
	選択肢を一つ一つ検討する。実行可能性という点ではどうか？その結果どうなりそうか？
5. 合意	両者に選択肢の実行に同意するか確認する
	行動を始めてもらう
	まとめる
	同意できる選択肢を書き留め、合意文書にサインしてもらう
	フォローアップをする
6. 閉会	合意文書のコピーを手渡す
	スクールカウンセラーと一緒に報告を受ける

段階1：準備

この段階では、仲介者の生徒は二人ペアになって活動するのがベストである。二人にはそれぞれに役割を割り当てなければならない。たとえば、一方の仲介者は会話をリードする役割で、もう一方の仲介者は言われたことを注意して書き取る役割といった具合にである。ただし、メディエーションの途中の段階で役割を交代することは問題ない。

仲介者の生徒が行う最初の仕事は、話し合いが中断されない部屋を見つけることだ。それから、部屋を整え、椅子を並べ、プライバシーを守るためにブラインドやカーテンを閉めることも必要である。ほかに、仲介者の生徒たちが座る場所（通常は、対立する生徒たちの間に座るのが良い）と、メディエーションを受ける生徒たちが座る場所を決めておくことも必要である。

段階2：導入と基本原理

この段階での最初の仕事は、話し合いに来た人たち全員を歓迎することである。この場合、フレンドリーかつ私情を挟まず事務的に迎え入れる、というのが大事だ。覚えておいてほしいが、対立の渦中にいる生徒というのは、対立相手と同じ部屋にいることを不安に思っている可能性がある。だから、あまりくだけた態度や喜ぶような態度をするのは避け、素早くメディエーション過程に入った方がいい。そして仲介者の生徒は自己紹介をし、対立している生徒たちの名前を確認し、申込書にその名前を正確に記入すること。その後、メディエーションを受ける生徒たちが見通しを得られるよう、メディエーション過程について説明する。そのほか、話をしても大丈夫だと参加者全員が安心感を持てるよう、話し合いに際してのガイドラインも示しておく。

それでは、どんなことを言えばいいだろうか。以下に、具体的な流れを示しておこう。

> ようこそ。私はヴァネッサで、こちらはマイケルです。もしお二人がかまわなければ、私たちが二人の仲介役になろうと思っているのですが、よろしいでしょうか？
>
> よかった。まずは、ここに来てくれてありがとうございます。これからの流れはこちらになります。お二人にはそれぞれから話をしてもらい、これまでに起こったことでどういう影響を受けてきたか、説明してもらえればと思っています。その後で、今後そうした問題がまた起きたりしないよう、問題が解決できそうか話し合いながら、どんなことがお互いの間で同意できるか考えていきたいと思っています。

よろしいでしょうか？
　良かった。仲介をうまく行うためには、いくつかルールがあります。次のことに同意していただけますか？
- 話を遮らず、相手の見方に耳を傾ける
- 問題を解決する方法について考える
- 非難、侮辱、言い争い、にらみつけるといったことをしない
- 誠実に、本当のことを言う
- 相手に直接話す前に、まずは私たち仲介者に向かって話す

　これらのルールを了承いただけますか？
　また、私たちは仲介者として
- 何々をすべき、といったことは言いません
- 二人のどちらの側にも立ちません
- 二人の力で問題解決ができるよう援助します
- 違法なことや人を傷つけるようなことでない限り、二人が私たちに話したことを外部に漏らすことはありません

　ここまで大丈夫ですか？
　良かった。ありがとうございます。

段階3：ストーリーを話してもらう

　この段階になってようやく、何が起こったのか、そのストーリーを聞くことになる。ここでは二人がそれぞれにストーリーを語るので、何が起こったのかについて、少なくとも二つの違ったバージョンが出てくることになる。両方のストーリーとももっともらしく聞こえるかもしれないが、どちらが正しいかを決めるのが仲介者の仕事ではない。人が問題なのではない、問題が問題なのだ。このモットーを心に留めておくべきである。

　仲介者は、二人の生徒が何かキーワードを語ったら、それを聞き取るだけでなく、生徒に伝え返す反射（リフレクト）も行う。これはアクティブリスニングと呼ばれている。また、問題ストーリーを聞き取るとともに、別の何かを望む思いも同時に聞き取るダブルリスニングも並行して行う。さらに、対立が発展する中でそれぞれの生徒がどんなことを考えたのか質問したり、二人が当初はどうなると予想していたかについても尋ねる。そして、生徒がストーリーを語り終えたら、仲介者はそのストーリーを要約し、何が起こったのかについて、それぞれの話をまとめる。

　以上の過程が終わったら、次に対立ストーリーを外在化する作業へと移る。両者に、対立ストーリーに何か良い名前が付けられそうか尋ね、何か名前が提案されたら、その名前で良さそうか両者に確認する。この名前は二人どちらの状況にも関係

するものとなるべきで、どちらか一方を問題と見なすような名前は避けるべきである。

対立ストーリーに付ける名前が決まったら、今度は問題の影響をマッピングしていく。言い換えれば、当事者である二人の生徒や周りの人たちに対立がどう影響したのかを詳らかにしていくわけである。これを行うには、問題に外在化する名前を付けた上で、次のように尋ねる必要がある。「この『緊張状態』はあなたたち二人にどんな影響を与えましたか？」この質問は、仲介者自身が対立の影響についてはっきり把握できるまで何度も行わなければならない。なお、この話し合いの間もアクティブリスニングは継続する必要がある。

こんなふうに言うと良い。

> この活動で焦点を当てるのは、デアドラ、それからディオン、あなたたち二人の間で起きたことだけです。ここでは、この対立でどんなことに傷ついたか、それからそうした傷つきを修復するには何をしたら良いか話し合っていきます。
>
> 私たちは二人がどんなことに傷つき、対立からどんな影響を受けたのかを理解したいので、時には答えにくい質問をしてしまうかもしれません。ただ、ベストな問題解決を見つけるためには、そういう質問を含めて、いろいろと質問していくことが重要になります。
>
> さて、デアドラ、はじめてもいいですか。あなたから見て、どんなことが起きたのか教えてもらえますか？
>
> その時、どんなことを考えていましたか？
>
> どんな考え方が、あなたをその対立に巻き込んでいったのですか？
>
> それが起こってから、あなたはどんなことを考えましたか？
>
> では、いま言ったことをちょっとまとめてみてもいいでしょうか？
>
> では、ディオン、デアドラに聞いたのと同じ質問をしても良いですか？ あなたから見て、どんなことが起きたのか教えてもらえますか？
>
> その時、どんなことを考えていましたか？
>
> どんな考え方が、あなたをその対立に巻き込んでいったのですか？
>
> それが起こってから、あなたはどんなことを考えましたか？
>
> では、いま言ったことをちょっとまとめてみてもいいでしょうか？

二人の生徒がそれぞれのストーリーを語り、仲介者がそれを要約し、さらに、その要約で二人が大丈夫そうであれば、今度は次のように尋ねる。

> どちらか、付け加えておきたいことはありませんか？

それでは、この対立に何か名前を付けてみたいと思います。もしこの状況を示す名前を何か付けるとすれば、どのようなものが良いでしょうか？　たとえば、論争という名前はどうでしょう？　緊張状態という名前は？　不一致は？　うんざりする展開というのは？　あるいは、他に何か思い浮かびますか？

　良いですね。それではこれからこれを「緊迫した事態」と呼ぶことにしましょう。では、この緊迫した事態が、あなたたち二人にどのような影響を与えてきたのか、これから調べていきたいと思います。

　他に「緊迫した事態」が及ぼした影響は何か思い浮かびますか？

　「緊迫した事態」はあなたにどんなことを感じさせましたか？　どんな行動をあなたにさせてきましたか？　相手に対してどんなふうに話すよう仕向けてきましたか？

　こうした影響のうち、最もひどいとあなたが思うのは何ですか？

　もっと良い判断が下せたのに、それとは違うことをあなたはさせられてしまいましたか？　もしそうであれば、それはどういったことでしたか？

　「緊迫した事態」は他の人にどのような影響を与えましたか？

　ありがとうございます。では、二人が話してくれた緊迫した事態の影響について、ちょっとまとめてみてもいいでしょうか。

段階4：解決を探る

　ここまで来たら、おそらくメディエーションを受けている生徒は二人ともオルタナティヴ・ストーリーに入る準備ができている。少なくとも、オルタナティヴ・ストーリーを考慮する段階には至っているはずである。そこで確認のために、対立が影響を与えているということを実感できたか、二人に尋ねてみると良いだろう。その後、相手についてではなく問題について、次のような問いに答えてもらう。すなわち、こうした影響全部をこの対立がもたらしてきているわけだが、それで良いかどうか。そうした影響が今後も続いていくことに耐えられそうかどうか。それとも、何か別のことを望むかどうか。また、いまの状況が今後もっと悪くなっていった場合、どんなことが起こると思うか聞いてみるのもいいだろう。

　二人がいまとは違う何か別のことを望んだとしたら、今度は、どんなことを望んでいるのか具体的に表現してもらうよう働きかけていく。そうすると、たとえば物事が落ち着いてほしいといった語りが聞けるかもしれない。あるいは、相手と親友になりたいわけではないが、少なくとも敵にはなりたくないといったことを言う生徒もいるかもしれない。いったんそうした発言が出され、その思いが両者によって確認されたら、次は、その望みを二人の間で合意する準備に取り掛かることになる。時には、そうした合意の必要なく対立が解決する場合もあるが、いつもそうなると

は限らない。だから仲介者は、必要な場合に備え、合意交渉を準備できるようにしておくべきである。

合意交渉の最初の段階は、二人に何らかの解決策をブレインストーミングしてもらい、それをリスト化することである。このリストづくりが終わるまでは、提案された解決策が良いとか悪いとかいう判断はすべきではない。突拍子もない提案も含めて、あらゆるアイデアをまずは出すべきだからである。そのためには、想像力豊かな発想が大事である。

次の段階では、提案された解決策のリストに目を通してもらい、実行可能かどうかの観点と、どういう結果になりそうかという観点から、アイデアを一つ一つ検討してもらう。

こんなふうに言うと良い。

> ディオン、デアドラ、こうした影響を及ぼしてくる「緊迫した事態」について、二人はどう考えますか？ それでも大丈夫そうですか？ こうした影響が続く、もしくはもっと悪くなっていくことに耐えられそうですか？ それとも何か別のことを望みますか？
>
> では、実際どういったことが良いと思いますか？ もし二人の望み通りになった場合、二人の関係はどうなりそうですか？ そうした変化が起きるようメディエーションを進めていくとして、具体的にどんなことが起こると良いと思いますか？ それが起きるために何かしらやれることがあれば、してもいいと思いますか？

その後、仲介者は二人の発言を要約する。

> この問題を解決できる可能性がある方法について、二人が考えてくれたアイデアを全部ここに書き出しました。とりあえずはどんなアイデアに対しても良いとか悪いとかいう判断はしないでください。まずはこのアイデアを単純にリストにしましょう。
>
> これで、解決の可能性がある方法についてリストができました。それでは、これに一つ一つ目を通してみて、思ったことがあったら言ってください。どれがうまくいきそうですか？ 何かを実行すると二人が決めたとしたら、どんなことが起きると予想できますか？

その後、仲介者は二人の発言を要約する。

段階5：合意

ここから、合意交渉に移る。もし、より初期段階で事がうまく運んでいた場合、この段階での合意形成はあっという間に終わる。ただし両者が何らかの解決策を行うと決めたら、その取り決めを書き留めておく必要はある。この時、二人の発言をできる限り正確かつ詳細に記録しておくのが大事だ。いったん取り決めを文書化したら、二人にそれを渡して読んでもらい、サインをしてもらえるか聞く。

こんなふうに言うと良い。

> 緊迫した事態の影響を減らし、できる限り平和でいられるために、二人が同意しても良いと思える選択肢はどれでしょうか？ お互いどういったことができそうでしょうか？ 相手以外の人にも同意がほしいことはありますか？
> 書き留めたいので、もう一度ゆっくり言ってもらえますか？
> はい。それではこれが、二人が合意できそうだと言ってくれたことです。

ここで仲介者は合意という言葉を声に出して言う。

> これで大丈夫そうですか？ 何か抜けていませんか？
> それでは、この合意文書にサインしてもらっても良いですか？
> はい、ありがとうございます。

段階6：閉会

両者がサインした合意文書に仲介者もサインをする。サインが済んだら、その流れで、今回の取り決めが守られたか確認する日を決める。合意文書はスクールカウンセラーに渡され、ファイルに保管されることになるが、二人にはコピーを渡しておいても良い。

以上でメディエーションは終了となる。場合によっては、メディエーションの中で達成されたことを少し確認してから閉会しても良い。ただし、そうした確認作業はあくまで控えめにやるべきだ。なぜなら、作成した合意文書はまだ紙に過ぎず、二人の日々の生活の中で実践されていかなければならないものだからである。とはいえ、建設的に話し合いに参加してくれたことや、ひとまず合意に至れたことについて、二人にお礼を言っておくのは悪いことではない。両者はお互いに対して完全には満足していないかもしれない。だから、今後の展開についてもあまり期待していないかもしれない。それでも、話し合いに不満がなかったか聞いてみても良いだろう。こうしたことを確認しておくと、こぎつけた合意をより確固なものにできる可能性があるからだ。

こんなふうに言うと良い。

> おわかりの通り、私たちは自分たちで合意文書にサインと日付を書きました。私は後でスクールカウンセラーのウィリアムズさんにこれを渡します。ウィリアムズさんはこれをファイルに入れて保管し、もし何かまた争いが起きたら、見直せるようにしてくださると思います。二人にもコピーを渡しましょうか？
> では、対立解決にあたって辛抱強くお付き合いくださり、ありがとうございました。二人が合意したことは、対立による傷つきが修復されるまで持続させる必要があります。そこでうまくいっているか確認するために、二週間後にもう一度ここに来ていただければと思います。それから、何か悪い噂が流れて二人がまた緊迫した事態に戻されてしまわないように、友だちにも対立が解決したことを伝えておいてください。
> では、おめでとうございます。二人の対応を見ることができて、私たちとしてはとても嬉しいです。二人は満足していますか？

ピア・メディエーションのトレーニング

　学校で行うピア・メディエーションのトレーニングマニュアルはいくつも出版されているが、ナラティヴの視点を強調するものはほとんどない。ここまで見てきた通り、本章の方法の強調点は、外在化する言語によって対立を名付けること、対立の影響をマッピングすること、対立する生徒たち自身に対立の影響を考えてもらうこと、そして、二人の望む、対立に変わるストーリー(オルタナティヴ)を語ってもらうことにある。これらはすべて、対立する二人の間で何か取り決めをする前の段階で行うものである。しかしたいていの場合、こうした過程を経るおかげで合意形成が容易かつ円滑に進められる。さらにこうした過程では、潜在的にではあるが、二人の間の関係性も変化する。この意味では、対立ストーリーをこれ以上進行させず、カウンター・ストーリーの可能性を確かなものとしていく上で、合意形成に至るまでのメディエーション過程は最終的に作成される合意文書と同じくらいの力を持っていると言えるのである。

　本章のようなピア・メディエーションはあまり知られていない。そこで本節では、生徒たちの役に立つよう、トレーニングについて概要を説明しておく。なお、以下の内容は、具体的には高校生を対象としている。以下で説明するトレーニングプログラムは上述した概要に沿ったものであるが、それに加え、次に挙げるナラティヴによるメディエーションの質（Winslade & Monk, 2008, p.3）と呼ばれる基準にも基づ

いている。

1. 人を、その人独自のストーリーで人生を生きている存在として捉えているか？
2. 人を、本質主義的な前提で捉えていないか？
3. ダブルリスニングを行っているか？
4. 外在化する会話をしているか？
5. オルタナティヴ・ストーリーの萌芽を見つけているか？
6. 関係性ストーリーを書き直しているか？
7. 記録をとりながら進めているか？

この基準は、高校でのメディエーション・トレーニング専用というわけではない。私たちのこれまでの経験から言うと、メディエーションには同級生が同室するので、仲介者である生徒がきちんと動けるためには、この基準を意識しておくのが良い。高校の中には、昼食の時間を使って実に 5 週間をかけて、仲介者として選ばれた生徒たちにこうした考え方を教えたところもある。

セッション 1
トレーニングはいくつかのセッションに分かれているが、最初に行うセッションでは、上記のナラティヴによるメディエーションの質のうち、特に二つの質を保つことに集中する。

- 人を、その人独自のストーリーで人生を生きている存在として捉えているか？
- 人を、本質主義的な前提で捉えていないか？

ナラティヴ・アプローチでは、ストーリーの語りを、ある出来事を思い出して再生しているだけとは考えず、語る人の人生において進行中のナラティヴが、まさにそこで構築されていると捉える。
ボックス 5.4 には、このセッションで注意すべきキー概念をリストアップした。

ボックス 5.4
ナラティヴによるメディエーションのトレーニング：
セッション 1 のためのキー概念

人を、その人独自のストーリーで人生を生きている存在として捉えているか？

- ストーリーは単なる報告ではない。ストーリーは私たちの思考を形作るものであり、それゆえ私たちの現実を形作るものである。
- 私たちが何かストーリーを話す時、私たちはある現実を作り出しているとも言える。
- 私たちは皆、一つではなく複数のストーリーから形作られている。
- 私たちの人生や誰かとの関係の出来事を、すべてまとめて一つの言葉で表現するなどということはできない。
- さまざまなストーリーが、どれも皆対等というわけではない。あるストーリーは強く、またあるストーリーは弱いものだ。
- いつでも、まだそこで語られていないストーリーがある。
- ストーリーというのはどれであっても、数多ある可能性から選び出されたプロットを、特定の順番で並べたものである。

人を、本質主義的な前提で捉えていないか？
本質主義的な思考は、次のように考える。

- 程度の差はあるが、人は何かしら核となる本質によって突き動かされている。
- 人がどのような印象を与えるかは、「あいつは怒りっぽい」、「彼女は犠牲的」、「彼はいじめっ子」といったようなその人の人格特性、あるいはその人のラベルに表れているものによる。
- 人生とは、いかに複雑であっても、何か一つの言い方でまとめることができるものだ。
- 人々の間で問題が起きるのは、当事者の誰か、あるいは当事者全員の内部に何かしら間違ったもの（欠落したもの）があるためだ。

　仲介者に求められるのは、何かおかしなところをうわべだけ要約したラベルを採用することではなく、むしろ逆に、そうしたラベルはストーリーによって生み出されたのだと考えることである。ラベルはあてにならない評判のようなものである。重要なのは、その人についてのラベルやストーリーがどんなものであっても、そうした枠組みにとらわれず考えることが、いつでも可能だということである。ラベルやストーリーは本質ではない。人はいつも、その人に関するどんなストーリーよりも複雑な存在なのである。ボックス 5.5 では、そういった考え方について学びを深めるためのアクティビティを紹介した。

ボックス 5.5-1
アクティビティ 1：ストーリーを話してもらう

1. これまでに経験した何らかの対立について、ペアの人に簡単に話してみてください。相手の話を聴く人は、途中で口を挟んだり、コメントをしたりしないでください。
2. 役割を交代し、1 を繰り返してください。つまりさっきの聞き手は話し手になって、さっき話し手だった人は聞き手になってください。
3. 相手が言ったことの要点をまとめて要約してください。要約する時は「私が聞いた話は…についてです」というフレーズからはじめてください。ストーリーの舞台はどんな場所でしたか？ どんな人たちが出てきましたか？ その人たちはどんな役柄でしたか？ どんな力が、その対立を駆り立てていましたか？
4. いまの 1 ～ 3 のエクササイズを繰り返してください。ただし今度は話をする時に、自分以外の人の視点からストーリーを語ってください。
5. このエクササイズをする時に、何が大変で何が簡単だったか、ペアで話し合ってください。話し手について、何か気づいたことはあるでしょうか？ また、その話を聞いた聞き手としては、どういった気づきがありましたか？

ボックス 5.5-2
アクティビティ 2：本質主義的な仮定を避ける

1. これまでの人生で自分に付けられたラベルについて、何か一つ考えてください。ポジティブなものでもネガティブなものでもかまいません。そうしたラベルをあなたはどうして付けられることになったのか、そのラベルの正しさを証明する証拠はどんなことであるのか、パートナーの人に話してください。また、ネガティブなラベルがポジティブなものへと変わった場合について考え、どちらの方が好きか、またそちらが好きなのはどうしてか話し合ってみてください。たとえば、「頑固」というラベルを「誠実」とか「一途」とかいったラベルに変えたらどう感じるか話し合ってみるということです。
2. そうしたラベルは、あなたにどのような影響を与えましたか？
3. あなたはそうしたラベルを受け入れましたか、それとも、そのラベル付けに抵抗しましたか？ それはなぜですか？ また、そのラベルをどのように受け入れた、あるいは抵抗したのですか？

4. 時には、あなたが誰かにラベルを付けたということもあったと思います。そんなふうにして他の人に付与したラベルは、その人について言い表せる可能性のすべてを凝縮したようなものとなっていましたか？

セッション2：ダブルリスニング

このセッションで扱う鍵概念は、次の通りである。

- ダブルリスニング
- オルタナティヴ・ストーリー
- カウンター・ストーリー

ダブルリスニングとは、いま話されているストーリーを片方の耳で聞き、もう片方の耳でオルタナティヴ・ストーリーないしカウンター・ストーリーを聞くということである。**オルタナティヴ・ストーリー**とは、そこで話題にしている関係性について対立ストーリーと合致しないストーリーのことである。これは**カウンター・ストーリー**という別の用語でも呼ばれる。だからオルタナティヴ・ストーリーもカウンター・ストーリーも同じ意味ではあるが、カウンター・ストーリーという用語を使う場合は、あるストーリーが問題ストーリーに反する作用をしているという点が強調される。たとえば、ずっと論争しているというストーリーに反して、協力したというストーリーが見つかれば、その協力ストーリーはカウンター・ストーリーになり得ると言えるわけである。ただし、協力という出来事を何らかのストーリーと見なすためは、プロットとなる出来事、何人かの登場人物、いくつかのテーマ、それから協力が起きる文脈がなければならない。

ダブルリスニングとは、問題ストーリーを聞き取ると同時に、問題ストーリーとの矛盾やストーリーの中にあるギャップ、ないしはかすかな希望を聞き取ることである。つまり、支配的ストーリー〔ドミナント〕とは別の例がないかと語りに耳を澄ませることであり、そうやって傾聴することで、争いに巻き込まれている人がどんな人であるのかを理解しようとすることである。だから、誰かのストーリーに耳を傾ける時は、なすべきことをその人自身が見つけられるサポートをしたいと思いながら聴くべきである。つまり、断罪する裁判官や審査員であるかのようにしてストーリーに耳を傾けるのではなく、もっと知りたいと願う研究者として語りを傾聴すべきだということである。

ある生徒がメディエーションを受けに来てくれたということは、すでに、物事が変わってほしいという希望がその生徒から表現されているということでもある。このことはぜひ覚えておいてほしい。だからこそ、その生徒が望んでいることを探り、

いろいろと質問していくべきなのである。生徒たちが話すことには、常に裏の面もある。いつも自分は幸せじゃないと言っている生徒がいたとしても、その裏に、その生徒の希望が隠れているものである。だから、生徒が他の人との間で結びたいと願う関係性を、対立ストーリーがどのようにして歪め、壊してしまったのか、生徒たちに質問し、その語りに耳を澄ますことが必要なのである。ボックス 5.6 には、こうしたダブルリスニングを練習するのに使えるエクササイズを挙げておいた。

ボックス 5.6
アクティビティ：ダブルリスニングをしてみる

1. ペアの人に、先週どんなことがあったか、そのストーリーを思い返し、話してもらいましょう。
2. いま話されたストーリーの中で、本当は望んでいたが実際はそうならなかったことが何かありましたか？
3. 何か違ったことが起きてほしいなあという話し手の願いが、いま聞いたストーリーの中に実際に表現されていましたか？ 聞き手の人は、それを見つけてみてください。
4. いま聞いたストーリーの中から省かれてしまって、話されていなそうなことは何かありましたか？ 聞き手の人は、それを考えてみてください。
5. そのストーリーを聞いた時にはあまり重要だとは思えなかったバラバラの情報を取り上げながら、そこにどんなメッセージが流れていたか、考えてみてください。
6. 物事を良くしようという話し手の思いについて考えてみてください。

セッション 3：外在化する会話を利用する
このセッションで扱う鍵概念は、次の通りである。

- 問題の外在化
- 問題の影響のマッピング

　この場合の「問題の外在化」とは、対立を、当事者間の争いに関与する第三の存在であるかのようにして話すことである。こうして対立を擬人化することで、争いの只中にいる当事者たちから対立を切り離すわけである。また、「問題の影響のマッピング」とは、対立を外在化して名前を付けた後、その名前を繰り返し使いながら、対立がその生徒個人や周りにどんな影響をもたらしたのかを聞いていくことである。

この時、実際にマップやダイアグラムを描いてみることもある。

　ナラティヴによるメディエーションでは、**人が問題なのではない、問題が問題なのだ**と考える。対立状況では、お互いを嫌な奴だとかすぐ怒る人だとかと見てしまうことがよくあるので、ネガティブなラベル —— たとえば頑固、気難しい、狂っている、偽善的、嘘つき、暴力的などといったさまざまなラベルが、語りの最後に挟まれることになる。どういうラベルを使う場合であっても、たいていは、相手のことを「そういう人**である**」と言っているのである。「そういう人である」と言うことは、言い換えれば、その人の人格にそういう側面があると言うことである。そういう人格が相手の一部であるとすれば、それは生まれつき備わっているものであるはずである。だが、そうなると、相手が変わることなど土台無理な話となる。さらにそれと同時に、「そういう人である」と発言した人（や、そうした思いで相手の話を聞く人）は、対立の原因ではないということになる。対立の原因は、相手の人格にあるからである。このように原因が人格特性にあると考えると、対立の変化も容易には見込めないことになってしまう。とは言っても、人格に原因があるという推測が誤りだと証明することも容易ではない。このように、人が問題だと考えると、何も物事を変えられないという、不幸な副作用とも言うべき結論が簡単に下されてしまう。

　外在化する会話とは、問題について話す、これまでと違った新たな方法である。ここでは、問題について話す時、問題を人から切り離し、人の外部に置く。対立の原因は人と人との**間**にあるものとして言及され、個人の**中**にあると述べられたりはしない。そうやって問題について話せば、誰かの人格を変える必要も無くなる。なぜなら、怒りや痛み、苦しみといったものは、誰かのせいではなく対立のせいだからである。このように、対立を独自の生を持った第三の存在として見る上で、外在化という言語形式は役に立つ。

　外在化する会話で焦点を当てるのは、**対立の原因よりも対立の影響**の方である。外在化する会話は、対立がさまざまな影響をもたらすことを、はたして自分は望んでいるのだろうかと当事者たちに考えさせる。また、外在化する会話は、人を非難したり、恥辱を負わせたりすることを避けさせてくれるし、解決に役立つオルタナティヴ・ストーリーが出現する余地を与えてもくれる。なお、問題に外在化した名前を付ける場合には、**対立、言い争い、緊張状態、状況**など、その問題の雰囲気にフィットするシンプルな名前を付けるのがベストなことがほとんどである。対立している両者に、お互いが賛同できるような名前が何か思いつかないか、直接尋ねてみても良いだろう。

　もし両者が何かしらの名前に賛同したら、仲介者はその名前を一貫して使いながら、問題の影響をマッピングするステップへと移る。ここで検討すべき問題の影響

は、思考、感情、対人関係、学業、身体的な苦しさ（たとえば、頭痛、気分のすぐれなさ、不眠）、その他あらゆる生活領域にわたる。さらに、過去、現在、未来という時間の観点からも検討すると良いだろう。ボックス 5.7 には、こうした外在化の練習に役立つアクティビティを掲載している。なお第 10 章には「問題にインタビューする」ためのエクササイズを載せているが、これも外在化の練習に役立つだろう。

ボックス 5.7
アクティビティ：問題を外在化し、問題がもたらした影響をマッピングする

1. 最近起きた小さな対立について、ボックス 5.6 のアクティビティで話したのとは別のエピソードを、ペアの人に簡単に話してください。
2. ペアの人は、注意深く相手の話を聴く、ということを忘れないで。
3. ペアの人と一緒に、いま話した問題に付けられそうな名前を何か考えてみましょう。たとえば、争い、ケンカ、状況、などといった名前です。「それは…という話だね」と相手に言っている場面を思い浮かべながら考えてみると良いかもしれません。「あなたが直面したその出来事、どんなふうに呼べそうでしょうか？ 言い争い？ ケンカ？ 緊張状態？ あなただったらなんて呼びますか？」などと質問し合いながら考えていただいてもかまいません。
4. 名前が思いつかなくても大丈夫。そんな時は、「それ」と呼びましょう。
5. 対立がもたらした影響をマッピングしてみましょう。次のような質問をします。
   (a) 「それ」はどれくらいの大きさでしょうか？
   (b) 「それ」はどんなふうにあなたに影響していますか？
   (c) 「それ」はあなたにどんなことを感じさせ、どんなことを考えさせ、どんなことを言わせますか？
   (d) 「それ」はあなたにどんなことをさせようとしてきますか？
   (e) あなたの生活の中で、「それ」が影響をもたらしたことは他にありますか？ 影響を受けたのはどんなところで、どういう影響を受けましたか？
   (f) 「それ」が今後も止まらなかったら、どういったことが起こりそうですか？
   (g) あなたが起きてほしいと望むことはどのようなことですか？

セッション4：オルタナティヴ・ストーリーの入り口を見つける

このセッションで扱う鍵概念は、次の通りである。

- オルタナティヴ・ストーリー
- カウンター・ストーリー
- ユニークな結果

ユニークな結果とは、対立ストーリーとフィットしない出来事や発言のことである。ユニークな結果は、カウンター・ストーリーを展開する最初の切り口として使える。

そうした切り口を見つけることが、この段階の課題である。ある関係性について話すことのできるストーリーはいろいろとあり、対立ストーリーはそのうちの一つに過ぎない。対立ストーリーが語られる時は対立ストーリーにフィットする要素だけが選ばれており、ほかの出来事は除外されているものである。だからどんな時でも、ある関係性について話すことのできるストーリーは、対立ストーリー以外にも必ずある。対立ストーリーの影に目をやれば、協力、尊敬、友情といった瞬間が確かに以前あったのだと気づけるはずだ。この協力、尊敬、友情の瞬間が、ユニークな結果と呼ばれるものである。つまりユニークな結果について質問していけば、別のストーリーの特徴（プロット、キャラクター、テーマ、場面）が見えてくるというわけである。ボックス5.8には、ユニークな結果を見つけてカウンター・ストーリーやオルタナティヴ・ストーリーを発展させるのに役立つ質問をいくつか載せておいた。

ボックス 5.8
カウンター・ストーリーの切り口

1. この対立が自分や相手との関係に及ぼしている影響に好感が持てるかどうか、対立している当事者たちに尋ねてみる。なぜ好感が持てないのかについても尋ねる。その後、物事がどう運ぶと良いと思うかについても聞いてみる。
2. 対立ストーリーを形作る要素になるとは思えない出来事があるか、語り手の話を聞きながら、探してみる。この時はダブルリスニングを使うこと。なぜなら、そうした出来事の生じた瞬間をキャッチする必要があるからである。たとえば次のように言う。「ウィリアム、君は二人とも同じフットボールチームにいて、良いシーズンを過ごしたと言っていましたね。これは君たちがチームの一員として一緒に活動していたという意味ですか？ だとしたら、君はどうやってそうしたチーム活動を成し遂げていたのですか？」
3. 対立の陰に隠されている価値を明るみに出すために、語られたことと逆のことを探っていく。たとえば「あいつはほんと暴力的だよ。学校の中であんな

態度をとるべきじゃない」と生徒が言ったら、次のように聞いてみる。「どんな関係が学校ではベストだと思いますか？ これまでに、学校が平和だと感じた経験があったら、どんなものであったか教えてもらえますか？」

4. 対立が表面化しなかった時のことを、直接聞いてみる。次のように言うと良い。「君たちの仲は、ずっとそんな感じではなかったようにも聞こえます。これまでに君たちがお互いに話し合えたことってありましたか？」
5. 家族の中で尊敬していて、対立の解決も得意な人がいるか聞いてみる。そして、その人だったらいまのような問題をどう扱うか、このことについて何と言うと思うか質問する。
6. 問題の影響を受けていない人を話し合いに呼んできて、どうすればいいかアドバイスをもらってみる。誰もいない場合には、もしもの質問をしてもいい。「もしも君がこの対立の影響を受けていなかったら、どんな解決策がうまくいくと思いますか？」
7. 考えてはみたが、実行はしていないアイデアがあるか尋ねてみる。また、何かできることがあるとしたら、それをしてみようと思うか聞いてみる。

　カウンター・ストーリーを発展させていく方法はたくさんある。どの方法を選ぶかはそれまでの話し合いでどのようなことが話されてきたかによるが、先に述べたダブルリスニングが手がかりとなることも多い。対立ストーリーが時間をかけて育ったのと同じように、オルタナティヴ・ストーリーを「育てる」のもまた、時間と根気がいるだろう。また、対立ストーリーの中でネガティブな経験同士がつながっているように、カウンター・ストーリーの中でポジティブな瞬間同士のつながりを作り出すことも必要だろう。これもまた仲介者の仕事である。

　そこで仲介者は、次のように言うと良いかもしれない。「二人はこれ以上この対立を野放しにしたくないと思っているわけですね。この対立は勉強に影響してくるので。では、二人が協力するかうまくやれるかするために、どういったアイデアがありそうですか？」

　もしくは、こんなふうに言っても良いだろう。「つまり、二人はこの対立にうんざりしてるし、後で後悔するようなことをさせられるのも避けたいということですね。二人は昔から友だちだったということですが、では、二人でこの問題を解決するとすれば、どういったことができそうですか？」

　あるいは次のような言い方もできる。「私がわかったのは、二人が悪い評判を受けたくないと思っているということと、両親を巻き込みたくないと思っているということです。では、二人の友情を取り戻すには、どんなことを起こしていく必要があると思いますか？」

ボックス5.9には、この段階のメディエーション過程の練習になるアクティビティを掲載した。

ボックス5.9
アクティビティ：解決について交渉する

---

1. 今度は3人でロールプレイをしてみましょう。これまでに話したのとは別の対立ストーリーを取り上げてください。2人は対立し合う人となり、1人は仲介者役となります。仲介者役の人は、対立する2人と一緒に対立の影響を簡単にマッピングしてみましょう（実施は5分）。
2. 仲介者役の人は、1の対立について調べるのに最も良さそうな質問をボックス5.8から三つ選んでみましょう。
3. 仲介者役の人は、2で選んだ質問を1の対立ストーリーにフィットするような形に言い変えて対立役の2人に質問してみましょう。
4. 仲介者役の人は、対立役の2人から出てきた回答を要約してみましょう。
5. 仲介者役の人は、何かこれまでとは違うもので、かつ、両者が望ましいと感じられるような問題解決の選択肢が提案できそうか、対立役の人たちに聞いてみましょう。いくつか提案が出てきたら、仲介者役の人はそれらを箇条書きにリスト化してみましょう。
6. 仲介者役の人は、リスト化した項目について検討するために、その選択肢がうまくいきそうか、実行した結果どうなりそうか、対立役の人たちに一つずつ質問してみましょう。

セッション5：合意と文書化を進める

　次のセッションでは、対立し合っている両者に、対立した状態を変えていけるような、二人で賛同できる解決策があるか尋ねる。それぞれの生徒には、相手に何かを頼むという形で解決策を提案してもらっても良いし、相手に何かを提供するという形で解決策を提案してもらっても良い。

　それぞれの生徒が提案したことは、注意深く正確に書き留めておく。書き留めるのは、両者が賛同した案を長続きさせるためである。口頭で合意しただけでは、時が経つと薄れてしまうことがあるからである。また、両者の間で生じ始めた望ましい関係が今後どのような展開に「なりそうか」予測してもらい、それを記録しておくのも良いだろう。これは、両者の間の積極的な関わりを増やし、新たに生じた方向性を失わせないのに役立つ。なお、仲介者はメディエーションの最中にノートを取っておくのが大事である。こうすれば、両者が合意したことを詳しく正確に記し

ておくことができ、後でさかのぼって参照することができるからである。

　最後は合意文書を作成する。文書は外在化する言語を使って丁寧に作成し、簡単にどんな対立があったかが書かれており、合意事項も記されている必要がある。ボックス5.10には、メディエーションによる合意文書のサンプルが載せてある。この見出しなどは、ほかのメディエーションチームが使っている書式を援用して適宜変更しても構わない。

ボックス5.10
メディエーションによる合意文書

何が起きたか？
- サッカー場でジェイソンとジェラードのケンカが起きた。教師たちが殴り合っている二人を引き離した。多くの生徒がケンカを見ていて、続けるようはやし立てた。話し合いの中で、ケンカの理由は噂と裏切りにあったということが見えてきた。

誰が関係していたか？
- ジェイソンとジェラード。二人の友だちのジョージ、ミカエラ、ホセ、モーシィ。ケンカの時は全員がその場にいた。

どんな影響があったか？
このケンカが各関係者にもたらした影響は、どんなものだったか？
- ジェイソンとジェラードの大声での罵り合いは、サッカー場にいた大勢の人の注目を集めた。他の人がいたことでどんどんとケンカにはまってしまったことに、二人は怒りを感じたし、ムカついてもいた。

そのケンカは他の人にどんな影響を与えましたか？
- 複数の生徒が学校以外の人たちにメールでケンカのことを伝えた。生徒の中には動画を撮っていた者もいた。どちらかの側に立って、ケンカを煽った生徒もいた。

傷ついたことを修復するには、どんな行動を起こす必要があるか？
二人が合意したことは以下の通りである。
- ジェイソンとジェラードはケンカしたことをお互いに謝り、握手し、争うのをやめる。
- 二人とも、校長およびケンカを制止した先生たちに手紙を書いて、ケンカに

ついて謝るとともに、何かすべきことがあるか尋ねる。
- 全校集会で学校全体に向けてケンカのことを謝り、学校に与えた影響について、二人が後悔していることを伝える。
- ケンカが終わったことと、これに関してこれ以上騒ぎ立ててほしくないことを、自分のフェイスブックで伝える。
- 先に挙げた4名の友だちにメールをし、ケンカが終わったので、話し合いに来なくても大丈夫だと伝える。
- 二人の親に校長からケンカのことを連絡してもらい、ケンカがどのように解決されたのか伝えてもらう。

両者のサイン
合意の日付

　この合意文書を作るために必要なことは何だろうか。まず、争いがどういう意味を持っているのかわからないといけない。争いは物事を整理するチャンスではなく、誰かとの間の「揉め事」に火をつけ、それを拡大あるいは持続させる機会となってしまう。たいていの場合、争いでストーリーが終わることはない。むしろ争いは、終わりから幾分遠いところにある。争いは、ダチとか仕返しとかメンツとかに関連するストーリーラインを丹念に作っていくきっかけとなるからである。こうした争いのストーリーを終わりへと導く唯一の方法は、争いに巻き込まれた当事者と争いに影響を受けた人たちとの間に、新しい関係性を作っていくことである。だからメディエーションは、単なる合意形成や取引以上のものである。結局のところメディエーションとは、関係性を再びストーリー化していくことなのである。

まとめ

　この章では、仲間(ピア)によるナラティヴ・メディエーションの過程を、段階を追って記した。本章で示したメディエーション過程は、高校生用に考案されたものではあるが、成人に適用してもうまくいく方法である。本章は、生徒たち自身でもメディエーションを使えるよう意識して書かれている。そのため形式的になりすぎたというきらいはある。とはいえ、本章の内容をそのままコピーして実践する場合でも、クリエイティブな人であれば、適宜、変更を加えて展開していけるだろう。私たちと同じように、スクールカウンセラーの読者でメディエーションを生徒に教えたいと思う人がいたら、ぜひやってみてほしい。形はどうあれ、スクールカウンセラーの仕事のかなりの部分は対立への対応をめぐるものである。その意味で、おそらく本章はスクールカウンセラーがナラティヴによるメディエーションを実践するため

の方法を示せたのではないかと思う。それも、生徒たちが参加する前に！

振り返りのための問い

1. 本章で説明したメディエーションを小学生の仲介者用により簡単に作り変えるとすれば、どのようにすると良いだろうか？
2. ピア・メディエーションのチーム内の志気を維持するには、どうすれば良いだろうか？

研究のための問い

1. ピア・メディエーションのチーム活動を評価測定するためには、どうすれば良いだろうか？
2. ピア・メディエーションのチームが学校の雰囲気に対して与える影響を研究するには、どうすれば良いだろうか？
3. 学校でピア・メディエーションに関係するストーリーをアーカイブにしてまとめていこう。

第6章 修復会議を開く

> **この章で何を学ぶか**
> 規則違反に罰則を適用することの問題
> 修復的司法の考え方
> 修復会議の原則
> 参考ケース：修復会議
> まとめ

規則違反に罰則を適用することの問題

　生徒が重大な規則違反をした場合、よくあるのが「ゼロトレランス」方式に基づく対応だ。つまり、その生徒は違反が起こった文脈から切り離されて、無期限停学処分を下されることになる。こうした対応は管理職による強いリーダーシップの表れと見なされることが多いし、往々にして「少数」の危険因子を取り除くことで学校コミュニティにいる大多数の人たちを守ったのだと正当化される。しかし、この論理には無理がある。強い対応は校内暴力を減少させることに成功したわけではなく、結局のところ、暴力を地域に移すことに成功したに過ぎないからである。そのためいずれは、地域から学校の方に暴力が戻ってきてしまう。
　多くの場合、退学させられた生徒は、最終的には刑務所へと至る「キャリア」に送り出される。停学は、せいぜい良くても、そうした送り出しを一時停止させるだけであって、たいていはそういうキャリアへの歩みを一歩前進させることになる。それに被害者の方も、ほとんどの場合、何か損害賠償を受け取るというわけではない。せいぜい被害者がもらえるのは、刑事裁判のように目撃者として学校の権威者のところに呼び出され、彼らがリーダーシップという権力を行使するのを支援する役割ぐらいである。
　私たちが気がかりなのは、こうした状況には学びがほとんどないという点である。被害者も加害者も、何が加害行為につながったのか検討できない。加害者が逸脱

行為を行ったのは人間関係の中においてであることなど、誰も検討しようとしない。だから被害者に与えられたダメージが、少なくとも加害者の手によって元に戻されることはない。最終的にそこに生み出されるのは、コミュニティの分断である。なぜならコミュニティの大多数は、少数の危険因子を恐れることを、そしてその危険因子から自分たちを守ることを、教えられることになるからである。修復会議が発展してきた背景には、こうした状況を良くしたいという願いがある。

修復的司法の考え方

　「修復的司法」の旗のもとに世界中の多くの場所でムーブメントが巻き起こり、今なおその勢いは増している。なかでも対立解決の分野では、少年法、刑事司法、コミュニティポリシング〔訳註：地域に警察官が積極的に入り込み、警察と自治体・住民の連繋を進める活動。日本の交番もその一つ〕、ソーシャルワーク、学校教育といった領域で、多くの革新的な実践が出てきている。こうした実践の元となる考えを提唱したのは、ハワード・ゼアである（Zehr, 1990, 2002）。彼が提唱した修復的アプローチは、逸脱行為を関係性という視点から理解する点に特徴がある。ゼアはいわゆる「応報的司法」（ほとんどの司法システムの主要な枠組み）と「修復的司法」とを対比して論じている。**応報的司法**が目指しているのは、加害者の逸脱行為によって傷つけられた政府（本書の場合は管理職と読み替えても良いだろう）の権威を回復させることである。通常この場合に用いられるのは、罰則を科すというアプローチである。対照的に**修復的司法**では、加害者によるあらゆる逸脱行為は、まずは他者に対する逸脱行為として見られる。つまり加害行為は他者に損害を与え、人間関係に穴を開け、コミュニティを傷つけたと見なされる。こう考えると、逸脱行為に適切に対処するために必要なのは、関係性やコミュニティに加えられた傷を修復していくことになる。

　司法システムは、犯罪被害者に対して、加害者が罰せられるという小さな満足以上のものをほとんど何も提供できていない。多くの場合、被害者はほとんど何も得ることがないか、得たとしても失ったものへの賠償か、加害者に屈辱を味あわせたという感情的な納得か、加害者のターゲットになることをこれ以上恐れなくてもいいという安心くらいである。そればかりか被害者は、加害者が法廷で犯罪をしていないと主張し、自分の行為に少しも後悔を見せないという苦々しい場面を目の当たりにさせられることになる。学校においても、状況はそれほど変わらない。加害生徒が学校の権威者から罰を受けてクラスに戻ってくる時、同じクラスにいる被害生徒はその生徒からの報復に怯えながら、司法システムの被害者と同様の苦々しさを

感じることになる。

　これと対照的に、修復的な解決を目指す場合には、加害者がどんな傷を与えたのかという点が重視される。ここでは、被害者の声を聞くことに特別な価値が置かれ、加害者は加害行為による傷を修復するよう促される。ここで注意しなければならないのは、修復と更生を区別することである。この二つの違いは、被害者に責任を持つことを加害者に求めるのか、単に加害者自身が変わることを求めるのかというところにある。修復には、加害者の困難な生活状況に目を向け、その行為を正当化する言い訳も同情も含まれていない。実際、国連ハンドブックでは、修復的司法は次のように定義されている。

　　　修復的司法とは、被害者に加えられた傷を改善し、加害者に自分の行動の責任をとらせ、また多くの場合コミュニティとの関わりの中での対立解決に焦点を当てて犯罪を解決していくプロセスのことである。（Dandurand & Grifiths, 2006, p.6）

　本章で私たちが説明しようと思っているのは、学校という文脈の中で修復を目的とした会議（修復会議）を行う方法である。地域社会や学校における修復的実践の国際的動向、および効果が期待される研究のまとめなどについては、ウインズレイドとモンクの著作（Winslade & Monk, 2008）を参照していただきたい。なお、修復会議にはさまざまなアプローチがある上、それぞれのアプローチは小さいながらも重要な点で異なっている。本章で見ていくのはナラティヴの視点を取るアプローチである。これについての詳細は、ワイカト大学の修復的実践発達チーム（Restorative Practices Development Team, 2004）によって制作された実践型モノグラフを読んでもらえれば全体がつかめるだろう。本章でも、まずはこの実践が依拠する原則をいくつか示していこうと思う。

修復会議の原則

ケア・コミュニティを立ち上げる

　あらゆる問題には、その周囲に気にかけてくれる人たちや、関わりを持とうとしてくれる人たちのコミュニティがある。これが最初の原則である。修復会議のねらいは、そうしたケア・コミュニティを一堂に集め、あらゆる解決過程をこのコミュニティの中に織り込んでいくことである。これは排除でなく包摂するプロセスであり、加害者を隔離したりコミュニティから締め出したりすることはしない。これと

対照的なのが、停学や退学である。これらの対応は、加害者をコミュニティへの参加から遠ざけていく行為だからである。とはいえ一方で、修復的実践では極めて深刻な次のような疑問が生じてくる。加害生徒が、被害を受けた生徒と同じコミュニティにいるためには、何が必要なのだろうか？こうした問いが生じるのは、修復的実践において加害生徒は学校コミュニティに再び参加する機会を与えられることになるからである。ただしこの機会は、自分の犯した加害行為の影響を考えていこうという加害生徒自身の努力を基盤としたものとなる。

だから、修復的実践を採用する学校コミュニティを優しいとか加害行為の深刻さを見落としているとかなどと勘違いしてはいけない。むしろ逆である。修復的実践はコミュニティのメンバーとなる条件として生徒一人ひとりに責任を要求するのであって、その点ではいわゆる「ゼロトレランス」的な対応以上に厳しいものである。この意味で、修復的実践を採用する学校は、加害者をただ排除するだけで実質的には学校以外の制度に問題を横流ししてしまう学校よりも、加害者にきちんと責任を持たせるという点で社会的責任を果たしているとも言える。このように修復的アプローチは、加害者に道徳的に正しくなってもらうのではなく、きちんと責任を取ってもらう点に特徴がある。

加害者として修復会議の場に連れてこられた生徒は、恥ずかしい思いを経験するものである。加害生徒を学校コミュニティに戻す上では、この恥ずかしいという思いを修復的実践過程の中でうまく扱う必要がある（Braithwaite, 1989）。学校から生徒を締め出す時、その生徒を貶めることがよく見られるが、修復的実践では、おそらく完全には避けられないものの、できるだけそうした辱めは避けようとする。修復的実践で力を入れるのは、加害生徒の人格を攻撃することではなく、被害生徒の要求を満たすという条件の下で、加害生徒を学校コミュニティの完全なメンバーと見なしていくことだからである。

話し合いの中に響く声の数を増やしていく

従来の司法・学校体制においては、加害者個人を周囲から隔離し、司法ないし管理の目にさらすといった対応が一般的である。そこでは、犯人を告発し有罪にするという流れで事が進んでいく。ここで加害者に求められるのは、たとえ自分に向けられた義憤に心が動かされなかったとしても、心が苛まれていることを示し、従順に振る舞い、権威を認める振りをすることである。だから加害者の中には権威に対して良心の呵責を示すことだけがうまくなり、自分が誰か他の人のことを傷つけたと気づいても何とも思わないようになる人がいる。対照的に、修復的実践では、告発や有罪を宣告する権威的な声だけを取り上げたりはしない。そうではなく、より

多くの見方、つまりは多くの声を意図的に話し合いの中に加えていく。加害者は隔離される代わりに、加害者本人にとって重要で、かつ、責任を取ることを助けてもくれる人々のネットワークに入れられ、そこで多くの声に触れることになる。この活動は加害者がもたらした被害を検討するために行われるわけだが、活動上の責任はこのネットワーク内のメンバーで共有される。もちろん、同時に加害者にも相当の説明責任が課せられるし、その説明責任を果たすことはかなり厳密に求められる。ただし、加害者が説明責任を果たすのは、応報的・懲罰的な文脈の中ではなく、関係的な文脈の中においてである。

　修復会議に加わる声の数が多くなると、結果として、会議自体が非常にクリエイティブなものとなり、加害生徒が招いた被害への対応策についていくつものアイデアが出てくるようになる。管理職が熟考したところで決して出てこないようなアイデアが、そこに湧いてくる。どうやったら責任を果たせるかという課題に対しては、多忙な校長一人で考えるより、十人ぐらいの人たちで一緒になって考えた方が、ずっとたくさんのクリエイティブな策を生み出すことができるのだ。だから修復会議を行えば、被害生徒と加害生徒の両方のニーズや思いを重視したプランを作っていくことも可能となる。

関係を癒やしていく必要性を考える

　修復的実践の観点からは、主として加害行為は人間関係を断絶するものと見なされ、加害者の道徳性や精神的健康に何らかの欠陥があるために生じたものとは（だから、加害者に罰と治療が必要だとは）見なされない。こうした見方は、これまでの司法システムの考え方とは大きく違っている。修復的実践が目指すのは、ある人間関係の中で生きる人々にどういう被害がもたらされたのか整理した上で、事態の改善を図ることである。そのため、加害行為を検討する場合には、個人の中に着目する以上に対人関係に着目する。実際、加害行為をした側もその行為によって傷ついているということはよくある。ハワード・ゼア（Zehr, 2002）が言うように、加害行為について検討するのは被害を修復する責務を加害者に課するためなのであり、その加害者に何らかの間違いや欠陥が内在しているからではない。だから、加害生徒自身のためにもそれ以外の人たちのためにも、加害生徒に働きかけて、修復会議へ参加し、自身の行動が起こした事態に向き合い、責任ある行動をとってもらう必要がある。

　時には、被害のすべてを修復することが現実的に難しいこともある。そうした状況でも、もたらされた被害について「仮に」考えていくことは価値のあることである。往々にして被害者の方も現実と仮定の違いを理解した上で、それでもなお喜ん

でくれるものである。というのも多くの場合、謝罪を受け、似たような被害を今後誰も受けることはないと保証されることで、被害者は安堵するからである。ただし往々にして仮定の中で関係が癒やされていくプロセスは、計算や測定では評価できないような、かなりつかみどころのない形で進んでいくものである。

全体化する言語を避ける

　言葉を使用するということは、人々の生活や人間関係に影響を与える実践を行うということでもある。だから、排除でなく包摂する、敬意に満ちた言葉が使われれば、修復会議の結果もかなり変わってくる。とりわけ会議で避けるべきなのは、全体化する言語である。なぜなら全体化する言語は、その性質上、敬意を持たないものだからである。**全体化する言語**とは、人の性質をただ一つの記述だけで要約する言葉やフレーズのことである。全体化する言語はしばしば人の行動の一側面だけを強調し、それだけでその人を理解できるかのように人々に錯覚させ、それと矛盾する情報があたかも存在しないかのようにしてしまう。こうした全体化する言語としては、ある生徒が誰かを叩いた場合、叩いた生徒を生まれつき「暴力的」と表現するといった例を挙げることができる。ほかにも「問題行動的」「反抗挑戦的」「社会的リスク」「学習障害」、あるいは「機能不全家族」出身などと生徒のことをラベル付けすることも、そうした例である。こうした全体化する言語が問題であるのは、いつも暴力的であるとか、いつでも問題行動的であるとか、常に機能不全であるとかいう人は一人もいないからである。それに、一つの記述だけで個人の矛盾や例外を説明することなどできないからでもある。全体化する言語ではしばしば、「いつも」とか「絶対に」といった、一般化する言葉も使われる。だが、数少ない経験を持ち出してその生徒全体を表現してしまえば、それと対立するストーリー(カウンター)は見えなくなってしまう。特に全体化する言語が用いられる時、その背後に教師やカウンセラー、管理職といった権威がいる場合には注意が必要である。そうした権威に生徒が抵抗するのは難しいので、生徒に対する全体化の影響はそれだけ強力なものとなるからである。たとえ生徒が全体化を嫌だと感じたとしても、権威を持つ人たちが全体化すれば、生徒自身もその全体化を内に取り入れ、自分のことを否定的に理解するようになっていく。全体化する言語は、見方を変えさえすればそこに存在する可能性から、つまりは変化の可能性から人の目を閉ざしてしまうが、周りの人の目だけでなく、そのように思われている当人自身の目も閉ざしてしまうのである。

　ナラティヴ実践では、全体化する言語が生徒自身に内化されるのを阻止するため、外在化する言語を用いる。そこで修復会議においても（生徒でも教師でも親でも）誰かを問題ある人と呼ぶことはせず、行動や振る舞いそのものを問題として表現し

ていく。外在化する言語を使うのは、人々に深い敬意を表現し、誰かのせいにすることを避け、かつ、責任を取るという課題に移る余地も作り出すためである。

本書で繰り返しているマイケル・ホワイト（White, 1989）の格言は、この観点を端的に表現している。「人が問題なのではない。問題が問題なのだ」(p.6)。修復会議では、これをホワイトボードなどに書いて、会議を進める上でのモットーとして掲げておいても良い。この格言は、敬意を持って加害者を扱い、加害者を本来的に「悪い」とか「病気」だとか考える前提から、加害者の行動を切り離そうというメッセージを表している。つまり、加害者は自分の行動について検討し、責任を取ることのできるモラルある主体として想定されるわけである。

以下では、こうした原則に則って修復会議を行うプロセスの概要を示していく。そこで、あるストーリーを取り上げて、要点ごとに立ち止まりながら確認していこうと思う。なお、以下のストーリーは、スクールカウンセラーの視点から書かれている。

―― * * * ――

参考ケース：修復会議

ある暴力事件

教頭から来たメールには、ある女子グループ内で起きたケンカの解決を助けてほしいと書かれていた。一人の女子生徒が、注意をひくためにある女子生徒に声をかけ、別の女子生徒がその女子の背後から「飛びかかった」らしい。暴行はかなりひどかったようで、飛びかかられた女子生徒は何発も殴られ、髪を引っ張られ、たくさんの悪口や罵りを浴びせられたという。調べを進めていく中で、一人の女子生徒のかばんからは鉄パイプも見つかった。ケンカの場には何人かの生徒が居合わせていたが、その多くがケンカを携帯に録画していた。3人の女子生徒は全員が教頭の前で報告書を書き、きつい懲戒処分を受けた。

校長は女子生徒たちに今回の行為に対する十分な責任を取らせた上で、そうした行為は受け入れられるものではないというメッセージを学校コミュニティ全体に強く発信したいと考えていた。こうした事態では、通常は暴行に関与した生徒全員を退学させることになるのだが、教頭はそれには大きな問題があると感じていた。生徒を退学させても持続的な効果は何ももたらされないし、実のところ、それぞれの家庭から学校に報復される危険性もある。それに、地域のコミュニティに次々波及し、さらなる問題へと派生していくかもしれない。そこで教頭はとにかく教育委員会が女子生徒たちの在学登録を抹消するか否か決められるよう、この問題について修復会議を行っ

てほしいとカウンセラーに依頼したわけである。生徒たちは修復会議が開催されるまで、自宅待機するよう言われ、その親たちには会議が必要となったということ、そして、親もこの会議に参加してほしいということが伝えられた。

―― *** ――

修復会議をどう使うか

　学校で修復会議を行う方法はいろいろあるが、おそらく会議の開催が妥当だと判断されるのは、かなり深刻な場合に限られるだろう。会議開催の有無にかかわらず、停学とするかについて、少なくとも検討を行う必要があるかもしれない。とはいえ、修復会議の用い方については学校ごとにさまざまである。停学の代わりに修復会議を行う学校もある。また、生徒が学校に復学できる要件が整うまで、あるいは、そもそも復学していいか決定されるまでとりあえず停学とし、その後で修復会議を開催する学校もある。特定の文脈でどのような対応がベストであるかを決めるのは、各学校や管理職次第である。
　ただし、修復会議がうまく機能するためには、校長の関与が不可欠である。また、本事例の場合はスクールカウンセラーとなっているが、修復会議を進める者が誰であれ、会議の担当者と校長との間の協働的な関係も必須である。とはいえ、校長の関わりや協働関係がないまま、自分の判断で修復会議を始めるほどカウンセラーも愚かではないだろう。なお、互いに干渉し合う危険性があるので、罰則と修復会議とを並行して実施すべきではない。

―― *** ――

会議の参加者を募る

　私は（これはスクールカウンセラーの視点から書かれたストーリーである）、いったん会議を始めることが決まったら、ファシリテーター用チェックリストに沿って、各段階をシステマチックに進めていくことにしている。はじめに私は、会議に参加する可能性のある人たちについて、次のようなリストを作った。

- 暴行を受けた女子生徒
- 彼女を暴行した女子生徒
- 友人・知人を含む、この件に関わりのある生徒全員の保護者や家族

- 出来事を目撃した人たち
- 暴行を受けた女子生徒を治療した看護師
- 女子生徒たちと連絡をとっていたソーシャルワーカー
- 教育委員会の委員長（ニュージーランドでは各学校に教育委員会がある）
- 校長

　リスト作成後、私は会議の準備を始めることにした。管理職に話をしに行って、会議の目的を説明した上で、どんな結果を期待しているか聞いた。管理職たちは、学校を安全な場所にしたい、そして保護者や生徒が学校は安全な環境を提供するためにできる限りのことをやってくれていると感じられるようにしたい、と強く願っていた。もし、会議の結果そういったことにならないのであれば、加害者の生徒たちが学校から退学となるのは間違いなさそうであった。

　次に私は女子生徒たちと面接をして、修復会議がどういう目的で行われるか、そこで彼女たち自身や保護者たちにどういうことが求められているのかを説明した。私は彼女たちに、自分で書いた報告書（教頭の前で彼女たちが書いたもの）を音読してもらうよう頼み、それについていろいろと質問した。それから、その報告書には書かれていないことについても尋ね、それについても書き留めた。また、もし彼女たちが会議の場から出て行ったり、会議への出席を拒んだりしたら、この問題を解決する機会が失われることになるので、学校は校則に基づいた手続きをとらなければならなくなるということも丁寧に説明した。

　その他、会議の間に感情が高ぶってしまったら、それに対処する手助けもできるということも説明しておいた。そうした事態が実際に起きたなら、会議に参加した誰にとっても重要なものになるはずだ。学校で起きたことによって、人がいかに影響されるのかを知ることができるからだ。

　私は会議の中で彼女たちが聞かれるであろう質問のリストも渡した。そして、3日後の午後6時に学校の図書館に集まるよう伝えた。

　次に私は、ケンカを制止した教師たちと面接した。この面接で私が行った質問は、基本的に次のようなものであった。

- どのような流れでそのケンカに関わったのですか？
- どんなことが起きたのですか？
- その後、どんなことが起きましたか？
- その問題状況によって、あなたはどんな影響を受けましたか？
- あなたをいま最も悩ませている問題は何ですか？
- 会議の結果、どんなことが起きてほしいですか？

この面接の後、私は女子生徒たちの親と連絡をとった。そして、会議の目的と進め方、それから、この会議にどういった利点があるかについて説明した。また、会議がうまくいかなかった場合に考えられる他の案についても話した。また、会議の中で初めて知って驚くというようなことは避けたかったので、先に教師たちにしたのと同じ質問を彼らにもした。さらに私は彼らに、会議の中では「誠実に話す」よう伝え、誰かを貶めたりラベル付けしたいと思っても、そうしないようにしてほしいと頼んだ。その他、修復会議の要点が書かれた説明用紙も渡した。こうしたことに加え、暴行を受けた少女の親には、会議が終わるまで警察への被害届を待ってもらうよう頼む必要もあった。ただし、暴行の相談を受けた警察官を会議に参加するよう誘うことも可能性としては考えられた。私は、会議が罰則よりも良い結果を出す可能性が高いということも親たちに説明した。また、会議のために少なくとも2時間は見てほしいことも伝えた。最後に、どんな文化の儀式にも抵抗がないか聞いた。

　親の中には、ベビーシッターを見つけるのが難しかったり、交通手段が限られていたり、仕事の休みを調整しなければならなかったりする人もいた。教師の方も急なことだったので、来られないという人もいた。しかし、最終的に会議は開催されることになった。

―― *** ――

準備の重要性

　準備作業は、修復会議を成功させる上で決定的に重要である。準備では専門的・事務的作業に数時間はかかる。この作業は一見かなりな負担にも感じるが、能率よく進めていく方法はたくさんある。たとえば、事務の人に家族との連絡やチェックリストへの記入、事前面接を頼むことも可能である。学校によっては、職員の一人に責任者となってもらい、会議準備専用の時間を割り当てているところもある。一度そうした体制作りをしておけば、会議前の準備はスムーズかつ効果的に行うことができるだろう。ただし、こうした準備作業の中には、事務作業を超えた管理職・心理職の専門スキルが求められるものもあるので注意してほしい。

　会議を最大限成功させるためには、地元コミュニティからの支援もないといけない。地域に会議への参加を依頼する場合には、その要請が上から目線の権威的なものと受け取られないよう注意するのはもちろんのこと、同時に、事態の深刻さも伝わるようにしないといけない。そのため地域との関係づくりにも、細心の注意が求められると言える。こうした準備作業に対して、いくらか戸惑いを示した学校も

いままでにはあった。しかしそうした学校も、何回か修復会議を行っているうちに、この方法で問題に向かうことへの熱意が芽生え始め、より頻繁により多くの会議を持つようになっている。

―― *** ――

会議を準備する

　私はこの修復会議について長い間熟考した。女子生徒の家族同士には長い間トラブルがあり、だから警察が介入したのだということも見えてきた。また、何人かの教師が会議への参加を嫌がっていることもわかってきた。ケンカを制止した教師は会議の効果には懐疑的で、暴行した生徒を即刻退学させるべきだと感じているようであった。

　私は修復会議後に出すコーヒー、お茶、ビスケットの用意もした。これは、会議に参加した人たちが会議の後に温かい飲み物とともにおしゃべりできる時間を作るためだ。その間に私は合意文書をまとめ、それを参加者全員用にコピーするつもりでいたからである。

　会議当日には、座席表も作った。最初に暴行を行った女子生徒とその両親、その他その女子生徒側の人たちには円卓の一部にまとまって座ってもらい、他の家族は彼女たちと対峙する形で反対側に座ってもらうことにした。教頭は円卓の上方に座ってもらい、教師とソーシャルワーカーは家族と家族の間に座ってもらうことにした。

　参加者からどんな脅しも受けないよう、参加者の話す順番や、私自身が話すことなどについても注意して考えた。参加者が集まる前には、敬意ある話し方をするための方法についても見返した。そしてホワイトボードには「人が問題なのではない。問題が問題なのだ」と大きな字で書いておいた。

　会議が近づいてきたので、私は最後にもう一度チェックリスト（ボックス 6.1 参照）を見直した。そして、参加者が全員来るまでは、暴行した少女たちの家族と、暴行を受けた少女の家族とは、図書館の別々の場所で待ってもらうことにした。私は教頭と校長にそれぞれ別のグループを出迎えてもらうよう頼んだ。全員が集まったら、私は参加者たちにあらかじめ決めておいた席に座ってもらった。

ボックス 6.1
会議進行表

1. ホワイトボードに「人が問題なのではない。問題が問題なのだ」と書く。
2. 何かを始める際の文化儀式があるようなら、必要に応じ、その儀式を始めの合図とする。

3. 基本的なルールを参加者に伝える。
4. 参加者それぞれに自己紹介をしてもらい、この会議でどういうことが起こってほしいかについて一つだけ言ってもらう。
5. 学校職員より、今回どういった被害が生じ、なぜこの会議が必要とされたかについて説明してもらう。
6. 問題を名付ける。それぞれの参加者に、それぞれの立場からこの問題をどう呼ぼうと思うか言ってもらう。
7. ホワイトボード上に、参加者それぞれが出してくれた問題の名前を円状に書き並べる。
8. 「その問題はあなたにどんな影響をもたらしましたか」と、各参加者に聞いていく。
9. ホワイトボードの別のところに、問題による影響を円状に書き並べていく。
10. そうした問題が起きていない時間、場所、関係といった例外について尋ねていく。
11. 問題ストーリーと合致しないそうした例外を見た時、加害生徒たちについて何か新しい見方ができないか、参加者に尋ねる。
12. ホワイトボードの二つの円に書かれている二つのストーリーのどちらかが将来知られることになるとしたら、どちらの方を周りの人に知ってほしいと思うか、暴行を行った女子生徒たちに尋ねる。
13. 修復する必要のある物事について被害者に尋ね、問題による傷に焦点を当てる。
14. 事態を修復するアイデアのリスト作りに協力してもらえないかと、参加者全員に尋ねる。
15. アイデアとして提案されたプランが、被害者(たち)の関心に適うかチェックする。
16. そのプランを実行する上で、各要素ごとに参加者に責任を割り当てる。
17. 感謝の言葉とちょっとした挨拶で会を閉じる。

出典：Restorative Practices Development Team (2004). *Restorative practices in schools*. University of Waikato.

会議本番

　私は集まった人々に歓迎の挨拶をしてから、会議に参加してくれたことについて感謝を述べた。そして会議の目的を説明した後で、開催のカラキア(マオリ文化における祈りのようなもの)を言うため、それぞれの家族の代表一人に前に出てきてもらった。
　会議の目的についていま一度確認するために、私は参加者全員に向けて、この会議

では学校で起きたある事件に焦点を当てること、そして一人ひとりがその事件からどのような影響を受けたのかを理解したいということとを話した。それから、事態の収束や埋め合わせに必要なことについても話し合うつもりでいると述べた。また、この会議は裁判ではないことと、会議にあたっていくつか重要な基本ルールがあること(傾聴すること、他者を脅迫しないこと、人の話に割り込まないこと、非難しないこと、プライバシーを尊重すること)についても、もう一度思い出してもらうために説明した。

次に、教頭から会議のきっかけとなった暴力について話してもらった上で、学校側はそうした問題に非常に厳しく対応すると説明してもらった。その後、私は暴行をした女子生徒の方を向き、いま教頭が述べた暴力の話が正確なものかどうか尋ね、何が起こったのかを会議の参加者全体に向け、彼女自身の口からも説明してくれるよう頼んだ。少し働きかけもしたが、彼女は暴行に至るまでの経緯と、どのように暴行に関わったのかについて自分で説明してくれた。その子には、暴行している間どんなことを考えていたのかも説明してもらった。その後、暴行の際に別の役割をしていた女子生徒にも同じ質問を行った。

それから私は暴行を受けた女子生徒の方を向き、起きた出来事について彼女自身はどう捉えているか、そのストーリーを尋ねた。彼女が話し終えてから、私はその問題を数語でまとめるとどう要約できるか、彼女に聞いた。次に、私は部屋を周りながら、出席した他の人たちにも同様の — つまり、数語で問題を名付けてもらう — 質問をしていった。それぞれが付けた名前を、ホワイトボードの円に記入していった。私はこの時、参加者が人のことを問題とせず、外在化する言語を使って問題それ自体を名付けてもらえるよう注意を払った。そうして付けられた名前には、**計画的犯行、携帯での録画、ケンカ、前から続いてきたいざこざ、学校の敷地で起きた受け入れ難い暴力、残酷な行動、うわさ話と陰口、犯罪に値する暴行、計画的暴力**など、問題となる出来事についてさまざまな視点が表れていた。それぞれの見方が、ホワイトボードの円の中に書かれた。この暴行を主に行った女子生徒にも問題に名前を付けるよう頼んだが、彼女は恥ずかしそうにして何も言わなかった。その後、私はいろいろな名前を挙げてくれたことについて全員に感謝してから、こう言った。「実際、この円の中に書かれていることはどれも問題です。というのも、問題というのは、全員の視点から問題がどう見えているか、その見え方で成り立つものだからです。」

問題の影響をマッピングする

次に私が着手したのは、参加者それぞれにこの問題がどんな影響を与えたのかを調べることであった。この作業は、暴行を受けた被害生徒から始めることにした。彼女は自分が受けた身体的な傷と恥ずかしい気持ちについて話してくれた。彼女の母親は彼女が2日間学校を休み、また何か起こるのではないかと思って学校に戻るのを怖

がっていたと付け加えてくれた。次に私は彼女の両親に、彼ら自身に問題がどう影響したのか話してくれるようお願いした。彼らは二人とも怒っていて、以前は仲の良かった友だち同士の間でこうしたことが起きたことを悲しんでもいた。また、彼女の父親は、こうしたことが学校の敷地内で起きたことについても憤慨していた。

　それぞれが話している間、私は問題の名前を書いた円に向けてさらに線を引き、その線の先に2、3語で、問題の影響が各参加者にとってどういったものであったか書き記していった。書き記されたものは、たとえば、**2日間の欠席、恐怖、心配、怒り、あざとかすり傷**などであった。

　次のステップは、暴行した女子生徒側の人たちに焦点を当てることであった。私は今回の出来事に彼らが耳を傾けるのはかなり難しいに違いないと思っていたが、それでも、問題の影響について、個人的にどういう影響があったかという同じ質問を彼らにもしてみた。ある母親は自分の娘に怒っており、この話を知った時は、家で娘に罰を与えたと話した。他に、前から続いていたいざこざが今回の出来事につながったのだと、被害者に対して怒りを向けた人もいた。

　円に名前の書いてある他の参加者たちにも、同じ質問をした。教師たちやソーシャルワーカー、それから校長は、暴行が彼ら自身に与えた影響について、それぞれ簡単に話してくれた。ある人は悲しかった、ある人はショックだったと話し、ある人は他の生徒への影響を心配していた。ある参加者は、家に帰ってから自分が正しいことをしたのか気になったと述べた。というのも、後になって、この出来事を目撃した生徒たちが衝撃を受けていたことがわかったからであった。校長は、すべての生徒にとって学校が安心な場であることがいかに重要であるかについて話してくれた。また、暴行の噂が地域に広がることで学校の評判が強く損なわれ、どれほど悲しかったかについても誠実に話してくれた。良い学校だという評判があれば、それに惹かれて良いスタッフが集まり、そのおかげで教育と学びもよりよくできるのだと校長は説明した。

　各人が話してくれている間、私は一人ひとりの言葉を問題の影響としてホワイトボードに書き加えていった。そして最後に、私は暴行をした女子生徒二人に対し、この問題が自分自身にどういう影響をもたらしたか質問した。きちんと説明できるためには少し助けが必要であったが、一人は後悔していると話し、もう一人は混乱していると話した。二人とも家庭にトラブルを抱えており、また二人とも、学校から追い出されることを恐れていた。

　それから私は参加者全体に尋ねた。「ここに書かれた問題の影響をすべてご覧になった上で、どう思われるでしょうか。」

　これに対してはいろいろな反応があった。しかしほとんどは、これほど多くの人たちが影響を受けていたと知ってショックだというものであった。

カウンター・ストーリーを開く

この段階になって、私は次のように述べた。「それでは、私たちがホワイトボードで把握したこうした事柄は、私たちがこれから正していくべき問題のストーリーということになります。ただし、問題のストーリーというものは、人について本当に知るべきことを教えてくれたりはしません。そこでまずは、この二人の生徒（暴行をした少女たち）について、こうした問題のストーリーとは違う面を教えていただきたいのですが、どなたか言っていただけないでしょうか？」

少し静かになってから、教師のうちの一人が、女子生徒の一人はいじめを受けていた別の生徒のことをかばおうとしたことがあると話してくれた。私はホワイトボードにもう一つ円を描き、今度は円から外に向けて線を引くようにして、その先に「**いじめられていた生徒を助けた**」と書いた。

「いま挙げてくださった例は、彼女についてどういうことを物語っているでしょうか？」と私は尋ねた。

「えー、それは、彼女が他の人を守ることもあるということを表していると思います」と、被害生徒の父親が言った。そこで私は、円の中央に「他の人を守る」と書いた。

家で責任感ある行動を見せること、良い生徒であること、部活では献身的なメンバーであることなど、二人の女子生徒について、徐々にそれまでのものとは違った例が出てきた。暴行を受けた女子生徒も、自分を含めた3人は2年前に一緒のクラスで、当時は仲が良かったと話してくれた。

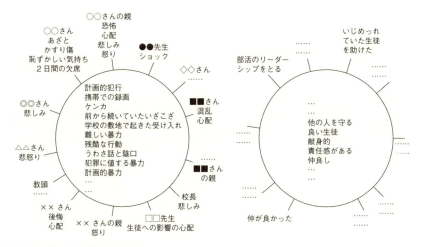

ホワイトボードに描く円の例

※この図は、著者の一人ウィンズレイド教授の説明に基づき、訳者が本書の事例に即して作成したものである。本図は原著には無いが、読者の理解を促進するためウィンズレイド教授の許可を得て掲載している。

円が完成したので、私は後ろに下がって、暴行をした二人の女子生徒に直接話しかけた。
　「これが問題ストーリー」私は言った。「それでこれが別のストーリーだね。将来周りの人には、このどちらのストーリーを君たちのことだと思ってほしいかな。」
　二人はためらうことなく、ポジティブなストーリーの方を指差した。
　「それじゃ、君たちが本気だってことを示すために」私は続けた。「問題ストーリーがもたらしたいろいろな傷をなおしていこうか。」

傷の修復に取り組む

　ここから、問題による傷を修復するための質問に正面から取り組むことになる。
　私は暴行した二人の女子生徒に、「会議に参加している人全員が、いかに問題から影響を受けたか、いま聞いてきたわけだけど、相手の女の子や家族、あるいはその他の人に対して何か言いたいことはある？」と尋ねた。二人はそれぞれ順番に、相手の子と家族、それから学校の先生たちに、自分がしてしまったことを謝った。
　それから私は暴行を受けた女子生徒の家族の方を向き、問題から受けた傷が十分明らかになったと思うか尋ねた。
　その子の父親は次のように答えた。「ええ。彼女たちは自分たちがしたことを全部さらけ出したと思います。この会議の場では、それで良かったと思います。ただ明日や来週はどうなるかはわかりません。言葉は良くても、行動が変わるということが確信できないと。」
　私は彼にその問題を取り上げてくれたことにお礼を言い、謝罪は行動で示された場合に限り良いものであるという点に同意した。そして、暴行を加えた二人の女子生徒とその他の参加者たちに、傷ついたことを修復するために、また二度とこうしたことが起こらないようにするために、どういったことが必要だと思うか尋ねた。ここで私は、こうした問題が再び起こらないと私を含めた参加者全員が思えた行動だけをホワイトボードに書いていきます、と伝えた。
　暴行を加えた女子生徒の母親の一人は、ケンカの機会そのものを無くすため、自分が毎日学校の終わりに女子生徒たちを迎えに行って、二人の下校を待つと申し出た。
　この話し合いでは、ケンカが続くのを期待している生徒たちがいるという懸念も話された。それについて一人の教師が、ある会議を開くことを提案した。その会議に女子生徒の友だち4人ずつに来てもらって、その子たちの前で、二人の女子生徒から被害者の女子生徒に謝ってもらう場を設けようというわけである。そこで、その会議を翌週開くことが決められた。女子生徒たちも、修復会議のことを聞いてくる人たちに対しては、会議が終わったこと、そして問題解決にあたっては自分たちの家族も加わったことを話すと述べた。

ある母親は、暴行によって影響を受けた人たちに向けて女子生徒たちから手紙を書くこと、そして学校がそのコピーを今後の会議のためにファイリングして保存しておくことを提案した。少女たちはそれに同意し、カウンセラーも手紙を書く際に手助けすると申し出た。

　何人いたか不明であるが、ケンカを携帯で録画した生徒がいたという問題が被害生徒の母親から提起された。母親は、その録画で今回の暴行が拡散され、結果的にこの対立が続いていくのに使われてしまうのではないかということを案じていた。しかし会議で確かめられたのは、インターネットや他の生徒の携帯にこの動画が濫用されていくのを止められる人はほとんどいないということであった。

　これについて校長から、今回の暴行について学校全体に話す際、携帯の不適切な使用についても述べようと思うということが話された。校長は両親に対して、携帯を教室で使用することは禁止されているし、持ってきてもその日の終わりまで没収されることになっていると説明した。また校長は、保護者向けのニュースレターにこの問題を取り上げることも賛同してくれた。さらに、校長は学校集会を開き、いかなる種類の武器も学校に持ってきてはいけないこと、そして自分が脅かされているように感じる生徒は、相手に直接制裁を加えるのではなく、助けてもらえそうな人に相談すべきだということをきちんと伝えようと思うとも述べた。

　私はカウンセラーとして、1ヶ月間、毎週金曜日の昼休みに三人の女子生徒たち全員と会って、彼女たちの間の不和について一緒に話し合うと提案した。

　教頭は、女子生徒たちの担任にクラスでの彼女たちの様子について毎週レポートを出すよう頼んでみようと思うと述べた。

　被害者の母親は、自分の娘にまた何か問題が起きていないか来月は毎日確認し、問題が起きたらすぐに学校に電話するという案に賛成した。

　それから私は校長に、暴行に関わった女子生徒の在学取り消しを検討する上でこの会議が役に立ったか聞いてみた。校長はしばらく考えてから、暴行を受けた女子生徒の親の方を向いて、この会議の結果に満足しているか尋ねた。

　暴行を受けた女子生徒の両親は、暴行した女子生徒たちを退学させても、彼女たちの将来がそれで傷つけられるだけで良いことは何も生まれないと感じていた。そして彼らは自分の娘に、正直なところ学校に安心感を持って勉強に戻れそうかと尋ねた。彼女は「いましようと言っていたことを皆がしてくれるのであれば、そうできると思う」と話した。校長は、もし両親も彼女もそれで良いということであれば、今回提案された行動プランが続く限り、退学に関する問題は取り下げにしておくと述べた。

　提案された行動プランについては、すべてが事態改善のためのプランとしてリスト化され、文書として書き出された。会議が閉会へと動き出したので、私はどういったことが合意されたかを全体に向けて要約した上で、何か言い残したことがないか確認

した。

　会議が公式に閉会する前にあと一つ決めておかなければならなかったのは、今回の合意形成の確認を誰が取るのかということであった。これについては、教頭が保護者たちと話し合って行うことになった。この決定も、行動プランに加えられた（ボックス 6.2 参照）。

> **ボックス 6.2**
> 会議の結果
>
> 1. 女子生徒たちはケンカについて聞いてくる人たちに、ケンカが終わったこと、そしてそれを家族と解決したことを伝える。
> 2. 女子生徒の親の一人は、毎日下校時に（暴行をした）二人の女子生徒を学校まで迎えに行く。
> 3. 教師の一人は、謝罪に関する会議を開く。
> 4. 女子生徒たちはカウンセラーの助けを借りながら謝罪の手紙を書き、それを彼女たちの行為によって影響を受けた人たちに渡す。コピーは彼女たちの個人ファイルに保存する。
> 5. 校長は学校集会を行い、携帯の不適切使用是正についての取り組みを学校全体に向けて発信する。
> 6. 校長は保護者へのニュースレターでも、その問題について取り上げる。
> 7. カウンセラーはメディエーションを目的として、4週間の間、毎週金曜日の昼休みに3人の女子生徒と会う。
> 8. 教頭は学級担任からの週ごとの報告に基づき、女子生徒たちの行動を監督する。
> 9. 被害生徒の母親は、問題が再び起きていないか、来月は毎日確認を行い、問題が起きていたらすぐ学校に電話する。
> 10. 教頭は行動プランをチェックする。また、進展をアドバイスするために2週間後に保護者と連絡を取り、さらにその2週間後にも保護者と再度連絡を取る。

「合意したことがなされなかったらどうするのですか？」一人の親が尋ねた。

　私が校長の方を向くと、校長ははっきり次のように述べた。「もしなされなかった場合、理事会が開かれるまで彼女たちは停学となります。」

「皆さん、ご理解いただけましたか？」私は尋ねた。

　会議の出席者は皆、頷いた。私は会議に協力してくれたことについて全員にお礼を

述べ、参加してくれて嬉しかったと伝えた。

　それから私は、この修復会議について何でも思ったことを言ってほしいと出席者に投げかけた。

　一人の親が最初にこう話してくれた。「娘は家に恥をかかせた。こんな子になるよう育てた覚えはない。うちの娘が殴ってしまった女の子には申し訳なく思っている。校長にもこの問題のことを謝りたい。うちの子たちには勉強の仕方を教えてやろうと思う。すでにケンカのやり方は知っているみたいだが。」

　「もっと注意してうちの子を見ていくつもりだ。これ以上問題は起きてほしくないが、話し合うことができたのは良かったと思う。話し合いを設定してくれたトラブルに、お礼すら言っても良いかもしれない。私は本当のところ来たくはなかったのだが、いまは参加できて良かったと思っている。これからうちの子がこの学校で学べるようになるかは、私たち次第ということになるんだと思う。うちの子がここで決めたことを実行するか、ちゃんと確かめようと思う。この学校は良い学校だと思っているから。」

　「うちの地域にはたくさんの暴力がある。ただ、それが学校に入ってきていないだけだ。だから、学校が子どもたちを気にかけてくれていると知れて良かった。それに、うちの子がリーダー的な存在となったことがあったなんて知らなかった。それを知ることができたのも良かった。」

　その後、ソーシャルワーカーから会議が開催できたことについて参加者にお礼が述べられたり、教師の一人から、学校を暴力の場ではないと子どもたちにわからせることについて、学校としては親を頼りにしていきたいという思いが述べられたりした。

　女子生徒の一人は次のように言った。「ここに来るのが怖かった。来ないといけないから来たの。こういう揉め事に巻き込まれるのは好きじゃないし。最初は別に大したことないと思っていたしね。でも結局、親を落ち込ませることになっちゃった。ごめんなさい。」

　もう一人の女子生徒はこう言った。「他の人の言うことなんて聞きたくないと思っていたから、ここに来ても絶対聞くもんかと思っていた。そんなに大変なことじゃない、ただ殴っただけだって思ってたし。（でも）いまはこんなに多くの人が影響を受けているんだってわかった。いまはただ、学校でうまくやっていきたいと思ってる。」

　最後は、各家族の代表者に出てきてもらい、はじめと同じカラキアをして閉会となった。

―― *** ――

まとめ

　本章では、事例に沿いながら修復会議のプロセスを紹介した。長期のプロセスに見えるかもしれないが、修復会議の効果は強力だ。修復会議は生徒を退学させて問題をどこか他のところに移してしまうよりも持続的な効果を生み出す。本事例の場合でも、修復会議がなければ、家族同士が互いに話し合うことはまず起こりそうになかった。あったとしても、それはお互いへの敵対心を持続させるだけのものになっただろう。そうなれば、女子生徒たちを家庭で教育していくこともかなり難しくなったはずである。この争いに関係したさまざまな立場の人たちがそれぞれ自分たちのメンツを保つような見方でこの対立を再燃させ続けることになっただろうし、そうなれば、結果的に女子生徒たち全員が困ることになっただろう。だが今回の事例では、この出来事の後も女子生徒全員がこの学校に所属し続けた。彼女たちは親しい仲となることはなかったが、皆、学校の授業に積極的に関わっていった。

　修復会議は、刑事司法制度における修復的司法の論理に則ったものである。これは関係的な視点に基づくものであり、ここで言う「被害」も他者に対する損害であって、規則という権威に対する損害ではない。この原則を認識しておけば、変化をあまり生み出さない罰則に頼ることなく、被害によって生じた傷に焦点を当て、それを修復する実践を行えるだろう。

振り返りのための問い

1. あなたはいままでに誰かから危害を加えられた経験があるだろうか？ その際、傷つけられたことの回復や修復につながったのは、どういったことだっただろうか？
2. 学校で目撃した加害行為のうち、応報的に対処された事例を思い出してみてほしい。そこで修復会議が行われていたとしたら、どうなったであろうか？
3. 学校で何か対立が起きていると想像してみよう。そうした対立によって生じた被害を知って影響を受けるのは、どういった人たちだろうか？
4. 3で想像した対立について修復会議を準備するとする。チェックリストを使って準備するとして、会議を成功させるためにはどんなステップが考えられるだろうか？
5. 年齢、文化、学校の状況が本事例と違う場合、修復会議の原則を適用するためにどういった点を変更すると良いだろうか？

研究のための問い

1. 何らかの被害をもたらした問題に取り組む上で、応報的手段を使う場合と修復会議を使う場合とで、学校コミュニティの財政的コストおよび感情的コストを比較すると、どうなるだろうか？
2. 修復会議を行った後と一般的な罰則を適用した後とで、再犯率を比較するとどうなるだろうか？
3. 修復会議による効果は、以下それぞれにおいてどうだろうか？
    (a) 生徒の学業に対しては？
    (b) 学級内の関係性に対しては？
    (c) 暴行した生徒のその後の行動に対しては？
    (d) 校内の雰囲気に対しては？
4. ある修復会議について詳細な事例研究を行ってみよう。何が起きていただろうか？参加者全員にとって、その会議はどんなものとなっただろうか？
5. 修復会議を学校に導入すると、教師やカウンセラー、管理職が生徒について話したり、考えたり、書いたりすることに何か影響が出るだろうか？

第7章 修復的実践

> この章で何を学ぶか
>
> 問題改善の原則
> 参考ケース:「押した」
> 修復過程
> 修復的対話のガイドライン
> まとめ

問題改善の原則

　前章で述べた修復会議は、深刻な規則違反が起きた場合に用いることのできる方法である。しかし、違反行動すべてに対して、修復会議を開くような多大な労力を費やせるわけではない。さらに言えば、修復的実践の原則に沿って行動するのに、事が深刻になるまで待つ必要もない。実のところ修復的実践の原則自体は、急激に深刻なレベルまで至った問題よりも、より日常的なレベルの問題に対しての方がずっと効果的に適用できる。修復的実践は、何も最終手段というわけではない。もっとインフォーマルで時間もかからず、軽い介入が必要な状況にも適用できるものなのである。つまり潜在的には、停学が検討されるほどに事態がエスカレートするのを未然に阻止できる可能性も、修復的実践にはあるわけである。
　では、いま述べた修復的実践の原則とは何だろうか。最も基本的な原則は、個人という視点からではなく、関係性という視点から物事を考えるということである。とりわけ、誰かが間違ったことをした場合に、これは大事な視点となる。そうした場合であっても、誰かがルールを破ったとか権威に逆らったとかと考えず、関係性に傷がついたと考えて問題を検討していくことができる。こう考えていけば、教師や管理職、カウンセラーが問題行動に対してとる対応もまた、変わってくるものである。関係性の視点から問題を考えれば、最初にとるべき対応は応報的に罰則を適用することではない。そうではなく、問題行動によって傷つけられた関係性の修復

を考える場に、当事者たちを招き入れることが求められるのである。なぜなら、すべての修復的実践で暗に命じられているのは、簡単に言えば、人ではなく**問題を改善せよ！**ということだからである。

　修復的実践とは対照的に、加害生徒に罰則を適用しても、それで被害生徒が救われるということはない。罰則とは加害生徒を傷つけて道徳を教えることがそのねらいだからである。そのため多くの場合、（せいぜい良くても）加害生徒の中に道徳の授業が内化されるだけで、他の生徒との関係性にその学びが広がっていくことはない。罰則の裏には往々にして「次回は良いことをしろ」というメッセージが流れている。つまり加害生徒には、**今回**与えた傷を修復する責任は何も要求されないのである。だからほとんどの場合、加害生徒以外に罰則から利益を得られそうな人はいない。たとえ、事態を改善したいと誰かが望んだとしても、それを実現していく方向に動き出すことはほとんどないからである。

　では、傷ついた関係性を見つめ、その修復に取り組む上で、どんなことが必要だろうか。まず必要なのは、加害生徒を隔離（これは応報的司法における一般的なアプローチであるが）せず、問題行動によって影響を受けた人たちとの会話の中に、加害生徒を含めていくことである。修復的実践において、専門家の役割は規則の遵守を目指すことではない。そうではなく、加害者と問題行動によって影響を受けた人たちとの間の関係を再構築するための会話を促進していくことが、専門家の役割なのである。こうした専門家の役割は、学校内ではおそらくスクールカウンセラーが担うことになるだろうが、教師が担うことも可能である（下記の事例を参照）。もし、そうした会話に直接被害を受けた生徒が参加しているならば、その生徒にしっかり焦点を当て、加害生徒のどういう行為で傷ついたのか話してもらう必要がある。また、もし直接的に被害を受けたわけではないが、間接的には影響を受けた人たちがいるならば、ケア・コミュニティとして会話に加わってもらうと良いだろう。

　修復的対話を行う場合、最初に焦点を当てる必要があるのは、その問題が関係性にどう影響したのかということである。ここで注意してほしいのは、問題の影響について考えていくといっても、問題行動の原因を探し出したりはしないという点である。原因は過去にあるものだし、しばしば複雑すぎて取り出して検討できるようなものでもない。だから、原因が特定できたところで、往々にしてほとんど何も変わらないものだ。問題の原因を特定することは後ろ向きな作業なのである。逆に言えば、問題の影響について調べていくことは事態を改善できる未来に向かうということであり、その意味で前向きなものだと言えるだろう。

　まずは、ナラティヴ実践の技法の一つである外在化を使って問題行動を名付ける。そうすれば、人を問題とするような「欠陥ロジック」を避けることができる。そし

て次に、問題行動が人々にどういう影響をもたらしたかを検討する。ここでは、問題の影響をマッピングする質問をして、問題行動によってどんなことが傷つけられたのか明らかにしていく。そうしてから、傷を和らげる、あるいは消し去るにはどうすれば良いかについて、問題の影響を受けた人たちに尋ねていく。最後に、加害生徒に対して、責任を取って事態を改善するよう働きかけていく。この最後の段階は、ナラティヴの用語を使うと、問題行動というストーリーに対するそれとは別の(オルタナティヴ)ストーリーを開いていくことだとも表現できる。

　いま述べたような修復的対話の過程を理解する最も良い方法は、具体例を見ていくことだろう。そこで以下では、ある高校で起きたストーリーを題材としながら説明していこうと思う。ここで取り上げる修復的対話は、ある問題行動のすぐ後に行われたものである。問題行動はそれほど重大なものではなかったが、クラス全体が落ち着かなくなる程度の影響はあった。なお、本事例で修復的対話をファシリテートしたのは教師である。彼女には修復的実践のトレーニング経験があった。

―― ＊＊＊ ――

参考ケース：「押した」

　教室の隅である生徒の課題を手伝っていた教師の目の端に映ったのは、パキが椅子から立ち上がりジョージを強く押す場面だった。
　「ちょっとごめんね。」彼女は課題を手伝っていた生徒にそう言ってから、すぐに二人の男子の方へ行き、そして厳しく言った。「今すぐ自分の椅子に戻って座りなさい。してはいけないことだとわかっているでしょう。このことについては後で話します。二人共、チャイムがなった後、クラスに残っていなさい。」
　「おれ、いまの見てたよ、先生。」別の男子生徒が言った。
　「これ以上このことについて話すことはありません。」彼女はきつく言った。
　その後、生徒たちは元の課題に戻ったが、クラス全体には明らかに余韻が残っていた。しかし教師はこの問題については何も触れず、授業を続けた。
　授業が終わり、他の生徒たちが教室を出て行く中で、二人の男子がおずおずと教師のもとに歩いてきた。
　教師は二人を見て言った。「これからすることは、数分かかるかもしれないし、もっと長くなるかもしれない。どちらにしても、二人は昼食までにはここに戻ってこないといけないわね。とにかくいまから解決できるかどうか確認するために、私が見たことについていくつか質問したいんだけど。」
　彼女はパキの方を向いて言った。「何が起きたの？」

「こいつが放課後にオレを殴るっていう話を聞いたんだ。だから、こいつを押した。」

彼女はもう一人の男子に顔を向けた。「ジョージ、あなたはこのことが起きた時、どんなことを思った？」

「うわって驚いたよ。思ってもいなかったから。ただ座って課題をしていただけなのに、こいつがおれのところに来て、おれの椅子を押したんだ。おれが放課後にこいつを殴ろうとしてるなんて、ただの噂だよ。」

彼女はパキの方を向いた。「ジョージを押した時、どんなことを考えていたの？」彼女は尋ねた。

「オレはお前なんか怖くないってことを、こいつに見せたかった。」パキはそう答えた。

「いままでのところで、この件全体はあなたにどんなことを考えさせた？」

「授業中にこいつを押したりすべきじゃなかった。ただオレはみんなに、こいつのことをびびってなんていないってことを見せたかったんだ。」

「いままでのところで、この件はあなたにどんなことを考えさせた？」彼女は次にジョージにそう尋ねた。

「そういうことだったってのは、いま初めて知ったよ。あの時は立ち上がってこいつを殴ってやりたかったね。何もしなかったけどさ。」

「この件はあなたにどんな影響を与えた？」彼女は続けてジョージに尋ねた。

「このせいでムカついてるよ。あと、恥をかかされたとも感じてる。」

「あなたにとって今のところ一番嫌なことって何？」彼女は続けて質問した。

「トラブルにはマジで巻き込まれたくなかった。いまは気にしてないけど。ただ、他の奴らが笑ってただろ。あれは嫌な気持ちになったよ。」

彼女はパキの方を向いて言った。「この件で影響を受けた人は、ほかに誰がいそう？」

パキはしばらく考えて、言った。「あー、クラスのみんなかな。少なくともそれを見ていた人たちは。」

「他にはいる？」彼女は丹念に聞いていった。

「先生もかな。このせいでちょっと授業をストップしないといけなかった。あの後も、クラスが元の雰囲気に戻ったようには思えなかったし。」

「いま言った人たちは、この件でどんな影響を受けたと思う？」

この質問に答えるまでには、少し時間がかかった。

「わからん」パキは肩をすくめた。「あの時はみんな、『次に何が起こるんだ』と思ってたんじゃないかな。だから、集中できなくなっちゃったかもしれない。」

「この件はクラスにいる多くの人たちにはっきり影響してるわ。私を含めてね。それは正しい。授業の妨げになった。」

彼女はパキに尋ねた。「良くしていくためには、どうする必要があると思う？」

パキは床を見て、ぼそっと言った。「ジョージに叩いたことを謝らないと。それから先生にも、こういうことを起こしたことを謝らないといけない。」
「いまできる？」彼女は尋ねた。
　パキは少し姿勢を正してから、ジョージと握手するために手を伸ばした。
「すまん」パキは言った。それから教師の方を向いた。「すいませんでした。」彼はもう一度そう言った。
　パキがこういうふうに謝れたことは、教師には大きな一歩に感じられた。そこで、パキのこの謝罪を受け入れることにした。
「ありがとう、パキ。」彼女はそう言った。
　それから彼女はジョージの方を向き、同じ質問をした。「良くするために、何かする必要があることとか、尋ねておきたいこととかある？」
「これ以上もうこんなことが続かないってことを確信したい。普通に戻りたいだけだから。」ジョージは言った。
「そうね。じゃあ、こういうことがもう起きないってことを、どうやったら確信できそう？」彼女は尋ねた。
「もう起きないよ、先生。そう思ってくれていい。これから先、ジョージがケンカしたがってるっていうのを聞いたとしても、オレはジョージに直接確認するし、他の奴らが何て言おうが、それに耳をかしたりしないよ。」
「それじゃあ、ジョージ、こういうことがもう起きないって、どうやったら私たちは確信できる？」
「おれからは友だちにもう解決したって言っておくよ。」ジョージは言った。
「私としては、次の授業で二人に前に出てきてもらって、クラスのみんなに謝ってほしいの。この問題はみんなにも影響したから。とにかく、この問題について話し合って、対立を解決するのに協力してくれて、二人共どうもありがとう。」
　その後、二人の男子生徒は、教師の助けを借りながらクラスの生徒たちに謝った。この出来事以降、二人の仲は良くなり、残りの年このクラスで問題が起きることはなかった。教師は、今回の経験がクラス全員にとって、噂やトラブルがいかに人間関係に影響を与えるかを学ぶ良い機会になったと考えていた。そこで彼女はこの時の体験をその後も繰り返し取り上げ、日常の出来事からいかに良い学びができたかを生徒たちに何度も思い出させた。

―― *** ――

ストーリーに注目する

　このストーリーの中には、光を当てるべき点がいくつもある。まず何より、教師が二人の男子生徒に行った質問は、間違いを指摘するためのものではなく、関係性についた傷を明らかにするためのものだったという点を挙げたい。二人は尊厳があり敬意を払われるべき存在として扱われ、屈辱的な思いをさせられることはなかった。要するに、二人は価値ある発言をする有能かつモラルある主体として、教師から質問を受けたのである。
　次に挙げたいのは、謝罪というアイデアは教師から出てきたものではないという点である。このアイデアは、パキが教師に応答する中から出てきた。教師がパキの謝罪を受け入れたということも、謝罪を関係性の中にしっかり位置づけるのに役立った。このおかげで、二人の関係性だけではなく、クラス全体の関係性のストーリーが前進したと言っても良いだろう。
　三つ目は、この出来事を見ていた他の生徒たちへの影響にも関心が払われ、彼らが困ったことも見逃されなかった点である。上記の修復的対話には、他の生徒たちの実際の声は入っていないが、クラスの皆がどう言うかは、二人の男子生徒にも容易に想像できた。もちろん場合によっては問題を目撃した生徒たちが修復的対話に加わることもあるし、今回の場合でも、この出来事がクラス全体に影響したと考えられたことから、クラス全体への謝罪という形で他の生徒たちも修復過程に実際に参加することになった。
　四つ目は、修復的対話を実施したことで、潜在的に起こり得た問題にも効果的に対処できたという点である。修復的対話をしなかったら、今回の問題はくすぶり続け、いずれもっと大きな事態へと発展したかもしれない。本事例の教師にとって、修復的対話は難しいものではなかった。彼女は修復的対話のトレーニングを受け、台本を使ったリハーサルを多少なりともしていたからである。トレーニングを受けた教師の中には、こうした台本をラミネート加工して保管しておき、似た事例が起きた場合、同じセリフをそのままたどる人もいる。似たような修復的対話を何度か行っているうちに、そうした台本は要らなくなっていく。そうなれば、その場で生じる関係性の変化にいっそう集中できるようになる。会話を進めることに自信が持てるようになれば、物事が改善する結果そのものにきっちり焦点を当てられるようになる。とにかく、教師に求められるのは、自身の教育現場に見られる中核的な関係性について、より丁寧に考えていこうとする思いである。
　最後に着目したいのは、事態を改善するという課題が、ほとんどの罰則よりも、感情的にもモラル的にもずっと大変だったという点である。事態を改善するという

方向性は強制されたわけではなく、対話によって生み出されたものであり、また、その対話の中で引き受けられていったものである。この対話のおかげで教師と男子生徒たちとの間の関係性が保たれただけでなく、強められてもいった。おそらく、こうした形で解決できたことで、ポジティブな影響はこの後も継続するだろう。

　この出来事すべては、当の男子生徒たちにとっても、クラスの他の生徒たちにとっても、一つの教育的体験になったと言える。とりわけそう言えるのは、責任ある市民(シティズン)となる備えを子どもや若者にさせるものとして、教育をより広い視野から見た場合である。修復的実践の過程には、人に対する敬意が染みわたっている。だから、たとえ平和的な解決がかなり難しいように見える状況であったとしても、修復的対話に参加した人たちは他者への敬意を経験するし、彼ら自身もまた他者への敬意を作り出していく。

　教師にとっても学びがあった。彼女は傾聴を通して、自分の教え子について学ぶことができたからである。また、生徒たちが何を懸念しているのか、何が生徒たちを動機づけるのかといったことについても学べた。こうしたことは、以前の彼女であれば知ることのなかったものである。こうした学びができたのは、彼女が男子生徒たちに敬意を表したからである。このように、教育が良いものとなるかどうかは、教師－生徒間の関係がいかに効果をもたらすものとなっているかに依存している。だから、男子生徒のおかげで（そして、このクラスのおかげで）、彼女はより効果的な教師になれたと言っても良いだろう。

　修復的対話というアプローチは、持続的な効果を持つ上に、多くの予算や多大なトレーニングも必要としない。修復的実践のトレーニングを受けた人が、年度のはじめにでも、興味を持った職員に簡単にやり方を紹介するぐらいで十分に使える。もちろんやり方を教えた後で、実際にこの方法を使うのか、何かしら質問を試すのか、不安を感じずに実践できるのかといったことは、個々の教師の問題である。だが、強調しておいてほしいのは、このアプローチが教師としての尊厳も生徒との建設的な関係も、共に維持できるという点である。これは、罰則を適用するアプローチでは絶対に不可能なことである。

修復過程

　修復的実践の流れを直線的に説明していくことは、リスクもある。単純化することで、結果として、修復の過程が簡便で整然としたものであるかのような印象を与えてしまうおそれがあるからだ。しかし、修復過程はごちゃごちゃとしたものであり、方向を示した地図のようなものもあることにはあるが、それに沿って進んでい

くことはほとんどない。怖いのは、そうした地図にこだわりすぎた結果、修復的対話が日常の会話とはまったく別種のものだと考えてしまうことである。またこれとは逆に、地図を無視しすぎた結果、道に迷ってしまうこともあり得る。どちらの場合も、修復的実践の流れを記した地図など無意味だし、修復過程も時間の無駄だと結論づけられてしまう危険がある。

　しかし、新たな実践を学んでいくためには、道に迷わないよう何らかの見通しが記された地図を携えている必要がある。そもそも、地図とは性質上簡略化されたものだ。それに、役に立つ地図というものは過度に簡略化されておらず、しかしだからと言って複雑になりすぎるわけでもなく、その間で絶妙なバランスを取っているものである。だから、地図を使う最も有益な場面は、どちらの進路を取るべきか自信がなく、ガイドとして参照する時である。特に、実践にあたって何らかの地図を念頭に置いておくのは、目的に沿って話し合いを進めるためである。それに、地図があると不安も和らぐ。会話が脱線したとか同じところをめぐっているとかいうことに気づく参照点としても、実践上の地図は役に立つ。

　以下では、修復的対話を見通すための地図を示していこうと思う。ただし、読者はこれを完全にコピーするのではなく、状況に応じて聡明な判断のもとに使っていただきたい。この地図は、会話を始める時や「どこまで来たかな？」と心の中で自問自答する時のチェックリストとして使ってもらえると良い。修復的対話は、そもそも直線的に進むことのない複雑な過程を経る。そのため実践の中では、地図が示すところを2回、3回、4回とめぐることが、時に必要となるかもしれない。

段階1：会話場面を作る

　最初の課題は、誰が修復的対話に参加するのか、その時間と場所はどうするのか決めることである。上記の事例で言えば、教師は押した生徒と、押された生徒—— つまり、加害生徒と被害生徒 ——を会話の参加者とした。これは、教師がこの小さないざこざを扱うのに、この二人だけで十分だと考えたからである。ここで重要なのは、この修復的対話が二人の関係性を焦点にしたという点である。場合によっては、周りで見ていた生徒たちを修復的対話に加えていくとうまくいくこともあるし、ほかの教師に会話に入ってもらうということもある。親を修復的対話に加えていくのもありだ。いずれにせよ、ここで考えるべきなのは、「起きた出来事によって誰が影響を受けたのか？」という問いである。また「この問題が改善すると、誰にとって良いのか？」ということも、必然的にこの段階で考えるべき問いとなる。

　修復的対話を行うにあたっては、誰にも中断されることなく話せるような時と場所が必要となる。クラス皆の前で行うべきではないし、すぐに時間が来てしまうというプレッシャーの中で行うべきでもない。もちろんだからと言って、何時間も確

保しておくべきだというわけではない。事例で示したような会話は、数分で行えてしまえることもある。

段階2：問題を特定する

　修復的対話に参加する人たちが一堂に会したら、何が起きたのかに焦点を当てるのが次の課題となる。まずは何が起きたのかについて、各参加者から話をしてもらう必要がある。ここでは、起きたことに対する各人の捉え方に耳を傾け、それぞれが違っても、それを認めることが必要である。ただし実践者は、語りを聞く中で、外在化する言語を使い、問題を関係的な出来事として位置づける必要がある。上記の例では、教師は問題を「この件」と名付け、原因をどちらかの生徒に帰属しないよう注意していたが、これはそうした実践に相当するものである。なお、ここで付ける名前は、たとえば「感情を爆発させたパキ」といったものにはしないよう注意してほしい。なぜなら、そうした名前は問題を片方の男子生徒の内部に位置づけしてしまい、関係的な出来事として問題を見ることを難しくしてしまうからである。

段階3：問題の影響をマッピングする

　次の段階の課題は、関係する人全員に対して今回の問題がどう影響したかを、明らかにしていくことである。これにあたって、時には実際に地図を描いてみると良い場合がある。前章で見たような円の中に参加者の発言を書いていく作業は、今回のようなもっと小規模な会話においても使える方法である。この時、問題に付ける名前を円の中心に書いておき、その円から線を引っ張って、その先に発言を書く。そうすれば、この円はある人に対する問題の影響を表すものとなるわけだ。なお、尋ねていくべき問題の影響としては、感情への影響（これを聞く場合は、「そのせいで、君はどう感じた？」と質問する）、認知への影響（「それは君にどんなことを考えさせた？」）、行動への影響（「それは君にどんなことをさせた？」）、関係への影響（「それが君たちの関係にどう影響した？」）などがある。この質問例では、問題の原因に当たるものを「それ」という言葉で表現している点に注意してほしい。

　また、問題の影響を明らかにする上では、その場で思いつく以上のことにまで質問を広げることも大事である。上記の事例では、当事者の男子生徒二人だけでなく、周りにいた教師や他の生徒たちも同様に問題の影響を受けていた。こうした他の人への影響が見えてきたのは、教師が質問していったからである。もちろん、当事者以外の人たちが自分たちの受けた影響について自発的に話してくれることもよくあるし、そもそも当事者以外の人が修復的対話に参加しているならば、それぞれが問題からどんな影響を受けたかをきちんと聞いておくべきである。ただし、今回の事例のように会話の場にいない人たちに対して問題がどんな影響を及ぼしたか考え

場合には、会話の場にいる人たちに想像してもらっても良い。

　この段階の会話で大事なのは、問題の影響がどうやって他の人たちへと波及していったのかについて、参加者全員の理解を深めることである。その場にいた当事者の経験だけに問題の影響が限定されるなどということはほとんどない。こうした考え方は、修復的実践と応報的思考の重要な違いでもある。応報的思考では、学校で権威ある立場にいる者が問題の影響を見定め、判断を下すべきだと考える。しかし、修復的実践ではそうは考えない。修復的実践の中では、教師であっても管理職であっても、どんなに小さな問題行動に対してもそれを学校のルールを損害するものだと言ってはいけないからである。問題行動は制度上の出来事として理解すべきではなく、主として関係上の出来事として理解すべきだからである。それゆえ修復的対話でも、関係に対する問題の影響を詳しく調べていけるよう注意を払うべきなのである。

段階 4：傷に取り組む

　段階 3 で問題の影響をマッピングし、どんな傷つきがみられるのか、しっかり把握できたら、今度はなすべき行動を考え、取るべき責任を作り上げる段階へと移る。そこで、事態を改善するためにどんなことができるかという話題へと、修復的対話を移していく。たとえば、もしある生徒が誰か他の生徒を傷つけたのであれば、傷つけた生徒は「この責任を引き受け、事態を改善するか」といったことを尋ねられるわけである。

　会話に参加している人たちに対してこの段階で尋ねると良い質問は、次のようなものである。「こうした影響全部をこの問題が及ぼしているわけだけど、それについて君はどう思う？ それでも平気かな？」もしこの答えがノーであるなら、次のように尋ねていくと良い。「それはどうして？ この出来事がこうした影響を及ぼしてくること、君には何か問題なの？」もしこの問いかけに対する答えがイエスであるなら、次のように質問して、その緊急性を高めることもできる。「じゃあ、このまま物事が進むことやこれ以上悪くなったりすること、それから他の人がこうしたことを君にしてくることを、君自身、気にしていると？」

　ここまで来れば、望ましいストーリーを展開できる地点にまでたどり着いたと言える。望ましいストーリーについて尋ねる際には、最初は次に示すように、あまり特別な言い方をしない方が良い。「事態を改善するためには、どんなことを起こす必要があるかな？」ここでは加害生徒にも被害生徒にも同じ質問をすることになるが、それぞれに違った尋ね方をしても構わない。たとえば被害生徒に対しては「この件をおしまいにし、君に対する問題の影響を解消するためには、どんなことが必要そう？」と聞くこともできる。加害生徒には「事態を改善するために、君は何を

しようと思う？」と尋ねても良いだろう。修復的対話に参加している他の人たちにこの会話に入ってもらい、事態を改善する上で何かアイデアがあるか聞いてみたり、「事態を改善するために、君たちができそうなことってある？」と聞いてみたりするのも良い。

段階5：プランを作る

段階4の会話で出てきたことの中から、当事者間で合意できる行動リストを作っていくことになる。このリストを実際に行動に移していくためには、誰がいつどこで何をするかという明確なプランも立てなければならない。それから、その行動が実行されたかどうか確認するプランも立てる必要がある。修復はただの言葉以上のものだからである。謝罪もそうだ。謝罪はそれが具体的に行動された場合にはじめて良いものとなる。ナラティヴの用語を使ってこれを表現するとすれば、次のようにも言えるだろう。謝罪はストーリーの終わりではなく、始まりであり、つまりはより良い関係についてのストーリーの始まりなのである。だから、加害生徒が謝罪をした場合には、その謝罪をどんなふうにして実行に移せるかについても質問すべきである。

修復的対話のガイドライン

	段階	質問例
1	会話場面を作る	起きた出来事によって誰が影響されたの？ この問題が改善すると、誰にとって良いと思う？
2	問題を特定する	何が起きたの？ 君はどんなことをすることになったの？ 僕らはそれを何て呼んだら良い？ 何が君をその厄介事に引き込んだんだい？
3	問題の影響をマッピングする	そのせいで、君はどう感じた？ それは君にどんなことをさせた？ それは君にどんなことを考えさせた？ それは君たちの関係にどう影響した？ 他の人たちはどんな影響を受けた？

4	傷に取り組む	この件は皆にどんなふうに影響したと思う？ 君はそれで幸せ？それって問題ないかな？ **被害生徒に対して** もしこの状況が改善するとしたら、どんなことが必要そう？ **加害生徒に対して** これがもう起きないって、僕たちはどうやったら確信できる？
5	プランを作る	誰が何をしたら良いかな？ いつ、どこで？ **それが実行されたってことを僕らはどうやったら知ることができるかな？**

ちょっとした口げんかへの対応

　本章で示した修復的対話のストーリーは、前章の修復会議より深刻なものではなかった。だがこうした比較的小規模のケンカは、子ども同士の間でよく起きるものだ。特に学校コミュニティの中でよく生じるのが口げんかである。口げんかは時にちょっとした叩き合いにまで発展することがあるし、罵り合いやいがみ合いにつながることも多い。こうした場合も、修復的実践による対応が可能である。教師が修復的実践のトレーニングを受けていれば、そうした事態が起きてもすぐに仲立ちすることができ、傷つきに焦点を当てて生徒たち自身の力で問題を改善していける会話を始められる。

　上で示した通り、修復的対話の秘訣は罰則を適用せずに傷ついた関係に焦点を当てることである。変化をもたらすために教師の権威を示すことも、生徒を屈服させるために教師の権威を振りかざすことも、どちらも必要がない。問題を問題として扱い、人を問題とは扱わないシンプルな質問を少し行うだけで、すぐに大きな変化が起きる。こうした質問の例をいくつか示しておこう。

- この口げんかは君たち二人にどんなことをさせたの？
- どうやって「それ」は君を意のままにしたの？
- 「それ」はどんな影響を及ぼしている？
- この口げんかのせいで、君はもっと良い考えができたのにそうじゃないことをさせられてる？

- 君としては、むしろどんなことが起これば良いって思うんだい？
- どんなことをすれば、この問題を良くできそう？
- それをしてみたいと思う？
- それで終われそう？もしくは何か他にすべきことってある？
- 昼休みにでも、もう少し君たちと話を続けた方が良いかな？

　こうした質問は、どれもすぐに答えられる。すべての質問を終えるのにかかる時間は3分から5分くらいだろう。うまくいけば、口げんかに伴う怒りはそれ以上波及しなくなる。ただし、もしこうした取り組みを嫌がる生徒がいた場合は、専門職に紹介するなど、事態を進展させる別の取り組みを行う必要がある。

　本章の残りでは、修復的実践の精神を敷衍して考えてみることにしたい。修復的実践に関するさらなる説明や議論については、ウェンディ・ドルーリィ（Drewery, 2004）やキャシー・クローニンランプとロン・クローニンランプ（Cronin-Lampe & Cronin-Lampe, 2010）の著作を参照してもらえれば、概要がとてもよくつかめるだろう。ただし修復的実践は、それ自体が学校コミュニティの精神の一部を担っていると考えない限り、効果的なものとはならない。結局のところ修復的実践に内包されているのは、学校というコミュニティはそもそも何であるのかという、学校それ自体のビジョンなのである。修復的実践は校則を維持したり行動を統制したりするためのツールではない（たとえそれがポジティブなものであっても、だ）。そうではなく、修復的実践とは、コミュニティ内で一番若いメンバーに対してケアを行い、そのメンバーにもお互いのケアに加わってもらう、そうした学校のあり方を表したものなのである。そうした使命を持つ学校というコミュニティは、良い学業成績を追い求めようとして問題を改善したりはしない。より良い市民（シティズン）をどう育てるのか、それを追い求めようとして問題を改善するのである。

　修復的実践を通して、他者に対する自分の行為の影響に責任を持つ姿勢が、意識的にも無意識的にも学ばれていく。だから関係を修復することは、長い目で見れば敬意ある関係性にもつながっていく。この「敬意」というフレーズで私たちが意味しているのは、他者のことを常に意味のある行動ができるモラルある主体と見なすということであり、罰則によって持てる権利を奪い取っても構わない存在などと見なしたりすることではない。そもそも罰則は権力の強さを誇示する以上のことには何もつながらないのだから。だが、こうしたビジョンを持つ学校コミュニティは、多様性社会の中で多くの差異と出会うことになる。これは大きなチャレンジとなるだろう。自分と違う人に敬意を持つことは容易ではないからである。時には、自分と相手とが根本的に違うということもあるはずだ。しかしだからこそ、対立状況から関係を修復する術を学ぶことは、他者への敬意を学ぶ上で最高の機会だとも言え

る。こうした学びから利益を享受するのは、何も対立していた生徒たちだけではない。潜在的には、コミュニティ全体にも利益がもたらされることになるのだ。

まとめ

　本章でははじめに、次のような修復的実践の原則を概観した。(a) 人や権威に傷が付いたのではなく、関係性に傷が付いたと考える。(b) 問題行動をした生徒を隔離するのではなく、むしろ多くの声を対話に加えていく。(c) 行動の原因よりも行動の影響を集中的に検討する。(d) 罰することよりも傷ついた関係をどうするか考える。

　その後、本章の中でこれらの原則を適用したある教師の具体的な実践事例を示した。そして修復的対話の流れについて、会話場面を作る、問題を特定する、問題の影響をマッピングする、傷に取り組む、プランを立てるという5段階に分けて説明した。

　本章の終わりには、修復的実践を行う中で生み出される、また、修復的実践が拠って立ってもいるケアの精神について、いくつか私たちなりの見解を示した。

振り返りのための問い

1. あなたの学校で何か問題となる事件が起こったと考えてほしい。権威を回復するのではなく、傷ついた関係の修復を考えていくとすると、どんな結果がもたらされるであろうか？
2. 修復的対話のガイドラインに沿った実践を教師が現場で行えるようにするためには、どういうトレーニングが良いだろうか？
3. 修復的対話のガイドラインで示した質問を使うことに担当教師が懐疑的であった場合、あなただったらどう対応するだろうか？
4. 子どもの間で「ちょっとした」口げんかが起きたとしたら、あなたはその中でどのように動くだろうか？　どんなふうにしてあなたは、それを修復的対話の「台本」に乗せていくだろうか？
5. スタッフのトレーニングや修復的実践の効果のモニタリングに関しては、誰が責任を持つべきだろうか？

研究のための問い

1. 修復的アプローチを使うと学校内の関係性に変化がもたらされるということを、ど

のようにしたら示せるだろうか？
2. 修復的実践で対人関係の問題を改善するには、どのくらいの時間が必要となるだろうか？　また、対人関係の問題に修復的実践を使うことで、生徒を幾度も他機関に紹介しなくてもよくなるとすれば、それによってどのくらい時間が節約されるだろうか？　また、そうしたことはどのようにしたら測定できるだろうか？
3. 修復的実践を発展、洗練させる目的で具体的な実践事例を書いて残しておくとすると、どういった形が可能だろうか？

第8章 サークル会話

この章で何を学ぶか

サークル会話の背景と目的
参考ケース
まとめ

　学級内の生徒同士の関係性は、学校での学びすべての文脈だと言える。だから、生徒同士の関係が対立によって引き裂かれた場合、被害を受けるのはその関係だけではない。学びもまた、被害を受けることになる。そこで本章では、個別の対人関係だけに焦点を当てるのではなく、学級全体の関係性に焦点を当てる対立解決アプローチについて述べていこうと思う。本章で紹介するアプローチは、サークルタイムと呼ばれる方法である。これは車座での会話形式を用いて対立を助長する集団内の力関係を再構成し、平和を作り出す動きを生み出そうとするものである。

　サークルタイムは幅広い会話目的に使える方法ではあるが、特に本章では同じ学級の生徒たちの間でちょっとした対立が起き、それによって傷ついてしまった関係を修復する目的で使う方法について紹介したい。同じ学級に所属する生徒の多くが、同じ対人関係上の問題に関わっているということが、時に見られる。そうした場合に一つの円（サークル）を作り、皆で輪になって問題について構造化された会話を行い、生徒全員の声を聞き取っていくというのがサークルタイムである。この方法を用いると、そのままであったらいじめ、問題行動、学習の大きな妨げへとつながってしまったであろう対人関係パターンを、それ以上長引かせないようにすることができる。これは心理職が専門活動を行う上でも効率の良い方法だと言える。管理職の中にも、個々の学級で起こっている問題に気がつくような人であれば、こうしたサークルタイムの価値を認め、学校のカウンセラーに実施を依頼することを考える人もいるだろう。

サークル会話の背景と目的

多くの伝統的文化では問題を解決するために、あるいは部族・コミュニティ内の問題を議論したり対立を解決したりするために、円(サークル)を活用してきた。たとえば、ニュージーランドのマオリ族はフイ（会議のこと）を行う際に、サークル形式を採用することが多い。カナダの修復的司法の実践では、伝統的なサークル会話モデルが実践で使われている（Stuart, 1997）。多くの家庭でも、夕食時の食卓は家族が一日の出来事を共有し、ちょっとした出来事を話し合う場となっている。〔訳註：以下ではサークルタイムとサークル会話がほぼ同じ意味で使われることがあるが、厳密にはサークルタイムはサークル会話を行う時間を指しており、サークル会話と言う場合には、サークルタイムにおいて人々がお互いに話し合っている側面をより強調している。〕

イギリスでは、対話スキルや傾聴スキルをはじめとしたさまざまなソーシャルスキルを教えたり、学校での望ましい行動を促進したりするために「クオリティ・サークルタイム」という方法が提唱されている。またジェニー・モズレーとマリリン・テューも、サークルタイムのさまざまな使い方を紹介している（Mosley & Tew, 1999）。彼らは円を使って会話を生み出す方法も詳述しているが、これから私たちが述べる対立解決のための円も、そうした方法の一つと言える。

アメリカでは、円になって行う会話(サークル会話)は「コミュニティ・サークル」とも呼ばれており、諸外国と同様、小学校でよく行われている。ジャンヌ・ギブス（Gibbs & Ushijima, 2008）は、「部族」と呼ばれるプログラムの中でこのアプローチを用いた。ギブスの実践は、他者への敬意、協働学習、ポジティブな相互交流といった原則に基づいて学級内の雰囲気を醸成しようとするものであった。しかし、小学校とは違って、高校レベルになると、問題を解決したり有意義な関係性を醸成したりするのにサークルを使った話し合いが行われなくなる傾向がある。これはおそらく、高校では学級の構造上そうした方法が適さないためだと思われるが、あるいは「ティーンエージャーは『輪になって会話するのは子どもっぽい』と思うだろう」と考えられ、用いられていないのかもしれない。また中学校においても、特に大規模校ではかなり細かく時間割が分かれていて、生徒が一緒になって活動する時間が一日中無いようなところもある。こうした学校では、生徒たちがつながりが持てず、孤立感を感じていたとしても、管理職はそれに気づきにくい。この場合、学校にポジティブな雰囲気を作り出すためにも、対立解決のプログラムを円滑に進める上でも、サークルを使った話し合いはとても良い働きをしてくれる。

サークルは始まりも終わりもなく、連続してつながった形をしている。だからサークルの中では、一人ひとりの発言が皆等しく価値を持つ。またサークルの中では会話も、サークルをぐるぐるめぐったり、思い思いに横切ったりしながら展開していく。それゆえサークルは排他的でなく包摂的であり、すべての参加者の声が重要であるということを可視化する形だと言える。またサークルは、隠蔽の可能性を取り去る形だとも言えるかもしれない。サークルの中では全員が全員に目を向けることができ、それゆえ全員が全員に対し説明責任を負うことになるからである。
　サークルでの話し合いで中心となるのは、関係性のダイナミクスである。そのため少なくとも一時的に、教師は学級の中心ではなくなり、学級を組織する役割から生徒たちの話を聴く聴衆の一人へと移ることになる。また、サークルでの話し合いでは、個々の生徒の学級内のポジションも脱中心化される。そのため、ある生徒だけが支配的な強い声を持ったり、逆に誰か一人の生徒が辱めや批判を受けたりすることは無くなる。サークルの中心となるのは、生徒同士の関係性や生徒と教師の関係性だからである。集団の中で生じる問題というのは、どういうものであっても、集団の中の対人関係が機能させている。だから、生徒集団は学級の仲の悪さに関わるのと同じくらい、その解消にも関わることができる。このように、円(サークル)になって行う会話に参加する生徒や教師が新しい話し方に開かれ、他者に耳を傾ける機会を持つことができるのは、サークルの持つ構造的特徴のおかげなのである。本章で紹介するアプローチのねらいは、そういう会話を通して、最終的に学級内の関係性に関する新しいストーリーを定着させることである。
　学級で行われるすべての会話がサークル形式になるわけではないし、無論そうしなければいけないということもない。教える時も学ぶ時も、サークル形式が最善とは言えない場合も往々にしてあるだろう。しかし適切な準備をして導入し、輪になって座ることができれば、通常の座席配置では起きない会話がそこに生じ、展開していくものである。なぜなら、輪になった座席はそれまでと違った新たな視点を開き、話す内容や話し方を変えてしまうからである。
　断片化と分断化の進む現代世界において、円(サークル)は人々のつながりを高める立脚点ともなる。伝統的な家族システムは変わり続けているが、若者の多くは家族に何か問題が起きても、その問題の解決に参加させてもらえることはない。また彼らは仲間内の関係に固執しがちで、意見や考えにあまり幅がない。このように多くの若者は、自分たちの生きる世界についての多様な考えに耳を傾ける機会をほとんど持てていない。
　学校にサークル形式の話し合いを導入すると、さまざまなトラブル対応に使えるだけでなく、トラブルの予防にも役立つ。サークルは学級独自のアイデンティティを構築し、学級をポジティブに価値づけし、以前はなかった学級のつながりを作

り出すのにも効果的だからである。人類学者のバーバラ・マイヤーホフ（Myerhoff, 1982）によれば、集団で共に語り合うコミュニティは、個々人のアイデンティティ・ナラティヴを形作る上でも、その集団のアイデンティティ・ナラティヴを形作る上でも役立っているという。サークル形式で会話をすると、人は自分をその集団のメンバーと見なし、メンバー間の関係性が構成される。そのためサークルは個人、集団、あるいはコミュニティのアイデンティティを形作る「定義的祝祭」の場を提供してくれるとも言える。マイヤーホフは誰かが集団の中で声を出してストーリーを語るなら、それはそのストーリーを聴く聴衆に甚大な効果を及ぼすと主張している。彼女によれば、それによって「聴衆は変化を被る」（p.116）のである。

　サークルタイムは若者の価値体系を発展させ、彼らの民主的なあり方を豊かなものともしてくれる。私たちはある事例を通して、そうしたサークルタイムの使い方を示していこうと思う。なお、本事例の語り手はマイクである。

―― ＊＊＊ ――

参考ケース

　「私が担当しているクラス、何かうまくいっていない気がするんです。」朝お茶を飲みながら一服している時、ある教師がそう言った。

　「それはそれは」私は応じた。「先生としては、何が問題だとお考えですか？」

　「はっきりこれだとは言えないんですけど、何か引っかかっているものがあって、緊迫した感じの雰囲気が続いているんです。」

　「そういう雰囲気は、どんなふうにして出てくるのですか？」私はさらに探りを入れてみた。

　「えーと、あの子たち、課題を始めるまでにすごい時間がかかるんです。それに私の言うことも聞いてなくて。クラスの議論にも入ってこないし、お互いを見てクスクス笑っているし、授業にも遅れてくるんです…。お聞きになったのはこういうこと？」

　「ええ。」私は答えた。「それはクラスの生徒たちと、それから、先生にどんな影響を与えていますか？」

　「生徒たちは楽しそうには見えないわ。それに、静かな子たちは他の生徒たちに怯えているようにも見える。それから、それが私にどんな影響を与えているか、でしたっけ？私はこのクラスがまとまるか心配なんです。生徒たちに力があるのは知っているんですが、落ち着きがなくて。もう4週間になります。何とか生徒たちを活動させようとしてきたし、他のクラスの生徒たちは皆うまくいっているんです。だから全然わからなくて。同じクラスを担当している他の先生たちも、嫌がらせとか見下す感じと

かがあるって言っていて。どうもクラスを乱そうと思っている生徒が何人かいるみたいなんです。」

「そういう場合にうまくいくかもしれないアイデアが一つありますよ。何が起きているのか生徒たちに聞いてみて、そうした問題に対する解決策を問いかけてみるんです。」

「もうそういうことはやってみました。でも、生徒たちは答えられないんです。」

「私たちがそうしたことを行う時は、クラスを円にして、頭に浮かんできたことを言う機会を作って、どうやったら変化を起こせるか皆で一緒に考えてみます。すると、うまくいく場合があるんです。私がプランをまとめるので、チームになって一緒にやってみませんか。どうでしょうか？」

彼女はためらいがちにこの提案に同意した。そこで私たち二人は、サークル形式での話し合いを行う日時を決めた。彼女にとってこの実践は目新しいものだったので、どうなるかわからないという不安もあると言っていたが、とりあえずやってみることに賛成してくれた。

関係性の輪を作っていく

クラスでの実施に先立ち、私は生徒たちのテスト成績を分析してみた。すると、能力にかなりバラツキがあることがわかった。また、生徒たちは文化的にもかなりいろいろであり、前の在籍校から送られていた生徒の個人ファイルからは、家庭内の問題、学習や社会性における難しさ、規範上の問題など、たくさんの「問題」があることも明らかになった。私は心の中でため息をついて、一人つぶやいた。「無理もないな。」

それから私は下に挙げたようなプランを作り、教師と打ち合わせをした。そして、今回の話し合いはクラス内の対立に焦点を当て、それを変える方法を決めることに焦点を絞ろうということになった。別の教師の報告によると、からかいや嫌がらせが未だに続いており、そのせいで多くの生徒の学習が妨げられているとのことであった。しかし、円による話し合いを行えば、すべての生徒が起きている事やその影響について発言できるので、そこから解決が生まれてくるかもしれない。ただしこの話し合いの場では、生徒だけでなく教師も一緒になって行動を起こす責任を担うことになる。

教師と私は、円での話し合いについて生徒たちに事前に伝えたりはしないでおこうと決めた。サークル会話を成功させる上で、サプライズ要素は役に立つと考えたからである。クラスにぞろぞろと入ってきた生徒たちは、教室に私がいるのを見て驚いた。生徒たちは騒がしくしながら自分たちの席に座った。教師は生徒たちを出迎えてから、私の方に注目するよう言った。私は自己紹介をしてから、机を素早く、かつ静かに教室の隅に寄せ、椅子で円を作るよう伝えた。さらに、教師と私も円の中に座るつもりでいること、そして、空席は作らないようにしてほしいということも付け加えた。なお、

座席は男子と女子が交互になるよう配慮した。これは会話の中で生徒たちが仲間と徒党を組み、それまでに学級内で培った力関係を守ろうとする可能性を摘んでおくためであった。

　生徒たちは何のためにこれをやるのか私に尋ねたが、私は全員が輪になって座ったら教えると言った。皆ワクワクしているのがわかった。教師は生徒たちが円になるという課題をとても首尾よくこなしたのを見て驚いていた。その後、生徒たちはサークル会話のルールについて説明を受けた（ボックス 8.1 参照）。

ボックス 8.1
サークル会話のガイドライン

1. 人が問題なのではない。問題が問題なのだ。
2. 人が話している時は遮ってはいけない。
3. 会話は円を周って一人ずつ行っていく。自分の番をパスする権利はあるが、望ましくはない。
4. 何かしゃべりたい場合には、合図してそのことを示さないといけない。
5. 嫌がらせは一切認めない。
6. 人のことを否定的な呼び方で呼んではいけない。
7. 最も大事なのは、新しいストーリーを作り出すことである。問題ストーリーを繰り返し話すことではない。
8. この場で話したことは、この場に留めておくこと。
9. 円は、誰もが価値を与えられ、誰もが話す権利を持っているという、民主的な形式を表したものである。
10. この話し合いの時間は、特別かつ厳粛な授業時間である。もしルールを守ることができない場合には退場となり、自分の発言を聞いてもらう権利は与えられず、円の外で座って待っていなければならない。
11. 特別な合図を決めておいても良い。たとえば、手のひらを開いて見せるのは、話したいという意思を示すものとする。両手を上げた場合は、いまの発言に他者への嫌がらせがあると思った、あるいは、参加していない人がいるのを見た、ということを示すものとする、など。

　私は生徒たちにサークル形式を導入する理由と、今回の話し合いでのルールについて話した。また、気持ちや感情をシェアする時に重要なのは安心感であるということや、円による話し合いがいつどのように終わり、何が話し合われたかについては教室の外に漏らさないということについても説明した。

方向性を定める

生徒のうち何人かが興奮気味に言った。「それなら前の学校でやったよ！」

サークル会話の実施にあたって、生徒からやる気が見られたので、私は話し合いの議題を決めることにした。この時、話し合いの中で私から尋ねる質問や、この話し合いの結果どういったことが期待されるかについても説明した（ボックス 8.2 参照）。

ボックス 8.2
今回のサークル会話の議題と流れ

---

1. 開始時にはしばし静かにしておくことが求められる。黒板には「人が問題なのではない。問題が問題なのだ」という文が書かれる。
2. 1周目：この学級での学びを難しくしているものは何だろうか？ 人の名前を挙げてはいけない。あくまで行動を挙げること。そうした出来事はあなたにどんな影響を与えているだろうか？（出された意見は、ガルシア先生がホワイトボードに書いていく。）
3. 2周目：この学級での学習をしやすくするには、何が助けになるだろうか？ 起こっている出来事を例に出しながら説明してほしい。
4. 3周目：そうした学習ができる人間関係を学級の中に作り出すためには、どんなことを行わないといけないだろうか？
5. そうしたことの中に、あなた自身が個人的に準備することはあるだろうか？ 黒板に書かれているプランの中にあなたがしてみようと思う行動があれば、そのそばに自分のイニシャルを書いていこう。
6. 4周目：将来の計画：オープンディスカションを行う。特別に決めた合図を思い出してほしい。ここまでに挙げられたアイデアを確実に実行していくためには、どういったことを行うべきだろうか？ 先生はどのように援助したら良いだろうか？ 取り組みを続けていくためには、どんなフォローアップが必要だろうか？
7. 5周目：ここまでの話し合いによって変わってきたことについて、皆がどんなことを考えているか確認してみよう。最初と比べてどんな違いが生じただろうか？ 次回のサークル会話はいつ開くと良いだろうか？ ここで話し合った活動が実際に行われた後で、平和な関係が作られたことを祝う祝賀会を開くというのはどうだろうか？
8. 6周目：称賛と承認のための一周。生徒は他の生徒のことを褒めるか感謝を述べること。全員が全員に対して、何かポジティブなことを言わなければならない。

生徒たちに期待感ある雰囲気があったおかげで、サークル会話を無理なく始めることができた。

問題に取り組む

　「クラスでの学習を難しくしてるものって何だと思う？」私は話し合いを始めた。「その何かが一人ひとりにどんな影響を与えているのかも一緒に聞いてみたいんだけど。」

　この質問は、学級内の関係性に関する問題ストーリーを明らかにし、生徒一人ひとりにその問題がどんな影響を及ぼしているのか詳らかにするために行ったものだ。学級内の関係性は生徒同士の対人交流の複雑なネットワークによって作られている。そのため、今回の問題ストーリーには一枚岩とはいかない多くの次元があると考えられた。だからこそ、生徒たちの発言はルールが守られる限りあらゆる見方がそのまま受け入れられ、どの生徒の説明も特権化されることなく平等に扱われた。

　生徒たちは自分が日々経験している多くの悩みを話し始め、学級内の緊迫感の背後にどんなことがあるか説明していった。彼らは何が自分たちにとって重要であるのか、自分たちの話をどんなふうに聞いてほしいのか話してくれた。

　　「このクラスに来た時、誰も知っている人がいなかったの。だから友だちを作れるようになるまで大変だったわ。」
　　「すごくうるさいから集中できない。」
　　「僕が質問に答えたら笑う人がいるんだよ。」
　　「一部の人はバカな真似をしていて、幼稚だと思う。」
　　「このクラスには信頼できる人が誰もいないの。」
　　「皆あまりにもふざけていて、先生が授業を始めることができない。」

　まるで、生徒全員が何か言いたいことを持っているかのようであった。もう新しく付け加えることがないように見える生徒も、すでに言われていることを繰り返していた。教師は線でホワイトボードを三つの列に区切ってから、彼女自身も円の中に座って「教えるのが難しいと思った」という自分の意見を述べた。そして再び立ち上がり、生徒たちの考えをすべてホワイトボードに記録していった。

カウンター・ストーリーを開く

　全員が発言したので、私は2周目に移ることにした。
　「クラスでの学習をより良いものにするためには、どんなことが役に立つと思う？」
　この質問を行ったのは、それまでの問題ストーリーのカウンターとなるような生徒

同士の関係性を探すためであった。問題ストーリーが支配的である場合、最初はカウンター・ストーリーを見つけるのは難しい。ここでは忍耐強く待つ必要がある。また、カウンター・ストーリーが現れてくるまで比較的長くかかるとあらかじめ予測しておくのも大事である。今回の場合も、生徒たちはしばし無言であった。

「先生の話を聞くことかな。」ジュリアは自信なさげに言った。
「それだと良いスタートが切れるね。」私は言った。「ありがとう、ジュリア。それじゃ、ジュリアから時計回りに聞いていこうか。」
「必要な物を一式用意しておく。」
「教室に入ったらすぐ授業に集中する。」
「うるさくない音量レベルで話す。」
「楽しく取り組む。」
「イベントをたくさんする。」
「みんなで協力する。」
「何か良い音楽を流す。」
「このクラスってだけで良いよ。来るのが楽しいし、みんなといると気分もいいし。」
「他の人のことをもっと信頼したら良くなるかも。」

何人かの生徒は自分のアイデアはすでに言われていると話して、次の人にパスした。こうして全員が何らかのアイデアを言える機会を持った後で、私は自分たちのことについて何か気づきがあったか生徒たちに尋ねてみた。これは、いまの周回で断片的に現れてきたカウンター・ストーリーの厚みを増していくためであった。生徒たちは自分たちの気づきについて発言する中で、誰かが言ったことと関連づけたり、新たな意味づけを加えたりしていった。カウンター・ストーリーを価値があり、かつ持続可能なものとしていくためには、このようにしてストーリーの厚みを増していく作業が重要となる。

「そんなこと、これまで考えたことなかったよ。」ルーカスが言った。「でも大事だね。」
「ありがとう、ルーカス」私は言った。このように謝意を示すことは「良いね」などと評価的な言い方をすることよりも望ましい。なぜなら謝意が生み出す関係性の中では、評価と違って権力的な要素なく生徒の創造性を肯定できるからである。

行動を約束する

「次の一周では、日々を変えていくためにしようと思う行動を挙げてもらいます。そ

こで、楽しく学習でき、お互いにうまくやっていける最高のクラスにするために、どんなことをしていこうと思うか、一人ひとりに言っていってほしいと思います。ガルシア先生には、みんなが言ったことを名前と一緒に真ん中の列に書いてもらいます。これが終わったら、出来上がったホワイトボードの表をパソコンに起こして、このクラスの行動プランとして皆にコピーを配ろうと思っています。さて、では誰から始めましょうか？」

　こうした質問をするのは、一つ前の段階で出てきたさまざまなアイデアを実際の行動へと移していくためである。また、意味の風景ではなく行為の風景（White, 2007）に沿って、ストーリーの厚みを増していくという意図もあった。生徒一人ひとりが立てる行動プランは、学級内の関係性についての新たなストーリーのプロットだとも言える。このプロットは、円の中で話し合うことで互いに共鳴し合いながら展開していく。なぜなら、自分のプランについて述べる生徒は全員が他の人のプランも聞くことになるからである。

　　「私は自分の声のボリュームを落とそうと思います。」レイラは言った。「それからもし周りがうるさかったら『シッ！』て言うわ。」
　　「おれはもっと先生の話を聞くよ。それから気が散らないように努力する。」
　　「もっと静かに教室に入る。」
　　「誰かをバカにしてる人がいたら注意する。」
　　「いろいろ言ってくる奴にいちいち反応しない。」

　教師は全員の意見を丁寧に書き留めていった。3周目が終わった頃には、ホワイトボードにはいまの学習環境に対する生徒たちの見方と、彼らが希望する学習環境の変化、そしてその変化を起こすために実行できる具体的な行動プランについて、豊かで詳細な情報が溢れていた。
　生徒が話したアイデアを文書化して配布することは、そのアイデアを長く持続させる上で役立つ。口で言った約束を文書化すると、約束がその場の思いつきで消えず、長く続けるべき価値を持ったものとして正当化される。そのため、提案した行動プランがより固く守られるようになる。
　私はここまで協力してくれたことと長時間よく集中してくれたことについて、生徒たちにお礼を述べた。それから、生徒たちがみんな誠実で最高の学習ができる学級を作り出そうと思っていることに、いかに感銘を受けたか伝えた。
　「それで、この方法で問題を解決していくことについて、皆がどう考えているのか聞いてみたいんだけど。」私はそう言って座り、生徒たちの意見を待った。クスクスとした笑いが起きたが、そこには不安も滲んでいた。生徒たちは自信がなさそうであった。

この質問をしたのは、新たなストーリーの厚みをまた別の方向から増すためであった。この質問は、今度は意味の風景に焦点を当てている。そうすることでストーリーはさらに厚くなる。
　手が上がった。

　「このクラスは、かなり良いクラスだと思ってる。」シブニールが言った。「からかったりとかバカにしたりとかがそんなにたくさんあるなんてオレは気づかなかったし。いまはそういうのがあるんだってわかったから、何かしようとは思うけどさ。」
　「こんなふうに円になって話すのは好きだな。僕自身はたくさん話す方ではないんだけどね。」ラビが言った。
　「またいつこれができるの？」ロンダが質問した。「これ最高よ！」
　「みんなや先生がしたいと思うクラスに本当にできるのか、試してみないかい？本当にできたら、ちょっとしたお祝い会をしてさ、そこに僕も招待してくれないかな。そしたら、ケーキと皆が満足できる量のジュースを持ってくるよ！」
　「では、次で最後だ。さっと前みたいな感じに教室を戻したいんだけど、その前に『称賛と承認のための一周』をしよう。」そして私は、日々をちょっと良いものにしていてすごいなと思った生徒について、円に沿って一人ひとり順に話すよう言った。
　「私から始めるわ。」教師が言った。「私がすごいと思ったのは、校庭で歩いている私に『こんにちは！』って言ってくれた生徒たちね。」
　「それから、ジョージナとレイラとマーシャには仕事を手伝ってもらった。」
　「パトリックとペイジとジューダにはお昼にいつも楽しませてもらってる。」
　「カルヴィンは授業前に立って待っててくれるわ。授業になると、私たち一緒に座るわね。」
　「レイチェルは私が忘れ物していることを教えてくれたり、ノートを渡したりしてくれた。」
　「皆が話してくれたこと、とても素敵だと思ったよ。」全員が仲間についてポジティブなことを言い終わった後、私はそう言ってから次のように尋ねた。「いまの皆の話を聞いて、どんな変化が生まれたかな？」

　ここでこの質問をしたのは、クラスの中で生じつつある新たな関係性の意味を生徒たちにもう一度確かめてもらうためであった。

　「学校に来たくなったよ。」

「ダチがおれについてそんなこと思ってたなんて知らなかった。」
「何か前より良い人になれた気がするよ。クラスメートを手助けできそうだ。」
「みんなでもう一回これをしなきゃね!」

　こうしたコメントがたくさん生徒たちから出てきた。それだけ彼らがこの話し合いの効果を感じていたということだろう。
　「みんなオトナな話し合いを一緒にしてくれてありがとう。」私がそう言うと、チャイムが鳴った。「じゃあ、椅子と机を元に戻そうか。」
　生徒が静かに教室から出て行った後、私は教師と話をした。
　「正直なところ、はじめはどんなことになるのか想像つかなかったわ、マイク。でも、皆がこんなにまじめで正直に答えてくれるなんて驚きだった。みんな最初から話し合いに参加していたし、それに協力的だった！いままで授業で一度も発言したことなかった生徒も何か話してたわ。みんなが自分の行動に責任を持とうとしたことに驚いたし、ポジティブなことにこんなに関わろうとしてくれるなんて感動的だった。」
　2週間後、この教師は生徒たちが以前よりずっと学習に取り組むようになったことを報告してくれた。生徒たちはより仲が良くなり、お互いに対してサポーティヴになっていた。彼女の授業では、生徒たちが積極的に話し合いに参加してくれたという。誰かが質問に答えても、それを笑う生徒は一人もいなかった。生徒たちは教室に入る時もちゃんとしていたし、質問にもよく答えていた。彼らは以前よりもずっと自分たちの振る舞いをまじめに考えるようになったし、なかには、円による話し合いをしてくれたことや良い授業をしてくれたことについて、教師にお礼を言った生徒もいたという。同じ学部にいた他の教師たちからは、その学級で行ったサークル会話について質問がきた。また、自分たちもそのアプローチを行いたいという申し出もあった。

—— ＊＊＊ ——

まとめ

　本章では、学級の中で対立の兆しがある場合に行う円(サークル)形式の話し合いについて述べた。問題ストーリーとは別のストーリーを展開させるためには、時には、それまでとは違うストーリーを十分な量確保する必要がある。だが、教師が生徒の行動を集約し、そこから何か新たなストーリーを作り出したとしても、それだけでは変化を持続させるには足らないことも多い。サークル会話はきちんとした準備さえできていれば、たくさんのことをいっぺんに変えることのできる方法である。なぜなら、サークル会話はそれまでの関係性のシステムに、新しい情報を導入するから

である。グレゴリー・ベイトソン（Bateson, 1972）の用語を使えば、差異を生み出す差異を作り出すと言っても良い。サークル形式での話し合いは、誰かに支配的な力が集中してしまうよくある関係パターンを断つことができる。そして、皆の声を平等に扱い新たな見方を歓迎するという、それまでと違った規範を学級の関係性に導入する。教師も、その役割に敬意を表されつつも、平等な話し合いに参加することになる。本章では、教師は会話に参加するポジションとともに、話し合いを聴くポジションや生徒たちの知を記録するポジションも取った。彼女がこうした役割を担ったことで、サークル会話内で展開された発言の影響力はより高まったと言えるだろう。それゆえ、サークル会話内の教師の役割は、学びを深めるという教師の仕事と完全に一致するものだとも言えるのである。

振り返りのための問い

1. 学級内の関係性を変化させる上で、教師が出したアイデアよりも生徒が出したアイデアの方がより実行しやすいものとなるのはなぜだろうか？
2. 学級への不満について誰かと話したことがあれば、その会話を思い出してみよう。サークルタイムを用いてそうした不満に取り組めたとしたら、どのようなことができただろうか？
3. 対立解決にあたってサークルタイムを導入する時に生徒たちが戸惑わないよう、あらかじめ他の目的でサークルタイムを使っておくとすると、どのようなことで使用できるだろうか？
4. 本章で概要を示したサークルタイムは、民主的なシティズンシップを発達させていく上でどのような意味があるだろうか？

研究のための問い

1. 学級内の関係性が改善したかどうかは、どのように測定できるだろうか？　また、その改善はどのように文書化できるだろうか？
2. サークル会話は生徒同士の関係性にどのような影響を与えるだろうか？　学業成績にはどういった影響があるだろうか？　罰則の適用という点においてはどうだろうか？
3. サークルタイムに参加した生徒は、民主主義のどういった原則を感じるだろうか？
4. 事例研究を行い、サークルタイムによってどんな意味づけが生まれるか検討してみよう。

第9章 秘密いじめ対策隊

> **この章で何を学ぶか**
>
> いじめとは何か？
> いじめのストーリー
> いじめへの一般的なアプローチ
> 秘密いじめ対策隊
> 参考ケース
> 社会的学習活動
> まとめ

いじめとは何か？

著名ないじめ研究者ダン・オルヴェウス（Olweus, 1993）は、いじめを次のように定義している。

> ある生徒が一人あるいはそれ以上の生徒から否定的な行為に繰り返し何度もさらされた場合、その生徒はいじめられている、あるいは被害を受けていると言える。(p.9)

オルヴェウスはここで言う「否定的な行為」を、相手に意図的に損害や不快感を与えることだと説明し、身体的な暴力だけでなく、脅しやからかい、嘲笑、非難も含まれると述べている。ただ私たちとしては、一回限りの極度な暴力もこの定義に含まれるのではないかと考えている。なぜならそうした行動は、脅迫的な雰囲気を持続的に作り出す行為だと言えるからである。

いじめは非常に多くの若者が学校で出会う、かなり一般的な経験である。オルヴェウス（Olweus, 1993）は、スカンジナビアの学校に通う生徒の7人に1人がいじめを受けており、諸外国においても同様の数値が見られることを見出している。

アメリカ合衆国教育省教育科学研究所（IES）(U.S. Department of Education, Institute of Education Sciences, 2007)は、12歳から18歳の生徒グループにおいて、いじめに関して憂慮すべき数値が見られると報告している。すなわち、前年度は32％がいじめの被害者となっており、そのうち4％はネットいじめの被害者であり、さらにそれらのいじめ事例の79％が学校の時間に起きていたということであった。ただしいじめはそうした年齢に限らず、幼稚園から高校までのあらゆる年齢層で起きる可能性がある。なぜならいじめは、一人の生徒あるいは結託した生徒集団が、別の生徒との関係において権力と支配を行使しようとする時に起こるものだからである。とはいえ、先に引用した調査研究によれば、いじめのターゲットに男女差はないものの、女子に対するいじめは男女が一緒になって行う傾向が高いという。しばしば、いじめは関係性への攻撃と呼ばれる（Crick, 1995; Goldstein, Young, & Boyd, 2008; Prinstein, Boerger, & Vernberg, 2001; Underwood, 2003）。ここで言う**関係性への攻撃**とは、「社会的関係を操作し、意図的に他者を傷つけようとする行動」(Goldstein et al., 2008, p. 642)のことである。この「関係性への攻撃」という用語は女子のいじめを論じる際に使われることが多いが、男子がそうしたいじめを行う場合もある。特に、暴力を抑止する目的で暴力にきつい罰則を科しているような状況では、男子が関係性への攻撃を行う傾向が顕著に増える。

　関係性への攻撃に含まれるものとしては、繰り返しからかうことや嘲笑、非難、嫌がらせ、社会的排除、仲間はずれなどがある。関係性への攻撃が明白な行為としては、ほかにも、悪意ある視線を向けたり、背を向けたまま挨拶する、うわさ話を広げる、誰かに話すとまずいような秘密を他人に漏らす、グループや集まりから締め出す、誰かのことをゲイやレズビアンであると「カミングアウト」する、意志に反する何かをするよう ── あるいはしないよう ── プレッシャーをかける（たとえば、「もしあいつと話したら、もう私はあんたと友だちじゃないから」と言うなど）などが挙げられる。こうした行為がターゲットとされた生徒に及ぼす影響は、伝統的にいじめとされてきた身体的攻撃とほとんど変わらないと考えて良い。なぜなら、他者と平和的で普通の関係を結ぶ権利が侵害されているという点では、どちらも同じだからである。それゆえ、関係性への攻撃は、身体への攻撃と同じく深刻に受け取られるべきものである。

　生徒間のいじめはしばしば人知れず起こるので、いじめの事実やその深刻度について、ほとんどの大人は気づくことができない。IESの研究（U.S. Department of Education, Institute of Education Sciences, 2007）によれば、いじめの対象となった生徒のうち、教師を含む他の大人にいじめについて伝えたのは全体の36％であった。学校の外より学校の中の方が多くいじめが起こるという事実があるにもかかわらず、教師は生徒間でいじめが起きているようであっても、その深刻さに気を配ることは

少ない。これは教師側の構えが、授業を中断させるような行動への対応に偏っているためである（このことはオルヴェウスの 1993 年の研究によっても確認されている）。親もまた多くの場合、自分の子どもがいじめの対象となっていることに気づかない（Olweus, 1993）。なぜなら、子どもは親に話したがらないからである。若者の多く、特にいじめを受けている男子にとって、自分で何ともできないというのは恥ずかしいものである。それに彼らとしても、親に涙ながらに学校に来てほしくはないし、やり返すよう言われたくもないし、いじめてきた相手生徒の家族に連絡してほしくもない。子どもの側からすれば、親のそうした行動は事態をいっそう悪くするものである。Facebook や Twitter といった SNS がいじめに使われた場合には、いじめを止めるためにパソコンを捨てるとか携帯を取り上げるとか言って脅す親も時々いる。しかし子どもたちにとっては、そうした対策はいじめ以上に嫌なものと思える場合がある。

　いじめられた生徒の中には、運良く教師に気づいてもらえたり、何かしらの対応ができたという子もいるだろう。しかし多くの犠牲者はそれほど運が良くはない。いじめは生徒の学びを大きく阻害するし、中断されることなく授業を受けられるという学校全体の満足感も大きく侵害する。それゆえ私たちは、学校の中でいじめの影響を抑止する積極的かつ効果的なアプローチを発展させていく必要があると感じている。

いじめのストーリー

　いじめがどんなものであるかを把握するために、いったん立ち止まって、起き得るであろういくつかの事例を見ていこう。次に挙げるのは、ある中学校で何年も続いたいじめの例である。

1. 義肢のある生徒が、次のような話をしてくれた。

    僕はほとんどのクラスで頭を叩かれたよ。授業に向かう時も、他の子に足を蹴られたし、「足無し」とか他にも本当ひどい言い方で散々けなされた。理科の時間には筆箱とか文房具とかが取られたこともあった。時には、筆箱の中身を床にばらまかれたり、窓に向かって筆箱を投げられたりもしたよ。

2. 恋人と別れたある生徒は、ひどい報復を受けたと話してくれた。

私たちは恋人としては別れたけど、でも、何とかうまくやろうとはしていたの。その人が流した噂は私の祖母が死んだっていうもの。噂は本当じゃないし、私は祖母が好きだったから、本当に傷ついたわ。

3．次に挙げるのは、異性と付き合うことなんてできやしないと攻撃された例である。

　　理科の時間、その女の子はうちのグループに入りたがってたんだけど、無理だったんだよ。そしたらその子は、おれに彼女なんてできやしないし、もしできたとしたら相手はネズミに決まってるって言い始めたんだ。それで、ガタイの良い自分の彼氏に殴らせる、後ろを向けっておれに言ったんだよ。

4．いじめでよく見られるのは、身体の特徴をいじったり、けなしたりすることである。

　　おれが社会の教室の前で待っていたら、あいつが向こうから来て、同じように待っていた女の子たちに「あいつ、デブすぎて車に入らないんだぜ」って言ったんだ。女の子たちは皆笑ってたよ。

5．時々、いじめは手当たり次第の暴力となって現れてくることがある。

　　家まで歩いて帰ってたら、あいつが後ろからやって来て、背中に飛びかかってきたんだ。何でそんなことをするのか聞いたら、あいつは僕を殴って、行っちゃった。ある日なんか、同じ奴が僕のかばんとパソコンにおしっこをかけたこともあったよ。

6．いじめを行う生徒は、しばしば周りにいるオーディエンスを意識する。

　　みんなで次の授業に向かってた時に、そいつがオレのことを、背が低くて、アンガーマネジメントが必要な、オナニーばっかしてるチビだって言い始めてさ。オレが席についたら、そいつがやってきてオレの本を取って校庭に投げたんだ。オレが本を取りに行った時、クラスのみんなは笑ってたよ。

7．いじめはどんな差異でもターゲットにする。

女子の中には私をからかう子もいた。みんな私のことを笑っていて、冗談を言ったりしてたわ。私はただじっと車椅子に座って何もしないことにしたの。できることなんて何もなかったから。先生たちは何もしなかった。先生たちは私がやられていることを知ってはいたけど、何もしなかった。みんな私に向かって「身障」って言ってきたし、車椅子を蹴ってくる子もいたわ。それから私の靴底も蹴ってきたの。靴が大きかったからね。

8. 同性愛への嫌悪がいじめのテーマとなることも珍しくない。

　国語の時間にそいつはおれのことをホモって言って、おれがそいつの方を見たことを非難し始めたんだ。そいつは同じことを何度も繰り返し言ってきたよ。そいつのダチも笑って、そいつを応援してた。

9. 次に挙げるのは、脅しから窃盗行為へと発展したいじめの話である。

　あの子は何にも聞かずに私のペンを持っていったの。それから私の本も全部取っていった。でも、どうしてもダメって言えなかった。そう言ったらあの子が私のものを全部ぐちゃぐちゃにしちゃうってわかってたから。悪口も言ってきたし、変なアダ名とかで呼んできたりもしたわ。お金も取られたけど、私は何も言わなかった。あの子は私のかばんを開けて、そこからお金を取っていったの。もっとお金がないかって聞かれたから、持ってるよって言ったら、それも取られて。でも、絶対に返してくれなかった。

10. いじめに反応して怒ると、より多くのいじめが起こる場合がある。

　私が自分の課題をしていたら、その子たちの一人が、みんな私のことを嫌ってるって言ってきたの。その子たちはいつも私のことを話してる。私は何も悪いことしていないのに。その子たちは私のことを火山だって言って、私を怒らせて爆発させようとするわけ。私の定規とペンを取って屋根の上に放り投げた人もいたわ。

　こうした事例は、人が他者に対していかにひどい事ができるのか教えてくれる。いじめという行為はどれも、それを被った生徒に深刻な影響を与える。事態がより悪化するのは、いじめられた生徒がやり返す場合である。だが、いじめという権力の行使と、その権力に抗する不器用な実践とは明らかに違う。いじめと仕返しを同

じものだと考えてはならない。

　いじめと仕返しの違いを誤解することがないように、ターゲットにされた被害生徒がいじめからどんな影響を受けたかリストアップしてみよう。

1. いじめのせいで宿題をやりたくなくなったけど、友だちや家族には話さなかった。母さんはおれがダメになったのを見て泣き出したよ。それで家に帰ってきた父さんにおれが何かおかしいんだって話してさ。父さんはいじめってわかったら怒り出して、拳で壁を殴ってた。
2. 母親は私が黙ったままでおかしいって心配してたみたい。だけど私は自分を傷つけることばかり考えてたわ。でも、自分を傷つけた誰かが嬉しがることだけはしたくない。
3. かなり動揺したし、ちょっと震えもきて涙も出てきたんだけど、我慢しないといけなかった。泣きそうだってのを見せたくなかったから。あいつらがどれだけ僕に影響したかって聞かれたら、人生を全部台無しにされたって答えるよ。
4. 冷静にはなれなかったし、家に帰りたかった。みんなが言ったことについてずっと考えが回っちゃって。だからちゃんと授業に集中することもできなかった。先生たちはおれがケンカの当事者だって思ってたんじゃないかな。それは全部おれの周りで起こってたからね。
5. 本当にどうしたら良いかわからなくて、家に帰りたかった。そして二度と戻ってきたくなかったわ。いじめてきた奴を刺してやりたかった。本当にあいつが憎い。みんなに「金髪バカ女」って呼ばれて、自分は必要のない人間だって感じたわ。いつも無力感があったし、その時は自分の味方なんて多くないんだって感じてた。
6. 別の学校に行くことを考えたよ。復讐することも考えたけど、どうしても勇気が出なかった。僕は臆病だからさ。あいつを止めることなんてできなかったし、だからなすがままだった。あいつらを困らせるなんて無理なんだよ。他のクラスメートは皆あいつの味方だったから「彼は何にもしていない」って言うしね。うんざりだったよ。
7. 笑顔でいようとしてたんだけど、家に帰ったら涙が止まらない時もあった。自分がバカみたいに感じるから、両親には言えなかったよ。でも、いまは話してる。
8. 母さんはおれがからかわれていたことを知ってたけど、無視しなさいって言ってたよ。まあ、無視したところで良くはならないけどね。あいつらはずっとからかい続けるから。先生も気にしていないように見える。ただ授業を続け

るだけ。家からも学校からも出て行きたいよ。親に言ったって良いことなんてない。
9. 自分を抑えるのが大変で、私は自分がおかしくなったって思ったわ。

　いじめと仕返しの違いを考える場合に問うべきなのは、どちらの行為も同じような影響を生み出すのか、ということである。いじめが被害生徒にどんな影響をもたらしたのかという点は見落とされがちだ。そればかりか、権力を振りかざしていじめを行う人たちは、いじめが被害生徒にもたらす影響を楽しんでいることすらある。だから、いじめも仕返しも同じことだなどとは、必ずしも言えないのである。

いじめへの一般的なアプローチ

　ある女子生徒が、いじめを受けていた時どんなふうに対処しようとしたのかと質問された。それに対し、彼女はおなじみのこんな話をしてくれた。
　「みんな私にやり返せとか無視しろとか言ってきたわ。でも、やってみたところで、うまくいったことなんて何もなかった。もっと悪くなっただけ！　だから、いじめをただ受けなきゃいけないんだって思ったわ。」
　いじめがもたらす影響については理解が広がっているし、政策的にも世界中で多くの発議がなされている。それにもかかわらず、未だにいじめを受けている人たちに対する最も一般的なアドバイスは、「うまい対処の仕方を見つけろ！　そうすればいじめは無くなる」というものだ。いじめられた経験がある親でさえ、多くの場合、自分の子どもにはいじめとうまくやっていく術を学べと言う。「そうするのが一番だ」と彼らは言うのだ。
　それではほとんどうまくいかないというのが、このアドバイスの最大の問題点である。いじめる人たちは、自分たちのやることがそれを無視しようとしている相手にさえ威力を発揮するということに、すぐに気がつく。だから、無視はかえっていじめを助長してしまう。自分の影響力を保ち、権力の感触を楽しもうとする思いが、いじめを続かせるのである。いじめに耐えて無視しようと頑張る人を見ることは、いじめる側にとってはエンターテイメントなのだ。だから、いじめる人たちは、心が折れてしまうか、怒りで爆発するまでどれくらいターゲットが我慢できるか見ようとして、いっそう努力するようになる。
　多くの人々が挙げるいじめへの対応策として他に一般的なのは「強くなってやり返せ」というものである。映画や一般受けする心理学の中には、被害者が筋トレをしたり、空手を習ったり、ギャング仲間を作ったりしていじめっ子を倒しに行き、

勝利をおさめるというストーリーが多くみられる。しかしこうしたアプローチの本当の危険は、いじめられた側がいじめる側となるか、さもなければ、それまでのいじめ行為がもっと危険な暴力へとエスカレートするという点にある。

　おそらくびっくりするのではないかと思うが、いじめに対する一般的な反応として、いじめられた側を非難するというものもある。いじめられたことに不満を述べた人が、それまでどんなことをしていじめを助長させてきたのかと逆に尋ねられることは多い。これでは、あたかもその人のしたことがいじめの原因であるかのようだ。たしかに生徒の中にはいじめの被害者となったことで、学校中の注目を集める子もいる。また、被害生徒が他の生徒の怒りを買うようなことをしたという状況証拠が見つかることもあるかもしれない。しかしだからその生徒をいじめによって傷つけても良いということにはならない。被害者を責めることでいじめという問題が変化することはほとんどない。

　必要なのは、学校側がいじめを深刻に受け止め、いじめを野放しにしないよう、より体系的なアプローチを積極的に行っていくことである。たとえば、校庭見回り〈プレイグラウンド・スーパービジョン〉を組織するといじめ事例が減少することは、よく知られている。他にも学校全体で取り組めるプログラムとして、いじめに関する授業や学級会、教師への啓発活動、組織的制裁措置、保護者の積極的参加などの方法を用いることもできる（Olweus, 1993）。

　いじめへの対応として最も一般的に認められているのは、どの生徒がいじめをしているのかを特定し、その生徒を取り出して罰を与えるというものである。しかし、罰はいじめへの効果的な対応とならず、問題を抑えこむだけにしてしまう可能性がある。また、潜在的には、倫理的に誤ったメッセージを発信してしまう可能性もある。罰則を適用すると、「学校の権威者はいじめを行う生徒よりも強大な権力を持っている。これは学校中で認識しておくべき事項だ」というメッセージを暗黙に発信してしまうからである。こうなると、いじめへの対応は主として力で押さえ込むものと見なされていく。問題なのは、こうしたメッセージがいじめ行為によく似ているという点である。さらに言えば、こうしたメッセージは、被害生徒にも加害生徒にも何の力も認めていない。つまり、両者が投げ合うべきボールが当事者の手から取り上げられてしまっているのである。

　罰則を適用することの副作用についても考慮に入れておくべきだろう。罰を受けた生徒は、罰を与えた教師への怒りを、いじめターゲットの生徒へと簡単に転化させる。実際、いじめを告発した生徒に対する報復はあまりにも一般的だ。被害生徒はこのことをよく知っているので、かなり苦しい状況でも、誰か他の人に助けを求めることを躊躇するものである。他の副作用としては、被害生徒の成長に否定的影響を与えたという不名誉な称号を、加害生徒に付与するということもある。そうし

た称号を与えられた生徒は、周囲だけでなく自分でも自分をそうした存在と見なすようになるため、結果として別の人に対してもいじめ行為を繰り返してしまう可能性が出てくる。

　私たちは、いじめに対して強い罰則を科す応報的モデル（Zehr, 1990, 2002）の対応が常に間違っていると言いたいわけではない。また、罰則が必要な状況などないと言いたいわけでもない。私たちが関心を持っているのは、いじめ行為を変化させ、生徒間の関係性を変えていける、効果が立証されている方法は他にないのだろうかということである。そして、それこそが本章で扱う方法である。

　被害生徒や加害生徒に個人的にカウンセリングしても、必ずしもうまくいくわけではない。いじめは対人関係上の問題だからである。もちろんスクールカウンセラーは加害者や被害者へのカウセリングにも対応できるよう準備しておくべきではあるが、カウンセリングの支持的な雰囲気は、行動を一気に変化させるほど十分な意欲を加害生徒にもたらすことは少ない。一般的に、スクールカウンセラーの活動内容は、学校の規律をマネジメントする管理職の役割とは異なっている。そのため、スクールカウンセラーが生徒の問題行動に対応する場合、従来はそこに役割上の葛藤が生じると考えられてきた。要するに、個人的・社会的・感情的問題を生徒が扱えるよう支持的に援助するのがカウンセラーの役割であって、問題行動への対応はその役割と対立すると思われてきたのである。しかし、第5章の修復的実践で見たように、修復過程をマネジメントするという役割を持つカウンセラーであれば、権威的でない形で学校の規律の中に生徒を誘い入れていくことができる。校長もスクールカウンセラーもそうしたカウンセラーの新たな役割を理解していれば、カウンセラーは役割上の葛藤を感じることなく、問題行動に対応していくことができるだろう。

秘密いじめ対策隊

　スクールカウンセラーの活動に新たな地平を開く実践の一つが、秘密いじめ対策隊である。ここでは、カウンセラーは権威主義的なアプローチに頼らず、専門的スキルを使いながら、行動上の問題に焦点を当てて生徒間の関係性を変えていく。秘密いじめ対策隊は、いじめを減らし、生徒の学びだけでなく、教師の学級経営や管理職の仕事にも益をもたらす方法である。「秘密対策隊（undercover teams）」というのはビル・ハバード（Hubbard, 2004）が考案した用語である。彼はロビンソンとメインズ（Robinson & Maines, 1977）の「誰も責めない（ノー・ブレイム）」アプローチを説明する際に、この用語を用いた。私たちは二つの論文でこの秘密いじめ対策隊といういじめへ

のアプローチ方法について詳しく取り上げ、研究の重要性を訴えた（Williams, 2010; Williams & Winslade, 2008）。以下では、参考事例とともに、この方法を解説していこうと思う。

　これから見ていく事例はナラティヴの視点に基づいており、いじめ行為もナラティヴのパフォーマンスであると考えている。ここでは、いじめる側もターゲットとなる生徒も、さらには傍観者も、共有された一つのプロットに沿って自分たちの役割を演じていると見なされる。つまり、生徒たちはそれぞれが、問題となっているストーリーの筋に沿った参加者と見なされるわけである。だからといって、生徒一人ひとりに本質的な問題があるということではない。これまで何度も繰り返してきたことを今一度繰り返すことになるが、「人が問題なのではない。問題が問題なのだ」。あるいは、今回のケースでは次のように言えるだろう。「いじめる人が問題なのではない。いじめが問題なのだ！」

　私たちは、生徒のことを「いじめっ子」や「いじめ被害者」だと見なして全体化する（Winslade & Monk, 2007）ようなことはしたくない。いじめ関係に関わっている人の誰もが、他の関係スタイルを取ることもできると考えているからである。本来的にいじめっ子である人も、本来的にいじめられっ子である人もいない。いじめる人、被害生徒、傍観者といった言葉は、その生徒の名前ではなく、あるナラティヴの中で各人が取るポジションの名前なのである。そして、各々の生徒はそれぞれのポジションに立って、ナラティヴ内の自分の役割を果たしているだけなのである。こう考えれば、各々の生徒にそのストーリーから出てもらうことも不可能ではないはずだ。それゆえ挑戦すべきなのは、各々の生徒がいじめのストーリーからいじめと相性の悪い別のストーリーへと移る、そういう機会を作り出すことなのである。

　要するに、いじめという行為において核となるのは、加害生徒や被害生徒の個人的なアイデンティティ以上に、いじめ関係なのである。それゆえ、変化を生み出す上でいじめ関係に直接ターゲットを絞るというのが理に適っていると言えよう。秘密いじめ対策隊というアプローチは、まさにこうした活動を行う。このことを説明するのに最も良いのは、実際の実践事例を見ていくことだろう。

―― ＊＊＊ ――

参考ケース

　「私の担当する9年生（アメリカでの8年生に相当する）のある女子が、クラスメートからいじめられているんです。」その教師は、私の横に座って、そう言った。
　「周りの生徒を移動させたり叱ったりしていじめを止めさせようとしたんですが、未

だにその子が泣いているのを時々見るんです。私には何も言おうとしないんですが、その子のことが気になっていて。いまちょうど、課題をしないであそこに座っています。どうかジュディスと会っていただけませんか？」彼はそう頼んだ。

　私は承知して、そのクラスからジュディスを呼び出し、私のオフィスに来てもらった。彼女がオフィスの中に入った後、私は「君が泣いているのを見た先生から、君が誰かに嫌がらせを受けているのではないか、と相談されたんだ」と説明し、そうしたことが起きているかと優しく尋ねてみた。彼女は頷き、恥ずかしそうにしながら、「いじめられている」と言ってくれた。私は、それについて聞いてみたい、というのも、実は、いまいじめ根絶に効く特別なプログラムを作っているところなんだ、と彼女に伝えた。彼女は少し怪訝にしていた。もしかするとこのプログラムについて以前に聞いたことがあったのかもしれない。

　「そのプログラムを行うか決める前に、君の話(ストーリー)を聞きたいんだ。それから、それを書き留めてもおきたい。あと、僕がきちんと理解しながら話を聞けているか、チェックもしてもらいたいんだけど。」

　私はしばし待ってから、こう言った。

　「もしこの特別プログラムが君の役に立つとすれば、まずは君の話を僕がちゃんとつかんでないといけないんだ。君の話を使う必要があるから。それでも大丈夫かな？」

　ジュディスが承諾してくれたので、私は記入フォームを取り出して、彼女の話を記録していった。

　「これまでの人生、ずっといじめられてきた。みんな私の赤毛や背が小さいことをからかった。小さすぎて読書なんてできないんじゃないかって言ってきた子もいた。けど、たいていは、みんな私の髪の毛をからかってくる。みんな私に嫌なことを言ってくる。生きるのが辛い。『火事頭』とか『紅しょうが女』とか『人参チビ』とか呼ばれる。これは本当に嫌なの。それから、今朝は何人かの子が私のことを歌にしていたわ。

　『何で彼女は生まれたの？何でまだ生きてるの？あいつを見ると目が潰れるよ』って。

　どうして髪を染めないのか聞かれたこともあるし、青か金髪か茶色か、とにかく赤以外にしろって言われたこともある。でも髪はどうしようもない。それに、おじいちゃんはこの赤毛が私を特別にしてるって言ってくれてる！」

　私はジュディスに尋ねた。「いじめのせいで、君はどんな影響を受けてる？」

　「悲しくなるし、ムカつくし、傷つくし、みじめになる。みんなが私をいじめるようになったのって、何のせいなんだろう、何でみんな他の人はいじめないんだろうっても思う。誰かを殴りたいし、物を投げつけてやりたい。妹のことをひっぱたいて、蹴ってやりたいとも思う。みんながいじめてくると、涙が止まらなくなる。ある意味、泣き虫なのよ。実際、妹は私をそう呼ぶしね。私の妹は6歳で、耳が聴こえないんだけど、**私のこと**を泣き虫って言うの。あと、あいつらにムカついていることを自分の本

に書くこともある。本当はしたくないのに。家族に対して大声をあげちゃうし、ドアもバンバン叩いてしまう。叫ぶこともあるわ。おもちゃを部屋中に投げつけるから、ママに怒られることもある。時々は私の友だちにも影響がある。私がみんなに当たり散らすから。」

私はジュディスに、物事がどういうふうになったら良いと思うか尋ねた。彼女はしばらく考えてから、笑みを浮かべて言った。「楽しくて、みんなとうまくやれてて、みんな友だちっていう感じかな。そうなれば、私も家で幸せでいられるだろうし、叫ぶこともないし、何か汚いことを言ってしまって石鹸で口を洗うなんてこともないだろうし（これは脅し文句だ。まだ実際には起きてない）。ただ楽しい生活を送りたいの。」

「このいじめを君から追い払わないといけないね。本当そう思うよ。」私は言った。「君は変化を起こすために何かする必要はない。だけど変化は起きるから、それには気づいてほしいな。」私は言った。

「それはすごいわ。」彼女は応じた。

秘密いじめ対策隊結成にあたっての最初のステップは、カウンセラーがいじめのターゲットに会って何が起きているのか、その話を注意深く聞き、実際にいじめがあるかどうか確かめることである。もしいじめが起きていれば、カウンセラーは秘密いじめ対策隊結成をその生徒に提案する。ここで伝えるべきことは、秘密いじめ対策隊の活動を成功させるために、多少秘密保持が必要になるということである。「ミッション・インポッシブル」のようなものだと説明しても良い。陰謀を企てるという感覚はこのアプローチを遊び心あふれるものにするので、往々にして活動上の魅力を高めてくれる。たいてい、子どもや若者というのは、フリーマン・エプストン・ロボヴィッツ（Freeman, Epston & Lobovits, 1997）が「深刻な問題への遊び心あふれるアプローチ」と呼ぶような方法に惹きつけられるものである。

「君のケースでうまくいきそうなのは」私はジュディスに言った。「秘密対策隊を結成することだ。この部隊はいじめの解消を第1の目的とするもので、君と君の先生が選んだ生徒がメンバーになる。ただし、メンバーにはクラスみんなから尊敬されている生徒を4, 5人と、特にひどいいじめをする生徒のうち2人を入れる必要がある。できれば、男女混合が望ましい。どうしていじめる生徒を部隊に入れるかというと、いじめをする生徒というのは多くの場合見ている者がいるからいじめを行うのであって、彼らは他者への配慮をきちんと学ぶ必要があるということがわかってきたからなんだ。部隊の他のメンバーが、どうやって他者に配慮するのかをその子たちに教えるってわけさ。

それで、この部隊をうまく機能させるために大事なのは、メンバーがスパイのように『暗躍』しながら、いじめを探し出し、それを阻止するあらゆる手段を講じることなんだ。もしお望みなら、以前に実施した秘密活動の実例を見せることもできるよ。

メンバーが集まったら、私はメンバーに対して、彼らが君と先生によって特別に選出された秘密対策隊のエージェントであること、そしてクラス内のいじめを根絶することが仕事であることを伝える。ここで私は君が話してくれたいじめのストーリーを彼らに読んで聞かせたいと思っている。君にどんなことが起きているのか、彼らがはっきりとしたイメージを持てるようにね。ただし、誰かが君に復讐したりしないように、特定の生徒の名前は出さないで話すつもりだ。僕は単純にいじめに関する実際のストーリーを彼らに聞いてほしいだけだからね。どうかな？」
　「まあ、良いと思う。」彼女は用心深く言った。
　秘密いじめ対策隊結成の第2ステップは、被害生徒に部隊のメンバー6人を選出してもらうことである。この6人の中には、最もひどいいじめをしている生徒2名も加える。その他のメンバーは、少なくとも被害生徒の知る限り、一度もいじめの被害者にも加害者にもなったことのない男子と女子から構成される。このメンバーはクラスメートから尊敬され、一目置かれているような生徒でなければならない。そのため、後で教師のチェックを受けるのが賢明だろう。教師によるチェックは、とりわけ被害生徒が他の生徒のことをよく知らず、部隊のメンバーを選ぶのが難しい場合に必要となる。
　続く第3ステップでは、カウンセラーは選出された部隊メンバーと会って、クラスメートが嫌がらせといじめを受けているという情報を彼らに伝える。カウンセラーは、被害生徒が語ったいじめストーリーをまとめたものを部隊に読み聞かせ、いじめがその生徒にどんな影響をもたらしているか簡潔に述べる。ここでは被害生徒の言葉を直接引用することになるが、特定の生徒の名前を出したりはしない。読み終わったら、カウンセラーはメンバーに、いまの話からどんな印象を受けたか尋ねていく。多くの場合、メンバーはその話にショックを受けるか、怒りを露わにするかするだろう。そこでカウンセラーは、特別な秘密調査に加わって、いじめ被害者を秘密裏にサポートしたり大変な時に助けてあげたりしないかと言って、メンバーを秘密いじめ対策隊に誘う。彼らは被害生徒と友だちになるようにと依頼されたりはしないが、被害生徒に親しみを持って接するようにとは依頼される。この時カウンセラーは、対策隊は完全な秘密組織であり、誰にもその存在を知られてはならないと何度も強調しておく。また、ミッション成功の暁には、つまりいじめが止んだ場合には、メンバーに食券（あるいは他の適切な報酬）と校長からの表彰状が授与されるということを説明する。校長からの表彰を入れるのは、このミッションが正当な活動であるとメンバーにわかってもらうためでもある。
　メンバーに選出された生徒全員が、対策隊メンバーとなることに同意した（あるいは、同意したと推測された）場合に限り、いじめのターゲットとなっている被害生徒の名前を明らかにする。それからカウンセラーはメンバーに対し、どのようにしたらい

じめを止めることができるか、また、どのようにしたら被害生徒の学校経験をいまとは違ったものにできるかについて、綿密な計画を立てるよう依頼する。計画が立てられたら、今度はメンバーに対し、その計画を秘密裏に実行するための方法について話し合うよう続けて依頼する。

　私はジュディスのクラスメート一覧をプリントアウトし、誰を選ぶと最もいじめを根絶できそうか、ジュディスと話し合った。まず、クラスメートを一人ひとり見ていき、ほとんどのいじめで責任を負うべき生徒2名を特定した。その次に、ジュディスが知る限り、誰もいじめたことがなく、またいじめられたこともない生徒の選出に移った。ここで選ばれた生徒は皆、クラスメートから一目置かれている子たちであった。私はジュディスに、このリストを先生と共有すること、そして生徒たちに協力の依頼をしておくことを伝えた。

　秘密対策隊の選出メンバーがいじめ根絶のプランを立てたら、私は再度ジュディスに連絡して、活動の進捗状況をチェックしてもらうことにしていた。いじめが止んだか判断を下すのは、彼女だからである。

　ジュディスがクラスに帰る前に、私はジュディスに「秘密いじめ対策隊では各メンバーがそれぞれの時間と方法を使って変化を起こしていく必要がある。だから部隊については周りに秘密にするように」と念を押した。いじめを取り除く最善の方法は、加害生徒に他者と関係を持つ新しい方法を学んでもらうことである。そして、それは学校の偉い人からの強制ではなく、加害生徒自身の選択で学んでもらうのが良い。これらの点については、私とジュディスの見解も一致していた。

　放課後、私はジュディスの授業を担当する教師たちに次のようなメールを送った。

> 先生方
> 　ジュディスですが…いじめを受けていると私に話してくれました。断続的にからかわれたり、非難されたり、家族をバカにされたりするといったいじめを受けているようです。「あまり深刻でないレベル」と思われるかもしれません。しかし、ジュディスにとっては深刻なことであり、学校への意欲を減じる原因ともなっています。先生方の中には、ジュディスに対するいじめの影響について気づいておられる方もいらっしゃるかもしれません。ジュディスと私は、このいじめを根絶する上で秘密対策隊という方法がうまくいくのではないかと考えました。
> 　ジュディスは秘密対策隊のメンバーとして、次のような生徒を選んでくれました。ブレンドン、ラジャル、ジャネット、バーナディン、ルイ、ジョージ、そしてニコです。ジュディスはこの生徒たちにサポートをお願いしたいと考えています。なお、このメンバーには「いじめ加害者」も二名含まれています。
> 　先生方がご存じのことを踏まえて、もっと適任がいるとか、あるいは何か懸念

があるとかいったことがありましたら、教えていただけますでしょうか？
　秘密裏の活動を行い、いじめを見つけ根絶する上で、このメンバーが理想的なチームだと思われるようでしたら、ご返信はいただかなくて結構です。明日にでも部隊を招集する必要がありますので、返信をいただけるようでしたら早めですと大変助かります。
　いじめのない学校を目指して。
　マイク

　私は昼休みに、ミーティングをすると言って秘密対策隊に選出された生徒たちをオフィスに招いた。ただし、ミーティングの目的については知らせなかった。招かれた生徒たちは、他に誰が来るのかも知らなかった。
　生徒たちはぞろぞろと集まり始めながら、何のための集まりなのかと口々に聞いてきた。また、ミーティングにいじめっ子二人がいることについても、彼らは驚いていた。私はイスを円にして並べた。いじめを行っている二人の生徒はとても落ち着かないように見えた。私は全員イスに座るよう身振りで促したが、彼らは一斉には座らず、明らかな違和感を何とか無視しながら、他の生徒が座ると、その横に腰を掛けていった。
　私は彼らに、君たちは誰もできない仕事をするために特別に選出されたメンバーだと伝えた。彼らはそれが何のことがわからず、お互い顔を見合わせていた。
　私は真剣な顔をして言った。「君たちのクラスでいまいじめが起きている。そして、一人の生徒がそのいじめで特に影響を受けている。君たちの先生はその生徒が泣いているのを見て、私に援助を依頼した。私はその生徒と話をして、かなりひどいいじめの話を聞いた。そこで私はその子に、いじめを根絶するのに最適な人は同じクラスの生徒たちだと言った。その子もそれに賛同してくれた。
　君たちがここにいるのは、平和と調和を取り戻し、いじめを永遠に根絶するという難しい課題を行うための特別秘密部隊として、その生徒が君たちのことを選んだからなんだ。先生たちも、君たちが選ばれたことに賛同してくれている。
　いじめが無くなったかどうかはその子の判断に委ねられているんだが、もしこの秘密部隊がうまくいった暁には、学校からいじめを無くす活動をしてくれたお礼として、全員に食券と校長からの表彰状が与えられる。どうだろう？　秘密は守れそう？」
　予想通り、この時点ではたくさんの反応があった。時には、いじめていた生徒がいじめを白状したり、他のクラスメートに非難の矛先を向けたりすることもある。反対に、黙りこんでしまうことも多い。また、自分はいじめに関わっていないと否定する子も時々いる。だが反応があまりない時も、たいていの場合、生徒たちはこのアプローチ自体には好意的で、しばらく待っていると、クラス内の関係性を変えるためのプランについて誰かしら話し始めてくれるものである。私がこれまで関わった中で対策隊

に加わりたくないと生徒が言ったことは、一度もない。

それから、私は次のように言った。「私が誰かを非難することに関心がないということは、君たちはもう気づいているかもしれないね。私が誰の名前も出していないのは、私がいまから読み上げようと思っているいじめの話が、いじめについてであって、いじめっ子についてではないからなんだ。誰がいじめをしているのか尋ねられたとしても、私は絶対に言わない。なぜなら私は、問題はいじめという行為だと思っているからね。時にはいじめにうんざりするほど慣れきっているって人もいるけど、そういう人たちだっていじめをどうやって止めるかは知らない。さあ、これからいじめの話をするけど、準備はいいかい？」私は尋ねた。

それから私は、ジュディスから聞いたいじめの話を読み上げた。ジュディスにどんな影響があったのか、また、彼女が何を望んでいるかということも話した。

いじめの話を聞いた後の反応というのは実にさまざまだ。生徒の中には、インパクトが強くて泣いてしまう子もいる。周りをチラチラ見る生徒もいる。いじめをしていた生徒は自分の名前が出てくるのを待つ。その場にいる生徒の数人が、いじめをしている生徒の方を非難の眼差しで見るということもよくある。そのため、私はできるだけ部屋の中の誰も非難しないように、また生徒が他の生徒を非難しないように注意する。

「いまジュディスの話を聞いたわけだ。これから、いじめを取り除くためのプランを5つ作る必要がある。覚えておいてほしいのは、ジュディスは個人的に君たちを選んだのであって、それは、君たちがクラスに影響を及ぼすことができる生徒だと、彼女が思ったからなんだ。君たちの先生も、君たちがこの部隊に加わるよう依頼を受けているのを知っているから、この秘密対策隊がいじめをどうやって根絶するか先生方も見ることになる。それで、手始めに何をするかってことなんだけど、一つの方法としては、君たちがジュディスだったとしたらどういうことをしてほしいと思うか、それを考えることから始めると良いと思うんだ。」

「誰かが彼女をからかったら、かばうことはできると思う。」ある生徒が言った。

「他にそれをしても良いって人はいる？」私が尋ねると、何人かが立候補してくれたので、私は彼らの名前を記録フォームに記入した。なお、この記録フォームはジュディスの話を書き留めたのと同じものだ。

「ジュディスをからかう人たちを止められるよう、ジュディスの近くに座っておくと良いかもしれないね。」ラジャルが提案した。

「『やあ』って挨拶するのも良いんじゃない。知らないふりをするんじゃなくて、むしろ親しくした方がいいでしょ。」ある生徒がそう言うと、全員が頷いた。

私は記録フォームに"部隊全員で行う"と書いた。

「ジュディスと一緒にゲームとかおしゃべりをする。」二人の女子生徒はそう提案し

た。私は彼女たちの名前を記録フォームに記入した。

「彼女を1人にしない、それから彼女に親しくする、彼女に話しかける。」部隊全員が頷いたので、私は"全部隊で実施"と記入した。

「ありがとう」私は言った。「見たところとても良いプランだ。ただ、まだ二、三話し合わないといけないものがある。どうやったら活動を秘密のままにしておけるかな？いじめを無くそうとしていることに他の子たちが気づいたら何て言おうか？」

彼らはしばらく考えていたが、バーナディンが次のように言った。「カウンセラーの先生がおれたちに仲良くするよう言ったんだって言うだけでいいんじゃないの。」

「秘密対策隊の活動をする時の秘密のサインとか決めない？」ある女子生徒が言った。

「お互いにシークレットネームをつけるも良いよね。」他の生徒も提案した。今やみんな盛り上がっていた。

私は、この特別ミッションに加わることに賛同してくれてありがとうと全員にお礼を述べてから、対策隊を5日後に再招集するということと、その時までに私の方でジュディスに何か変化に気づいたか聞いておくということを伝えた。彼らは皆ポジティブに、早く活動に取り掛かりたいといった様子で部屋を後にした。

このミーティングの数日後に、カウンセラーはいじめ被害者と会い、いまどんな感じであるかを尋ねる。その後、カウンセラーは秘密対策隊と再びミーティングを開き、メンバーから見て計画の進み具合はどうであるかなどについて打ち合わせをする。この時点でプランを改良する話し合いが必要となったり、プランの効果が検討されることも時々ある。ただし当然のことであるが、プランがどう進行していくかはさまざまである。時には秘密がバレてしまうこともある。いじめ加害者が自分の行いを白状することもあるし、そうならない場合もある。また、いじめ被害者の生徒が秘密いじめ対策隊のメンバーに会ってお礼を言いたいと望み、直接会う場合もある。ただし被害生徒が申し出ない限り、これは必要ない。

このようにいくつかのバリエーションはあるが、秘密いじめ対策隊のアプローチは、綿密に計画された次のようなプロセスに進んで行っていく（ボックス9.1参照）。

―― *** ――

ボックス9.1
秘密いじめ対策隊のスケジュール

1日目　いじめのターゲットとされている生徒と個別に面接（30分）。
2日目　秘密対策隊を招集し、彼らにミッションを説明し、プランを5つ作成する（30分）。クラスを担当する教師たちには、部隊の結成とその目的に

	ついてEメールで知らせる。
5日目	いじめのターゲットとされている生徒とカウンセラーで進捗状況を確認する（10分）。教師たちとも進捗状況を共有する。
7日目	秘密対策隊と会い、彼らの進捗状況を確認するとともに、活動を励ます（10-15分）。
9日目	いじめのターゲットであった生徒と再び会い、ここまでの進捗状況について確認した上で、いじめが止んだかどうか確認する（10分）。
14日目	この時点でいじめが止んでいた場合、秘密対策隊と再び会って表彰状、食券、評価用紙を渡す。そして、長期のプランを立てる（30分）。

— *** —

2日後、ジュディスが笑顔で私に会いに来た。

私は尋ねた。「クラスはいまどんな感じ？」

彼女の顔が明るくなった。「最高…良いわ…素敵。」彼女は言った。「いじめは止まって、本当に幸せ。あのいじめっ子二人も、私に対するいじめを止めたし、友だちにも止めるよう言ったみたいで、それも良かった。ただ、もう少し長く見るべきだとは思うわ。確認するってだけのためだけど。」

「たしかに。まだ早いっていうのは君の言う通りだ。秘密対策隊はまだ始まったばかりだからね。ただ、良いスタートは切れたね。」私はそう言って、ジュディスをクラスに送り返した。

さらに2日後、2回目のミーティングを開くため、再び秘密対策隊を招集した。

「計画した5つのプランについてはうまくいってる？」私は尋ねた。

「かなり簡単だった。」男子の一人が言った。「ただ『やあ』って挨拶するとか『大丈夫？』って言うとか、かなり基本的なことだしね。」

他の男子も言った。「優しくしようって頑張ったよ。まあ、うまくいったと思う。」

「ジュディスに『やあ』って言うとさ、彼女も言うようになったよね。」女子生徒の一人が言った。

「彼女、変わってきたよね。むちゃくちゃ元気ってわけじゃないけど。」別の生徒も言った。

「おれは、先生が彼女をからかっているように見えることがある。」ある生徒はそう観察していた。

「他に何か変化に気づいたことはある？」会話が落ち着いた頃に私は聞いてみた。

「変化は起きてきたよ。ジュディスに優しくすると、彼女も僕らに優しくしてくれる！」ブレンドンは言った。「まだいじめが永久に無くなったってわけじゃないけど。

いろいろあるみたいだし。この前ジュディスは、特に理由もないのにアリアナを怒鳴ってたしね。」

「何かジュディスの助けになりそうな提案はあるかな。」私は尋ねた。

「えーと」ブレンドンが言った。「行動する前に考えてみるってことかな。そうすれば、彼女は大げさに演じなくても良いってわかるんじゃないかな。彼女、イライラしそうだから。」

「じゃあ、いまは彼女をそっとしておこうよ。何か言ったりしないで。そしたら彼女ももっと落ち着くんじゃない？」

私はジュディスのクラスを担当する教師たちにメールをし、何か変化に気づいたか尋ねた。英語を担当している教師は、ジュディスにひどいいじめをしていたあの男子生徒が、いま「模範生徒」であることを報告してくれた。メールに応じてくれた別の教師は、クラスの雰囲気が大分改善されたと教えてくれた。

2, 3日経ってから、私はジュディスに連絡して会った。

「彼らは任務を果たしたわ！」彼女は興奮気味に言った。「いじめはもうずっとないし、私も幸せよ。これからもずっといじめはないってわかる。ジャネットとの友だち関係もずっと良くなったし。」

「それは最高だ！」私は言った。「本当に大丈夫かい？」

「ええ、いじめは止まってるし、イライラするっていうこともうない。」

彼女は誰に促されることもなく、そのように述べた。私は何かポジティブなことが起こっているとわかって微笑ましかった。

「その件について」私は慎重に言った。「秘密対策隊の何人かが、君が『大げさに演じない』ようにできるか心配してたんだ。僕にはどういう意味か正確にはわからなかったけど、君がそうしてるんじゃないかと思って。」私はこう述べた。

「ああ、そうね。私はみんなの言ってることわかるわ。」彼女は笑った。「メンバーの一人が私にそのこと言ってくれたの。それで、マ〜ジ〜で変わったわ。敏感になっちゃう気持ちと距離が取れてからはね。」

10代の若者言葉であったが、言いたいことは伝わってきた。私は彼女をクラスに返してから、校長に会い、部隊の成功に伴って6つの表彰状にサインをしてもらえるよう頼んだ。

次の日、私は彼らに食券と表彰状を渡し、評価用紙に記入してもらうため、部隊を呼び寄せた。

彼らはみんな笑顔で私のオフィスに来て、前に座ったのと同じ席に座った。

「今回で、この部隊のミーティングは最後になると思う。」私は始めた。「私は皆にミッションがどうであったか、また、いじめが永久に無くなったと思うか聞いてみたい。ジュディスはいじめは無くなったと言っているし、とても幸せだと言ってくれて

第9章 秘密いじめ対策隊 | 173

いる。私としては、もう食券と表彰状を渡す時じゃないかと思ってるんだけど。どうかな？」
「永久に無くなり始めたんだよ。」ルイが言った。
「良い方向に動き出したのは良いことだよね。」別の生徒が言った。
「良い経験をしたよ。僕らはもう次にすべきこともわかってる。」また別の生徒も言った。
「私たちよくやったわ。」ラジャルがそう言うと、みんな互いにハイタッチをした。
「ジュディスがいじめは無くなったって言って、君たちもそうだって言うなら、それだけで私は十分だよ！」私は興奮気味に言った。
それから私は彼らに食券と評価用紙を渡し、表彰状を授与した。この部隊は、生徒たちがお互いについて、そして、誰かのために自分の力を行使することについて、大きな学びをした、一つの成功例と言えるのではないか。彼らが帰ったのを見送りながら、私はそう感じていた。

―― *** ――

社会的学習活動

ここまで書いてきた秘密いじめ対策隊というアプローチは、いじめ関係に対する戦略的介入である。この方法はいじめに対抗する心理的な動機づけを高めるものというより、いじめを取り巻く社会関係に直接焦点を当てるものだと感じた読者もいるかもしれない。そうとも言えるが、社会構成主義的に見れば、秘密いじめ対策隊というアプローチは、「人々の間に心理がある」と見なして対応していく方法であるとも言える。他者との相互作用の中で生じたものが内在化されるプロセスこそが学習であると考えたのはレフ・ヴィゴツキーであるが、秘密いじめ対策隊によるいじめ関係への介入プロセスも、まさにこのヴィゴツキーが言う一種の社会的学習活動ではないかと私たちは考えている。
第5章で論じたように、ヴィゴツキー（Vygotsky, 1978, 1986）が発展させた学習理論では、「発達の最近接領域」の中で学習が起こると考えられている。発達の再近接領域とは、生徒がまだ習得できていない新しい何かを学ぶ場のことである。ここでは、自分より進んだ問題解決スキルを持った教師や他の生徒の助けがなければ学習はあり得ないと考えられている。マイケル・ホワイト（White, 2007）が言うように、こうした学習過程は読み書き同様、アイデンティティの発達にも敷衍できる。ホワイトは、発達の最近接領域を通して「よく知られたおなじみのもの」が「知る

ことのできた可能性の一つ」へと移っていくと論じている（p.277）。

　秘密いじめ対策隊は、いじめのナラティヴが強い力を持っているがゆえにそれまで顧みられることのなかった関係性に、チャレンジしようとする。そしてそのチャレンジを通して、いじめられている生徒に貼り付いている「よく知られたおなじみの」評判を覆す機会を作り出していく。つまり秘密いじめ対策隊は、メンバーの活動やスクールカウンセラーの助けによって生み出される「足場掛け」（White, 2007）の助けを借りながら、それまでにあった関係性のレパートリーを拡大し、新しい行動を既存の関係の中へと包摂していこうとする活動なのである。この過程では、いじめっ子にとっても傍観者にとっても、自分の行動が「知ることのできた可能性の一つ」として、つまり常に他の可能性も持つものとして捉え直されていく。すると彼らはいじめ行為という可能性を選ぶことがどのような結果をもたらし、どのような影響を及ぼすのか自ら省察するようになる。さらに、部隊のメンバーと共に活動することを通して、他者と協働する力も養われていく。

　秘密いじめ対策隊のメンバーたちは、仲間と協働したり一緒に対策を練ったりすることを通して、発達の最近接領域に身を置くことになる。部隊の活動を一緒にチェックし、うまくいったことを共有し、共に一つの問題に取り組むことで、それまでにあった関係が変化していく。いじめをしたことがないメンバーたちは、これまで周りから「潔白な傍観者」と見られてきたかもしれない。しかし彼らは、道徳的に間違っている物事を阻止する手立てを打たなかったということ自体が、たとえそうした手立てについて一生懸命考えていたとしても、現実的にはいじめを延々のさばらせるのに一役買っていたのだと気づいていく。そしてこの過程の中で、彼らは「よく知られたおなじみのもの」から「知ることのできた可能性の一つ」へと移ることも学ぶのである。

　秘密いじめ対策隊の創設とミッションの実行は「再評価儀式」（Epston, 2008）という用語で表現することもできる。メンバーたちは秘密いじめ対策隊の活動について考える中で、道徳とは何かということについて再考を迫られることになる。いじめをした生徒を恥ずべき存在として蔑み、その他の生徒を一切問題にしないといった道徳的態度では、秘密いじめ対策隊の活動を成功させることはできない。結果として秘密いじめ対策隊では、いじめる生徒を以前はいじめなどしなかった存在として評価し直し、道徳あるコミュニティ（この場合は、いじめていない生徒たちのコミュニティ）の有能なメンバーとしてもう一度認めることになる。そのため、秘密いじめ対策隊の活動はいじめをした生徒たちにとっても、そのコミュニティの一員として道徳的決定ができるか否かを試される場となる。言い換えれば、仲間を助けるアイデンティティを採用するのか、いじめ加害者としてのアイデンティティを採用するのか、この二つの可能なアイデンティティの間で道徳的に判断できるかを、

彼らは秘密いじめ対策隊での活動を通して「テスト」されるのである。

このテストをパスすることで、いじめの責任はメンバー間で共有されていく。そして、メンバーはより大事なことに関心を向けていく。はたしていじめ関係はどれくらい流動的で、どれくらい固定的なのだろうか？　秘密いじめ対策隊は道徳的目的のもとに集まった道徳的コミュニティであり、いじめを行う生徒をテストし、他者へ配慮できるか試すコミュニティである。いじめを行った生徒が本当に他者を配慮できるか審査するのは、いじめの被害者であり、部隊のメンバーであり、教師であり、他者に配慮するよう子どもに言い聞かせる保護者である。秘密対策隊活動の進捗状況をチェックする中で、いじめを行った生徒はこうした人たちからのフィードバックを受けることになる。こうしたフィードバックはいじめを行った生徒が人格を形成する上で、またいじめっ子という評判とは別のオルタナティヴな評判を再構築していく上で、重要なものとなる。

秘密いじめ対策隊の活動は、スクールカウンセラーと、表彰状の授与を通して活動を承認する校長との信頼関係に基づいている。両者の間に信頼関係があれば、罰則を支持するものとしてではなく学びの過程を支持するものとして、学校の権威を位置づけることもできる。そうなれば、カウンセラーの役割も学校の規律に反するものではなくなる。

実際に秘密いじめ対策隊の活動を行ったら、そのまとめを作っておくと次に招集された部隊の生徒たちを支援する上で役に立つだろう。私たちは今のところ、秘密いじめ対策隊を続けられなかったいじめに直面したことはない。だから、まとめの中でカウンセラーは次のように述べておくと良いだろう。「このアイデアは、今日までに実施された25回すべてでうまくいっています。」

保護者も、秘密いじめ対策隊の目的とその進め方についてきちんと説明されれば、ほとんどの場合応援してくれる。そして、たいていは、自分の子どもが何も語らず苦しんでいたことを知って驚くものだ。鼻に大きなほくろがあることでからかわれていたある男子生徒のケースでは、両親が息子の苦悩の大きさを知って、ほくろを除去する手はずを整えたこともある。つまり、秘密いじめ対策隊の活動に加えて、両親の行動もまたこの少年に劇的な変化をもたらしたのである。

まとめ

本章の始めでは、いじめ行為と関係性への攻撃について、一人かそれ以上の生徒が他の生徒に対して権力と支配を行うことであると整理した。いじめはかなり多くの生徒にとって、学校における非常に恐ろしく、かつ一般的な体験である。いじめは多くの形態を取るが、そのすべてに身体的暴力が含まれているわけではない。こ

うしたことを論じた後で、いじめに対する一般的アプローチをいくつか概観し、いじめを無視することや罰則を適用するといった対応が、なぜ多くの場合に効果的ではないのかを説明した。その上で、秘密いじめ対策隊というアイデアを導入し、このアプローチがいじめのナラティヴや関係性に直接作用するということを説明した。そして、いじめられている生徒の学校での経験を変化させるために、いじめる側の生徒を含めた複数の生徒たちとどうやって活動を行っていくのかについて、事例とともに論じた。その他、秘密いじめ対策隊結成に伴う過程や、このアプローチが一貫して成功をおさめている理由についても説明した。

振り返りのための問い

1. いじめと関係性への攻撃の具体例をそれぞれ挙げてみよう。秘密いじめ対策隊というアプローチは、そうした状況でうまくいくだろうか？
2. 「秘密部隊」が教室内で暗躍することは、秘密いじめ対策隊のアプローチを成功させる上でどんな意味を持つだろうか？ また、部隊を秘密にしておく方法として、あなたならどんなアイデアを提案するだろうか？
3. 秘密いじめ対策隊の活動において、管理職とスクールカウンセラーはどのように協働していけるだろうか？
4. 小学校で秘密いじめ対策隊を実施するためには、あるいは男子校や女子校で秘密いじめ対策隊を実施するためには、どこを改良すれば良いだろうか？
5. 保護者にいじめの事実や秘密いじめ対策隊の活動を伝えるタイミングや協力してもらうタイミングとしては、いつが最適だろうか？
6. 秘密いじめ対策隊の活動において、全過程をきちんと文書化し、出来事を正確に記録するのが重要なのはなぜだろうか？

研究のための問い

1. いじめや関係性への攻撃として、あなたの学校で頻繁に見られるものにはどういったものがあるだろうか？
2. いじめや関係性への攻撃が生徒に及ぼす影響を文書化するには、どうすると良いだろうか？
3. どうすれば、秘密いじめ対策隊の効果を縦断的に追跡していけるだろうか？
4. 秘密いじめ対策隊を学校で実施する上での注意点としては、どういったものがあるだろうか？
5. 秘密いじめ対策隊の活動について事例研究を行ったとすると、そこからどういった

ことが学べるだろうか？

第10章 ガイダンス授業

> **この章で何を学ぶか**
>
> ガイダンス授業で抑圧行為についての意識を高める
> ガイダンス授業におけるナラティヴ原則
> 問題にインタビューする
> 受け入れるか、抵抗するか
> まとめ

ガイダンス授業で抑圧行為についての意識を高める

　対立や暴力を減らすには、学校で起きる問題のパターンを特定してみるのも良い。たとえば、多様な文化集団やエスニックグループのいる学校では、人種差別的な表現をきっかけとしてグループ間に緊張が高まるというパターンがよく見られる。また、男子生徒が女子生徒に対して、社会に浸透している男性優位のディスコースをぶつける、程度の低いハラスメントもよく見られるパターンの一つである。ほかに、特定の障害（たとえば、視覚障害、聴覚障害、脳性麻痺、運動障害）に必要な支援を提供する特別支援学級の存在も、さまざまな差別やからかい、非難の対象とされることが少なくない。ゲイやレズビアン、トランスジェンダーの若者が学校にいる場合には、生徒、保護者、時には教師からすら偏見に基づく反応が誘発されることがある。こうした状況では、よく起きる問題パターンに焦点を当てた特別授業を実施して、背景にあるディスコースに挑戦してみるのも良いだろう。多くの学校では、身体的・感情的に安心できる環境を生徒たちに提供することについて、管理職が実質的な説明責任を負っている。この説明責任には、偏見や差別に悩まされない環境を生徒たちに提供することも含まれていると考えて良いだろう。そのため、学校でよく見られる問題パターンを授業で取り上げることは、快適な学習環境を作り出すという、学校の基本的責任の一部と見なすこともできるわけである。

だが実際のところ、上で挙げたような問題から被害を受ける生徒たちでさえ、その問題の背景にあるディスコースには関心を払わないものだ。なぜなら、そのようなディスコースが一つの行動規範となっているからである。そのため被害を被る生徒たちですら、広く社会に浸透する問題パターンには関心を向けず、物事とはそういうものだと考えて、「イライラさせる」行動の存在に慣れきっていることがある。特に若者たちは、何が人を傷つけるのか直感的にわかっている一方で、なぜそれが人を傷つけることになるのかを、社会の不正と関連づけてはっきりと説明できるまでには至っていないものである。この場合に必要なのは全般的な意識向上であり、パウロ・フレイレ（Freire, 1970）が言うところの**意識化**である。このためにも、問題に関する全般的な意識向上にねらいを定めた特別授業の実施には意味がある。

　こういった特別授業の目的については、第2章で議論したジャック・デリダ（Derrida, 1976）の脱構築という用語を使って考えることもできる。デリダはこの用語を何かを引き離す一種の破壊活動として述べているわけではないのだが、時折そう解釈されることがある。だが、脱構築とは剰余、つまりは新しい意味づけを解放するためにそれまでの意味づけを開き、それを新しい角度から綿密に調べ上げるといったことである。脱構築によって見えてくる新しい意味づけは、往々にして、それまでは社会の支配的な意味づけによって狭い領域に押し込められていたり覆い隠されたりしてきたものである。デリダによれば、多くの場合、意味づけには脱構築への衝動がすでに内在しており、それまでとは違う新たな意味づけに開かれるのを待っている。だから、社会領域に浸透し、不正を生み出している強力な力線〔訳註：権力によって方向づけられている軌道。ドゥルーズは権力を、たとえば物理領域においては重力であったり生理領域においては疾患であったりするように、社会領域で作用してある方向づけを生み出す力としても記述した〕の脱構築（Deleuze, 1988; Winslade, 2009）を、いま述べてきた特別授業、すなわちガイダンス授業の大事な目的として位置づけることもできる。

　いま言った意味での意識向上は、本書で取り上げた他の活動を実施する際にも起こり得る。たとえば、サークル会話の活動では支配的ディスコースが脱構築される。次章で扱うグループカウンセリングは、ある種の支配的前提によって人をラベルづけしないよう生徒たちに心理教育する一面もある。修復会議やメディエーションでは、対立の背景にあるディスコースを詳細に分析することがある。個人カウンセリングでは、内在化されている社会一般のディスコースを外在化するよう生徒に働きかける。このように他の活動でも意識向上は可能ではある。しかし、背景にあるディスコースが表に出てきた時だけ対応するよりも、クラス・学年・学校全体に浸透する問題パターンを検討するガイダンス授業の時間を設け、それをあらかじめ心理職の活動の一つとしてカリキュラムに組み入れておいた方が効率が良い。ガイダ

ンス授業を一度行っておけば、それ以降はスモールグループや一対一の会話を持った時にも再度参照することができるからである。また、全体に対して授業を行うと、そこで扱った問題に悩む生徒が誰か他の人に援助を要請できるようになることもある。なお、心理職はガイダンス授業のコンサルタントとして間接的に関わることもあるし、直接ガイダンス授業を担当することもある。

　ガイダンス授業を実施する上で、管理職は、支配的ディスコースを反映した学校内の不正パターンにはどういったものがあるか考えるべきである。学校内の不正パターンを検討することは、若者たちが責任ある市民(シティズン)へと成長する上で大事なことであり、だから他の教科を重視するあまり後回しにして良いようなものではない。賢明な管理職であれば、現場のスクールカウンセラーに聞くなどして、学校コミュニティのどんなところで問題が起こりそうか検討するはずだ。学校にとどまらず、広く社会の不正を考えることも良いことではある。しかし、教職員の目と鼻の先で支配的ディスコースが表れているのに、それがまったく見えないというのでは問題だ。学校内の支配的ディスコースが見過ごされてしまう理由の一つは、そこから最も影響を受ける若者たちの経験が授業に反映されていないためである。しかし実質的な変化をもたらすためには、大人が若者の経験を想像してそれをガイダンス授業に組み込むのではなく、若者の実際の経験を直接扱う必要がある。だから、ガイダンス授業のねらいを決めていく上では、若者への傾聴が大事な要素となってくる。要するに、学校内の支配的ディスコースを若者たちがどう見ているのかに真摯に耳を傾けることが、ガイダンス授業実施に際する重要事項なのである。こうした「傾聴」は、スクールカウンセラーの仕事である。そのやり方はいろいろあると思うが、たとえば、生徒会との定例会議を開いたり、統計データを丁寧に分析してみたり、「流行り」に強いと自負する他のカウンセラーと定期的にミーティングしてみたりすると、若者の声を「傾聴」できるだろう。

　支配的ディスコースが学校内に表れるとはどういうことだろうか。例を一つ挙げておこう。ある学校で一時期、多くの男子生徒に「ブラピン」という行為が大流行したことがある。これは、女子の背後からそっと近づき、(上部から手を入れて)ブラジャーの紐を引っ張り、背中に向けて「ピンッ」と離すというものである。これは女性を性的対象として扱っていることを集団的に示す行為であり、男性優位的かつ性差別的な態度の表れと言える。女子が男子たちに向かって迷惑だと言うたび、男子たちは笑うばかりか、「冗談だってわかれよ」とアドバイスすらしたのである。

　なお、本章で用いる**ガイダンス授業**という用語は便宜的なものである。私たちが説明するような授業形式は、学校によっては別の表現の方が適切かもしれない。ある学校では、保健授業という名称の方が良いかもしれないし、別の学校では、社会学習といった分類にあたるかもしれない。場合によっては、文学との関連で国語

教師が行うものかもしれない。いずれにせよ、こうした特別授業がどう呼ばれようと、あまり問題ではない。ただし、ガイダンス・カウンセラーとなって授業を担当する人は、広い意味で生徒たちの社会的・感情的発達を促進する責任を負っているという点と、ガイダンス授業は悩み苦しむ生徒への個人カウンセリングとは違うという点の二つの前提については理解しておいてほしい。言わばガイダンス・カウンセラーの役割は、学校全体の「鼓動」を感じることなのである。

ガイダンス授業におけるナラティヴ原則

　私たちとしては、この本の別の箇所で示している原則と一致させるためにも、ガイダンス授業にあたって、まずは次のような前提を持っておくのがベストだと思っている。すなわち、人々の間の関係性を特定の型にはめる、一般に広く浸透している考え方というのは、人間に生来備わっているハードウェアのようなものではなく、社会的に構築されたナラティヴなのだということである。人種差別を例に出してみよう。人種差別というのは実はずっとあったものではなく（それゆえ、永遠にあり続ける必要もないものである）、18世紀から19世紀の植民地拡大の時期に特定のディスコースとして産出されたものであり、非白人の人々を支配しようとしたヨーロッパの野心を示したものなのである。だから、脱植民地化の過程の中で —— この過程は、ヨーロッパによる植民地化が広がりを見せると同時に始まったわけであるが —— 、ヨーロッパが「優位」であるというナラティヴが脱構築されていく動きもはっきりと見られた。しかしこのナラティヴの流れを汲んだディスコースの諸要素は、たとえば公民権運動といった大きな成功があったにもかかわらず、白人・非白人両方の人々の意識の中に未だに留まり続けている。人はこうしたディスコースをめぐって行為に意味を表すので、学校の中でも、それに特有の筋書きを持ちながら、対立のナラティヴが生じるのである。

　対立のナラティヴがそうした支配的ディスコースによって生み出されているという視点に立てば、対立のナラティヴに疑義を呈し、変えることもできるはずだと言える。もし対立のナラティヴを人間の本質を表したものと考えれば、それを変えることはかなり難しくなる。したがって、ナラティヴの視点からガイダンス授業を行う場合、そのねらいは、誰かを精神病理を抱えていると見なしたり非難したりすることではない。そうではなく、個々人に敬意を払うことがねらいだ。「人が問題なのではない。問題が問題なのだ」という原則は、ここにおいても最重要事項である。ガイダンス授業では、問題を人の本質に位置づけず、外在的に話す方法をカウンセリングやメディエーションなどの実践から借りてきて使うことも難しくない。外在

化を使えば、たとえば、人種差別的な**人**について話すのではなく、（聞きたくもないのに耳に入ってきた）人種差別的な**前提**について話すといったように、人を問題にしないように配慮しながら授業を進めていくことができる。

　利用できるナラティヴはいつでも複数あるというのが、ガイダンス授業のもう一つの前提である。あるストーリーが支配的だとしても、その影には別のストーリーが常に存在している。そうした別のストーリーを参照するならば、問題となっている対立について、それまでとは別の反応が出てくることも期待できる。もしかするとそのストーリーは、これ以上物事を悪くさせないようにしようという方向性を持っているかもしれない。支配的ディスコースに苦しめられている生徒の側に立って、それに抵抗するというストーリーが出てくることも往々にしてある。そうした抵抗にもかかわらず、現実には支配的ディスコースの覇権を止められていなかったとしても、そうした抵抗のストーリーが存在すること自体が重要なのであり、称賛に値する。だから、ガイダンス授業を行う際には、生徒たちが支配的ディスコースに抵抗するようなストーリーを選べるよう、そうしたストーリーに光を当て、もっと表現するよう促し、それらのストーリーをより大きくしていくのもねらいとなる。

　ただし、決定的に大事なのは、そうした別（オルタナティヴ）のストーリーを、生徒たち自身から、特に支配的ディスコースによって苦しめられている生徒から、生じさせることである。良さげなオルタナティヴ・ストーリーを学校の偉い人が決定したり、教師が勧めたりする権限はない。そうしたところで、生徒たちがそのストーリーを受け入れるということは、好意的に見てもあり得ない。そればかりか、下手をすると、そのストーリーは自分たちとはまったく関係がないと生徒たちに見なされてしまいかねない。なぜなら、そういったやり方は、問題がローカルな文脈の中で起こっているにもかかわらず、その個別性に焦点を当てていないからである。必要なのは、生徒たちのローカルな知を出現させ、それをオルタナティヴ・ストーリーに組み込んでいくことである。そのために大事なのは、傾聴と質問である。言い換えれば、生徒たちのディスコースのレパートリーの中にある表現を正確に捉え、それに耳を傾け、丁寧に記録することが求められるのである。そうすれば、より望ましいオルタナティヴ・ストーリーの一部として、生徒たち自身の表現を使うことができるようになる。

　例として、ある学校で起きた二つの生徒グループ間での争いを取り上げてみよう。両グループ間でメディエーションが実施され、話し合いを通して対立ストーリーが及ぼす影響が検討されていったところ、生徒の大多数は、相手グループとこれまでとは違った関係を持ちたいと思うようになった。しかし一方で生徒たちは、相手グループの奴らと友人になどなりたくないとも言い張ったため、そこに生じ始めた新たな関係規範を正確に表現できる言葉を見つけるのは簡単ではなかった。とはいえ、

生徒たちはこれ以上敵対し続けたくもなかった。ここで仮に学校の偉い人が登場し、彼らに対して「友だちになりなさい」などと言ったとしても、生徒たちはそうしたがらなかっただろう。生徒がメディエーションに何らかの先入観を持っている場合はなおさらである。そこでカウンセラーは生徒たちに対して、相手のグループとうまくやっていける良い関係にはどういったものがあるだろうかと質問した。この質問にはいろいろな回答があったが、その中で多くの生徒に好評だったのは、「友だち」でも「敵」でもなく、「中立」な関係という意見であった。同じような状況が生じた別の学校では、「挨拶するだけ」の友人という意見が採用されたこともある。こういうわけで、二つのグループの間には「中立」の意味するところに沿った新たな関係規範が作られていった。この関係規範はメディエーション後も効果を発揮した。それは、この規範が彼らの固有の対立状況に沿ったものだったからである。「中立」や「挨拶するだけ」というアイデアは、その状況にいる生徒たち自身から出てきたものであり、偉い先生が上から課したものではない。だから生徒たちのアイデアは、それまで争いを持続させてきた対立ストーリーに対抗するカウンター・ストーリーとなったのであり、学校の中で広く認識されるものともなったのである。皮肉なことだが、生徒たちが対立のストーリーラインに乗らなくなった後、「挨拶するだけ」の友人同士が本当の友人となるまでに、そう長くはかからなかった。

問題にインタビューする

　ガイダンス授業は以上に述べてきた原則に基づいて実施するわけだが、本章ではこうした原則に則った教材をいろいろと提示するつもりはない。それはこの本全体で行われている。この本の中にはガイダンス授業で使うことができる素材がたくさんある。それらをアレンジして使えば、生徒たちに前節で述べた原則を示すこともできるだろう。そこで本章では、一つだけ授業例を紹介しておこうと思う。とはいえこの授業形式は、多くの問題に応用できるものである。

　外在化のテクニックは、物議を醸すような微妙な問題を議論する際にかなり有効であり、さまざまな目的のガイダンス授業で高い効果が期待できる。その際一つの鍵となるのが、「問題にインタビューする」という社会劇のテクニック（Roth & Epston, 1996）である。具体的には、人種差別やセクシャルハラスメント、いじめ、同性愛嫌悪といったことについてガイダンス授業を行う時に、問題を擬人化するのである。いったん擬人化したら、今度はそうして擬人化された問題を、支配的ディスコースの脚本に沿って動いている存在として扱う。ちょっと実践してみれば教師もカウンセラーもわかると思うが、こういったロールプレイは簡単に始めることが

できる上、生徒たちも楽しんで参加するので、あまり深刻な雰囲気にはならない。ここでのコツは、問題を人間の本質に還元するのではなく、社会的相互作用の中に位置づけることである。それでは、以下でこのアプローチに基づいた授業プランを紹介していこう。

ロールプレイを導入する

　最初のステップは、話し合うテーマを導入した上で、学級全体に向けて「貴重なインタビューに立ち会う特別な機会をもらった」と伝えることである。たとえば「今日は『人種差別』とのインタビューを実施します」と言う。そして、次のように続ける。「ほとんどないことなのですが、実は人種差別が日常の実践から離れ、限定された記者だけにお忍びで記者会見を行うことに同意してくれました。」「まったく偶然で、このクラスの皆さんがそうした記者として選ばれました。人種差別から被害を受けている人たちは、人種差別が何と言うか知りたいと願っています。だから君たちは『記者』になって人種差別に質問し、人種差別が何を話すか聞き取る重要な職務を負っています。」
　注意して伝えるべきなのは、これが差別を受けている人へのインタビューではなく、人種差別それ自体へのインタビューだという点である。また、クラス全員が演じるべき役を持つことになるが、演技力が求められたりはしないし、生徒のほとんどは自分の席で役を演じることになるという点も伝える。その他、人種差別についていろいろと不思議に思っていることについて、生徒全員に尋ねる機会があるということも伝えておく。そして「人種差別とこの学校の人たち、つまり君たちのような人たちとの間にどんな関係があるのか検討することが、このインタビューのねらいなんだ。」と説明する。なぜなら、インタビューの目的は、生徒たちに人種差別的態度を反省させることではないからである。そうではなく、生徒たちに人間の視点というより問題の視点から人種差別を理解してもらうのが、授業の目的である。

問題役を演じる

　次に、人種差別役を演じてくれる2, 3人のボランティアを募る。クラスの中で元気がいい生徒にこの役をお願いしてもいいが、最も役に適しているのは、仲間内で頭の回転が速いと評判の生徒である。授業自体は一人の生徒が問題役を演じてもできないことはないが、敢えて2, 3人のボラティアを募るのは、複数の生徒がいることで、お互いに助け合えるからである。もう一つの理由は、異なった側面から問題に焦点を当てるためである。たとえば、人種差別のロールプレイをする際、学

校にいるさまざまなエスニックグループへの人種差別を複数の生徒で演じ分ければ、別々の視点からインタビューに答えることができる。こうすれば、複雑で微妙な人種差別の働きをより綿密にドラマ化することもできる。生徒たちに人種差別役をしっかり演じてもらうためには、人種差別が人々を意のままにし、結果として大損害をもたらした学校の最近の出来事を例として取り上げて、簡単に紹介するのも良いだろう。もちろんロールプレイのシナリオも、できる限り生徒たちの日常と関連づけなければならない。誰だかわからない大人に対して行われた人種差別の出来事をシナリオに用いたりすべきではない。

　ロールプレイにあたっては、問題を演じる生徒たちが人として考えたり話したりしないよう、明確に指示を出しておく必要がある。人種差別を演じる生徒たちは、人ではなく、人種差別それ自体なのである。言い換えれば、人々の思考や振る舞いに侵入してくる人種差別という問題を擬人化したのが彼らなのである。なお、人種差別役の生徒には、何を強調して話すか決めてもらったりインタビューで話したいことを考えてもらったりするために、数分間準備の時間を与える必要がある。また必要であれば、生徒が役に入り込みやすくするために、ファシリテーターの教員やカウンセラーが、問題を演じる生徒たちにいくつか質問を投げてみても良い。生徒ごとに違った問題を演じる場合には、問題（ここでは人種差別）が誰かの人生に影響した状況を目撃したことがあるかと質問すると、生徒たちの刺激になるかもしれない。ロールプレイの台本は前もって準備して生徒たちが読めるようカードにしておいても構わないが、生徒たち自身の口から自然とセリフが出てくる方がもっと良い。

ニュースレポーターを演じる

　問題役の生徒以外には、報道記者役をするよう伝える。設定としては、人種差別の承諾を得て、記者たちが会見に集められたということになっている。そのため、生徒たちに、TVネットワーク、放送局、ラジオ局、その他ニュースウィークなどの雑誌や新聞などのメディアの名前を付けても良い。その後、人種差別にインタビューする質問を考えるよう彼らに指示を出し、質問を用意する時間を数分設ける。ここでは「誰もが人種差別の視点から問題について学べるような、そんな質問を考えるように」と伝えておく。それから「人種差別がこうした記者会見を許したのは稀なことなので、この機会を最大限活用するように」とも言っておく。記者である生徒たちの仕事は、読者や視聴者が人種差別のやり方に用心できるよう、人種差別の策略についての暴露記事を書くことである。なお、質問のサンプルについては、ボックス10.1を参照されたい。

ボックス 10.1
インタビューでの質問サンプル

第1ステージ：問題を探る質問

あなたの人生の目標は何ですか？
この学校でのあなたのねらいは何でしょうか？
あなたが若者の将来の生活に対して抱く夢や希望はどういったものですか？
あなたを最も満足させるのは何ですか？
あなたが見聞きしたいと思う若者の言動は、どういったものですか？
若者たちを自分の側に引き入れようとする時、あなたはどんなテクニックを使いますか？
自分のしたことがかなり効果的だったとわかる場合、どういうところからそう判断しますか？
自分の意のままに人を動かす時に使う説得の技や方法にはどんなものがありますか？
誰と一緒に活動するのが最も楽ですか？
何があなたの活動を楽にしますか？
誰かの人生にもぐりこむ時に使う方法のうち、あなたが好むやり方を教えてください
若者が話を聞いてくれなそうだと思った時、どんな約束をして彼らを取り込むのですか？
あなたがとりわけ学校の中に及ぼしたいと思っている影響には、どんなものがありますか？
もし生徒たちがあなたの望み通りのことをしたら、何を与えると約束しますか？
説得のために、生徒にどんなことを思わせようとしますか？
男子と違い女子に特化させた戦略もありますか？エスニシティごとに戦略を変えますか？

第2ステージ：カウンター・ストーリーを引き出す質問

あなたの活動を難しくしているものは何でしょうか？
あなたはどんなことを失敗としてカウントしますか？
印象深い失敗にはどんなものがありましたか？
夜、横になりながら、若者たちがしてくれるだろうかと心配になってしまうこ

とには、どういったものがありますか？
　あなたを最も失望させるものは何ですか？
　生徒たちのどんな行動が、あなたをイライラさせたり、不安にさせたりしますか？
　あなたが最も嫌う社会運動は何ですか？また、それは何故ですか？
　あなたが生徒たちから逸らそうとした考え方にはどういったものがありますか？
　生徒がどんなことをすると、あなたは諦めて、説得できる別の人を探そうと思いますか？
　どんなことを生徒から言い返されると、あなたの頑張りは傷つけられてしまいますか？
　あなたの影響力に動じなくなるような練習は何かありますか？
　あなたにとって最も危険な敵は、何あるいは誰でしょうか？
　あなたが聞きたくないのは、生徒たちの何という発言でしょうか？

インタビュー

　以上の説明をすべて終えたら、次はいよいよインタビューの実施である。もし記者たちが始めるのをためらっている場合には、ファシリテーターが2, 3質問をして、インタビューを始める手助けをしても良い。これは質問のモデルを示すことにもなるし、どうやって人ではなく人種差別に焦点を当てるのか、その方法を示すのにも役立つ。
　質問は、ダブルリスニングの考え方を反映し、二つのステージから構成されている。最初のステージでは問題を探る。すなわち、人種差別が持つ方法論や策略を丁寧に把握し、特に学校の人たちに対する人種差別の影響をマッピングしていく段階である。第2ステージでは、カウンター・ストーリーについて質問する。つまり、人種差別が目標を達成できない場合や志気をくじかれる場合について質問する段階である。人種差別がどんな失敗をする可能性があるのか、そういった類の情報を入手するためには、人種差別が懸念していることを尋ねると良い。なお、聞くべき失敗は偶然起きたものや人種差別自身の行動のせいで起きたものではなく、人種差別の権力の影響を生徒たちがうまくすり抜けたことで起きたものでなければならない。ファシリテーターは生徒たちを報道ジャーナリストであるかのような気持ちにさせて、人種差別をうろたえさせてしまう核心を突いた質問をするよう盛り上げても良い。カウンター・ストーリーに近づくためには、人種差別に自分の失敗や弱点を「認め」させ、不安があると白状させ、自分の影響を無効化する人など見たくも

ないと言わせるような、厳しい質問を投げかけることが必要である。たいていの場合、第 1 ステージの質問に慣れてくると、生徒たちはファシリテーターがほとんど援助しなくても第 2 ステージの質問を会得することができる。とはいえ、ファシリテーターからいくつか質問してモデルを示したり、「記者たち」に、たとえば人種差別が見たくないと思うことについて質問をするようそそのかしたりしながら、質問の足場掛けをしても良いだろう。なお、ボックス 10.1 に掲載した質問は、一つ目の質問をしたらその次といった具合に直線的に実施することを意図したものではないし、単なる例に過ぎない。だから、生徒一人ひとりが自分なりのやり方で質問を作れるよう働きかけることが大事である。

　ファシリテーターが注意しておく必要があるのは、記者たちが人間しか回答できない質問をしたため、問題を演じる生徒が答えられなくなるという事態である。こうした事態は記者役の生徒たちによってだけではなく、問題を演じる生徒たち自身によってももたらされることがある。それは、彼らが人種差別としてではなく、図らずも人種差別に影響を受けた人間として話し始める場合である。こうした事態が起きた場合、ファシリテーターはすぐに介入し、インタビュー上の役割と機能を回復させる必要がある。そのためには人種差別を演じる生徒に次のように言ってみると良い。「実際、いまのは人しか答えられない質問だね。だから『私にはわからない』って言うだけで良いんじゃないかな。」ファシリテーター自らが別の言い方で質問や回答をして見せて、生徒たちが外在化する言語を使えるような足場掛けを行うのも良いだろう。

　インタビューにかかる時間はまちまちである。これは、その授業で利用可能な時間、生徒たちの想像力、そしてクラス全体が注意を維持できる長さによるが、大体 10 分から 25 分の間だろう。記者たちは人種差別の発言を注意深くノートに取り、その言葉をしっかり記録するよう努めないといけない。この記録には、人種差別ディスコースに含まれる特有のニュアンスや、カウンター・ストーリーの参考となる要素が含まれるからである。インタビュー後に行われる話し合いで、人種差別ディスコースに即したフレーズを正確に使うことができるよう、留意してインタビューを聞き取るのが賢明である。

　第 2 ステージのインタビューが終わったら、生徒は全員、元の自分に戻らないといけない。少なくとも問題役を演じていた生徒は、役柄から引き離される必要がある。問題を演じていた生徒たちを役からきちんと降ろすためには、彼らに席に戻るよう伝えた後で、人種差別にも帰ってもらえるよう、彼らがそれまで座っていた椅子に向かって依頼してみせるという方法がある。問題を演じていた生徒たちには、席に戻る時に演じていた役柄と自分の違うところを三つ、クラス全体に向けて述べてもらうと良いだろう。ただし、報道記者役をしていた生徒たちについては、彼ら

が人種差別の活動を調べ上げ、人種差別の失敗や懸念を見つけ出す作業を続けたいということであったら、役を降りることを求めなくても良い。

インタビュー後

　生徒たちは、たいていの場合、いったん熱中しだすと、活動を楽しんでくれるものだ。というのも、この活動は目的自体は深刻であるが、アプローチは気軽で皮肉っぽいものだからである。そのため、深刻なテーマも不快で重たい感じのすることなく考えていくことができる。誰も恥ずべき人としてポジショニングされることがないので、人を非難することも未然に防がれる。と同時に、支配的ディスコースがいかに大きな働きをしているかということも、演技を通して示される。だから、支配的ディスコースにとってみれば、この活動をされてしまった後では、生徒たちに秘密裏に働きかけることがちょっと難しくなるわけである。

　ただし、この活動の価値は、インタビューを演じることにあるわけではない。学習ツールとして効果を上げるのは、インタビューの過程とその後の拡げ方にある。この意味で、ロールプレイは問題についてさらに議論を深めていく呼び水的役割を果たすものと言える。ボックス10.2には、インタビュー後に取り上げることのできる議題をいくつか載せておいた。

ボックス10.2
インタビュー後の議題

1. 人種差別はどれくらい正直に答えてくれたと思いますか？
2. インタビュー時にどう質問していいかわからなかったので、ここで取り上げてみたいと思うものが何かありますか？
3. 人種差別が明らかにしたもののうち、最も重要だと思ったことは何ですか？
4. 人種差別に無視されたり、ごまかされたり、認めさせられなかったと思うものは何かありますか？
5. 人種差別が私たちの学校や地域にいたら、どれくらい大きな問題だと思いますか？
6. 人種差別が私たちの学校で行っている活動について、何かシェアできる話はありますか？（このストーリーを話し合う際にも、外在化する言語が使われるよう注意しておくこと）
7. この問題に対処するお手本となるような意見を言っていて、すごいなと思った人は誰かいますか？

8. 人種差別の活動を理解するために、さらに何を読んだら良いでしょうか？
9. マルティン・ルーサー・キング Jr. 牧師やネルソン・マンデラ大統領のようなリーダーがこの問題に対抗する方法をアドバイスするとしたら、何と言うでしょうか？
10. 私たちの学校でこの問題が見られるとしたら、どのようにして調査できるでしょうか？

インタビューの題材をドラマ化する

　問題にインタビューして浮き彫りになった課題をより展開させていくために、さらに演劇へと発展させてみると良い場合がある。ある高校のカウンセラーは（Winslade & Monk, 2007 参照）、学校の演劇クラスの先生と協働して、その学校で生じた「人種侮蔑」問題についての劇を上演した。インタビューから着想を得る形で、そうした問題の特徴やその問題が人々に及ぼす典型的な影響を取り上げて、演劇の授業の中で案を練りながら、ユーモラスで痛快な劇が作られた。その劇中では人種差別を撲滅するためのアイデアが示されたのだが、それはその学校だからこそ使えるアイデアであった。このクラスの生徒たちは全校集会でもこの劇を上演した。また、問題のフォローアップも、人種差別のストーリーに対抗するカウンタープロットをどうやったら促進できるか、スクールカウンセラーと生徒たちが話し合うという形で行われた。

受け入れるか、抵抗するか

　本章では、いろいろと応用できる授業例として、さらにもう一つ、社会劇の手法を利用して対立に取り組む方法を紹介しておきたいと思う。本章で紹介するのは、特に抑圧行為への対処をねらいとしたものであるが、この方法はその他のさまざまな問題にも応用できる。ここでは、抑圧行為に生徒たちが気づけるようなシナリオを用意し、自分だったらその抑圧行為にどう反応するか、つまり、それを受け入れるか、それとも抵抗するかということを、生徒たちに考えてもらう。自分がどう反応するかを戦略的に決定することが現実世界で求められるということ、そして、熟慮した反応は性急な反応よりもより役に立つということ、これらがこの授業が前提としている考えである。なお、この授業方法は、アウグスト・ボアール（Boal, 1992）が発展させた活動を応用したものである。

シナリオを作っていく

　最初のステップは、演劇の流れとなる基本シナリオを作っていくことである。これにはさまざまなやり方がある。ファシリテーターが簡単なストーリーをいくつか提示してもいいし、そのクラスに関係するストーリーを使っても良い。後者のやり方でいく場合には、上で述べた「問題にインタビューする」活動を先に行っておくのが理想的である。前者のアプローチでいく場合には、提示される（複数の）シナリオが、生徒たち自身の人生経験と関係しているか確かめるステップが必要となる。他のやり方として、抑圧行為に関係する映画の一場面（たとえば、映画『プレシャス（Crash or Precious）』の一コマ）を使い、映画で見たことと自分たちの日常で起きていることとの間の関連性について話し合うという方法もある。ただし、ここでのねらいは映画からシナリオを取り出すことではなく、自分たちの現実に即したローカルなシナリオを作っていくことだという点には注意してほしい。また、同時に注意を払うべきなのは、このシナリオが一般的なものであり、クラスにいる人であってもいない人であっても、とにかく誰か一人をスケープゴートにする目的でこの活動を使ってはいけないということだ。なお、この活動を成功させるためには、シナリオに沿って細かい部分を作る、登場人物の設定を少し決めておく、そして、登場人物の設定に合わせて出来事の時間軸を定めておくといったことが必要である。下記に、シナリオを作っていく上で生徒たちと検討すると良い問いをいくつか挙げておこう。

　　このストーリーにおいて、抑圧行為とはどんなものだろう？（ここで思い出してほしいのは、行為を名付けるのであって、「抑圧的な誰それ」といったように人を名付けるのではないという点である。）
　　そういったことって、この場面で起きるかな？ 個人的な経験として、そういうことが起きたことがあるって人がいたら、その話をしてもらえる？ 私たちがこの活動の中で演じていくストーリーはどんなものにしようか？
　　このストーリーのメインとなる出来事まで、どうやって持っていこうか？ 彼はどんな人なんだろう？ 彼の関心や生活状況はどんなものなのだろう？ 彼が人生で価値を置いているものは何？ 彼の名前も決めよう。
　　その被害者に起きたことは、他に誰に影響を与えるだろう？ 誰が彼女を気にかけるだろう？ 彼女はどんな見方をするだろう？ 彼女の名前も決めよう。
　　その抑圧行為を支持する人の声ってどんなものだろう？ そのポジションに該当する登場人物は誰にしようか？ その人たちの名前も決めよう。

被害者側の人たちと抑圧行為を支持する側の人たちは、それぞれ被害者にどんなアドバイスをするかな？

抑圧行為の具体的内容を含めシナリオが形になってきたら、今度はそれを演劇のシナリオに仕立てていく。そして、各登場人物をクラスの生徒たちに演じてもらう。この時、生徒たちにはシナリオは 3 回演じる予定であり、各回とも抑圧行為への反応に焦点を当てると説明しておく。ただし、抑圧行為への反応自体は、それぞれの上演回で異なるものとなるとも伝えておく。各回の上演後にはクラス全体でフォローアップする時間を設け、登場人物たちが演じた反応によってその後どういうことが起きそうか、生徒たちに考えてもらう。

上演 1 回目
最初の上演では、主役の生徒には抑圧行為を（抵抗するのではなく）受け入れるよう指示した上で、場面を演じてもらう。演技全体の時間は、主役が下した選択についてクラス全員が何らかの意見を持てる程度の長さにする。演技が終わったら、クラス全体で主役が下した選択について議論する。なお、ここでの主役の選択は、一般の人であればもっともな理由から時には下すだろう現実的であり得る選択だ、と見ている生徒たちが思えるようなものでないといけない。上演 1 回目の目的は、「抑圧行為を受け入れることは病理的だ」と位置づけることではない。そうではなく、「抑圧行為というものは、本当は望んでいないことを受け入れてしまうポジションへと人を位置づけるのだ」ということを、クラスの生徒たちに納得してもらうことが目的である。ここで、1 回目の上演後に行う話し合いで生徒たちに問いかける質問例を、いくつか示しておこう。

1. 主役が抑圧行為を受け入れた時、皆はどんなふうに感じた？ そのシーンでは（主役を含めた）各登場人物にどんな影響があったと思う？
2. （**クラス全体に向けて**）なぜ人はこうした反応をするのだろう？ そうした反応を支持する人の声ってどんなものかな？ それから、そうした反応に反対する人の声ってどんなものかな？
3. この主役の選択にはどんな価値があったかな？ そうした価値がこの選択にあるとして、それについて感心するところ、あるいは感心できないところはどこかな？
4. こうした選択の結果やリスクには、どんなものが考えられるだろう？

上演2回目

2度目の上演でも、1度目と同じ場面が再度演じられる。ただし今度は、主役の生徒に抑圧行為に何らかの形で抵抗する演技をしてもらう。どんな抵抗をするかは主役に任せるが、もし主役が考えつかなかったら、演技をそこで止めて、どんなアイデアがあるか他の生徒たちにブレインストーミングしてもらっても良い。その後はクラス全体で、抑圧行為に抵抗するという選択について話し合う。この話し合いの際には、抑圧行為を受け入れることと、抑圧行為に抵抗することとの違いについても話し合う。先に紹介したものとほとんど同じであるが、下記に、この話し合いを行う上で生徒に問いかける質問の例を挙げておこう。

1. 主役が抑圧行為に抵抗した時、皆はどんなふうに感じた？ そのシーンでは（主役を含めた）各登場人物にはどんな影響があったと思う？
2. (**クラス全体に向けて**) なぜ人はこうした反応をするのだろう？ そうした反応を支持する人の声ってどんなものかな？ それから、そうした反応に反対する人の声ってどんなものかな？
3. この主役の選択にはどんな価値があったかな？ そうした価値がこの選択にあるとして、それについて感心するところ、あるいは感心できないところはどこかな？
4. こうした選択の結果やリスクには、どんなものが考えられるだろう？

上演3回目

3度目の上演も同じシーンを演じる。ただし今回は、2回目とは違った抵抗手段を主役の生徒に行ってもらう。主役を演じる生徒は2回目の上演でどんなことが起きたか考えた上で、微妙に違う手段かまったく違う手段かはともかくも、とにかく何かしら別のバリエーションを演じるように言われる。バリエーションを増やすため、観客であった別の生徒に主役を交代してもらっても良い。この場合は、ファシリテーターから「こうした抑圧行為にどう抵抗したら良いか、誰か別のアイデアを持っている人はいない？」と投げかけ、手が上がった生徒がいたら、そのアイデアを実際にやってみてくれないか頼んで、実演してもらう。

上演3回目の目的は、もっと効果的な抵抗手段や、生徒たちの価値により即した抵抗手段を考えていくことである。こうしたことを行うことによって生徒たちに暗黙に伝えたいメッセージは（明示的に述べても良いが）、抑圧行為への反応の仕方には常に複数の選択肢があるということである。これは、人生を構成するストーリーは複数あるというナラティヴの考えや、あらゆる抑圧行為に対してできる反応は常にあるというポスト構造主義の考えを表している。とはいえ、ミシェル・フー

コー（Foucault, 2000）が指摘するように、抵抗は熟慮したものというより「混乱した」（p.155）ものとして表れることがある。そうした抵抗は、変化を生み出す上であまり効果的ではない場合がある。それゆえ、3回目の上演活動では、抑圧行為に対してその主役の価値観にもっと即したやり方で抵抗するにはどうしたら良いか考えることが、生徒たちには求められる。そこで、2回目で行ったものと同じ質問を再び行い、話し合いをガイドしていく。時間が許すなら、3回目の上演を4回、5回、6回、あるいはそれ以上必要な回数繰り返しても良い。

すべての回の上演について話し合いが終わったら、ファシリテーターからクラス全員に向けて、この活動全体から何を学んだか問いかける。また、演者それぞれに感謝を述べた上で、その役から降りてもらう必要もある。特に、主役を演じた人に対しては注意を払う必要がある。抑圧行為にさらされた人は、どんな感じを受けるのだろうか？ その人にとって、抑圧行為に対する反応を複数の選択肢から選ぶというのは、どんな感じがするのだろうか？ こうした問いも生徒たちに投げかける。そして最後に、自分たちが抑圧行為をする側になった経験についても、生徒たちに考えてもらう。

まとめ

本章では二つの授業形式について、その概要を示した。この二つを扱ったのは、さまざまな文脈や問題に幅広く応用できるためである。とはいえ、学校コミュニティ内の対立を生み出す問題に取り組むのに使える授業は、他にもたくさんある。また、その学校で起きている問題ならではのローカルな特徴を検討するため、ファシリテーター自らが授業計画をする必要がある場合も多いだろう。

本章で私たちは、ガイダンス授業を計画実行していく上で参考となる原則を、いくつか明らかにしようとしてきた。この原則の一つは、誰かを非難せず、病理化もしないアプローチを目指すというものである。こうしたアプローチにはいくつか利点がある。まず、問題を個人の心の中にあるものとせず、それを元あった場所に、つまり有害なディスコースを繰り返し生み出す場所に位置づけることができる。また、非難と自己弁護に陥ることを避け、より実り豊かな会話を生み出してくれる。さらに、抑圧を生む支配的ディスコースではなく、それに対抗するカウンター・ストーリーから語ることも可能にしてくれる。ガイダンス授業は楽観的な前提のもとで、抑圧に反対する方法として、ユーモア、皮肉、軽率さを活用する。だから結果として、ローカルな問題ならではの微妙なあり方をガイダンス授業に反映させることにもつながるのだ。つまり、ガイダンス授業で最終的に浮かび上がってくる知は、大人や学問の世界にあるフォーマルな知ではなく、生徒たちならではのローカルな

知なのであり、話し合いに持ち込まれるのは、生徒たちが自分の持つ最良の自己に対して抱く深い信頼なのである。若者が常に最良の自己に従って行動すると夢想するほど、生徒たちも幼稚ではない。しかし、若者たちの最良の自己を強めていくためには、彼らにそれを表現する機会を与えなければならないのもまた確かである。

振り返りのための問い

1. あなたの学校で、何らかの支配的ディスコースが表れていると感じる抑圧行為にはどんなものがあるだろうか？
2. そうした抑圧行為は、支配的ディスコースをあなたの学校ならではの形で浮かび上がらせているだろうか？ それは具体的にどういったものだろうか？
3. スクールカウンセラーは、どのようにしたら学校コミュニティの活動の中で支配的ディスコースを聞き取ることができるだろうか？
4. 「受け入れるか、抵抗するか」の授業で、あなたはどんなことを生徒に取り上げてほしいか？

研究のための問い

1. 学校内での教師や生徒の語りをディスコース分析によって検討すると、その学校ならではのローカルな抑圧表現として、どのようなものが明らかになるだろうか？
2. 「問題にインタビューする」活動によって生徒たちがどんな学びをしたか評価するには、どうすると良いだろうか？
3. 学校の雰囲気を改善する上で、本章のようなガイダンス授業を用いるとどんな効果が生まれるだろうか？
4. ガイダンス授業の中で生まれてきた新たな意味づけを、授業プロセスの観点から詳細に研究すると、どんなことがわかるだろうか？

第11章 「暴力に向き合う」グループ

この章で何を学ぶか

暴力行動を変化させる上でグループカウンセリングにはどんな意義があるか
なぜアンガーマネジメントではないのか？
「暴力に向き合う」グループとジェンダー
「暴力に向き合う」グループカウンセリングの原則
「暴力に向き合う」グループのプラン
まとめ

暴力行動を変化させる上でグループカウンセリングにはどんな意義があるか

　グループカウンセリングは、多くの若者に一度にサービスを提供できる経済的な方法である。カウンセラーにとっては仕事時間の節約となるし、若者にとっても、直接自分では経験していないことをグループの関わりの中から学ぶことができる。特に青少年は仲間の見方に影響を受けることが知られているので、グループカウンセリングを若者同士の関係性が持つ影響を活用する方法と位置づけることもできる。こうした意味で、学校での暴力を減らすためにグループを活用することは理に適っていると言えるだろう。

　暴力を起こした若者たちに対して実施されるグループカウンセリングでは、多くの場合、暴力や虐待といった問題行動を慣習的でパターン化されたものと考える。問題行動は、単に生徒間の対立から起こるだけではなく、時には当事者の中に内面化されている思い込みに影響を受けて起こる場合もあるからだ。こうした思い込みは、当事者の態度、信念、パフォーマンスの相互の関係を通して、それまでに形作られてきたものである。そこで、学校コミュニティにおける暴力事案を減らすために、グループカウンセリングではこれら三つの相互関係、なかでもパフォーマンスに注目し、そのパターンを変えることを目指していく。

いま最後に述べた**パフォーマンス**という用語の使い方について、少し考えてみたい。ここでは、パフォーマンスという言葉を**行動**というもっと一般的な用語の代わりに敢えて使っている。というのも、若者たちの攻撃的表現の中に内在するパフォーマンス的な側面に着目すると、関係性の次元がより見えてくるからである。おそらく行動というものには、行動する人が影響を及ぼしたいと思う観客（オーディエンス）も含まれているものだ。パフォーマンスという言葉を用いることで、そうした観客の存在にも注意を向けることができるようになる。こうなると、私たちが考えるべきことは「問題行動を引き起こした先行事象は何か」ということではなく、「問題あるパフォーマンスをした生徒は相手との関係にどんな影響を与えようとしたのか」ということになる。

一方、行動という用語が使われる場合、一般的には行動する世界の中心に個人が置かれることになる。こういう想定の下では、問うべきものは人の中にある内的動機ということになり、逆に、その人が他者との関係にどんな影響を及ぼそうとしたのかということは問われなくなる。これは、本質主義的に心理を捉えるのか、もっと関係的な視点から心理を捉えるのかの違いだとも言える。個人主義的視点に立てば、行動というものは他者に向けられたものである以上に、個人の中にあるものとされてしまう。それゆえ行動は、意図的なものというより条件反応的なものと考えられることになる。

関係性という視点から心理を捉えようとするならば、パフォーマンスに含まれる権力関係に注意を向ける必要が出てくる。人というものは他者に影響を及ぼそうとして、自分の中にあるものを表現する代わりに暴力を使ってしまうことが本当に多い（いつもそうだ、と言うのは憚られるが）。ミシェル・フーコー（Foucault, 1982）は、権力について刮目すべき定義をしている。彼は権力を「他者の行為に対する行為」(p.220) すべてだと述べている。もちろん、「他者の行為に対する行為」すべてが問題だとか暴力だとかいうことではない。権力関係を働かせることの中には、かなり普通でありふれたこともある。問題となるのは、そうした行為が倫理の境界を越え、強制と支配の領域へと踏み込んだ時である。

グループカウンセリングによって、学校で若者たちが起こす暴力に何か変化をもたらそうとするのであれば、次のような前提から始めるべきだ ── 暴力行為をする生徒は、権力行為に携わっている、と。暴力という権力行為は関係上の問題を生み出すのであるから、それに携わった生徒は、関係に付けた傷の責任を取る義務がある。本書で紹介した多くの実践過程の目的の一つは、こうしたことを学ぶ機会を若者に提供することである。

暴力を起こした若者は、この暴力は起こるべくして起こったのだという考えに飛びつき、自分の暴力を正当化してしまうものである。本章で見るようなグループカ

ウンセリングでは、若者たちが自分の犯した暴力行為に自ら立ち向かえるよう援助するのだが、そこでは若者たちが暴力を正当化しないよう注意を払う。そういった考えに飛びつかないで、暴力を今一度詳細に検討してみるよう勧めると、生徒たちはおそらくそれまで一度も経験したことがないような形で、暴力について考えることができるようになる。そして、いったん自分が行った暴力について振り返り考えることができれば、それ以降は、いままでのような慣習的な暴力反応をするのは難しくなる。そうなれば、古い慣習が居座っていた空白地帯に新たな慣習を、つまりは新しいストーリーを、作っていくこともできる。とはいえ、理論的に言うは易しである。行うのはずっと難しい。

なぜアンガーマネジメントではないのか？

　読者の中には、私たちが本章の方法を「アンガーマネジメントグループ」と位置づけていないことに気づいた人もいるかもしれない。このタイトルを冠したグループカウンセリングは大変一般的になってきているので、私たちもわかりやすくするために時々この名前を用いることもある。とはいえ、あまり好きな名前ではない。というのも「アンガーマネジメント」という概念は、暴力行動に何らかの内的原因があると仮定している点で問題だと思うからである。こうした仮定の裏にあるのは、圧力釜のような物の中に怒りがあるという、19世紀の古い蒸気機関的な心理のメタファーである。蓋が閉じられ、適切にコントロールされる限り、怒りが「吹きこぼれる」心配はなく「我を忘れる」ことを避けられるというわけである。
　攻撃行動を人の中にある感情の解放だと想定する場合、暴力は、まず感情が圧力釜から開放されるというメカニズムを通り、次に、それが抑圧されていく、という理屈で説明されることになる。この理屈だと、感情が抑えられ、抑圧されればされるほど、感情の解放はより急激でコントロール不可能なものとなる。このように個人の中から感情が表出してくるという圧力理論に則っていくと、突然吹き出してコントロール不能になるまで怒りを増大させないよう、感情を効果的に開放できる手段を教えることがアンガーマネジメントグループの役割となる。
　現在では19世紀の蒸気機関メタファーは幾分アップデートされ、多くの場面で蒸気機関に代わって、コンピューターシステムという20世紀版メタファーへの置き換えが進んでいる。このメタファーでは「プログラム」されている怒り反応を「再プログラム化」する必要があると想定されている。内蔵された怒りモジュールを、それまでとは違った形で反応する新しいソフトウェアに置き換える必要がある、というわけだ。

しかし、暴力行動や攻撃行動が常に怒り感情のコントロールと関係しているという想定は疑わしい。この想定は、冷静で計算された攻撃というものを考慮に入れていない。自分の中に怒り感情が沸き起こることなく暴力的な行為をする人も少なくない。それに、いま述べてきたようなアプローチは、攻撃行動を行う当事者の内的心理にかなり強く焦点化している。これではまるで、その人の生活が個人内心理だけで成り立っていて、社会的文脈はまったく存在しないかのようである。

私たちが本章で提案したいのは、もっと関係的な視点に立って暴力に対処するグループ活動を行うことである。関係的な視点に立つと、暴力とは感情の解放に関連するものというより、他者の支配と権力の欲求に関連するものとなる。もし、他者の支配や権力の欲求を当人が意識していなかったとしても、悪用できる効果は生まれるものである。たとえば、かんしゃくを起こすことが習慣になっている人のことを考えてみよう。その人はかんしゃくを起こせば、起こさない場合よりも、他者を自分に向かせることができるという、ある種の効果に気づいていくかもしれない。ただし、他者への支配や権力の欲求に怒りがほとんど関与していない場合もあるだろうし、場合によっては、怒りを暴力の源泉ではなく、暴力の副産物と捉えた方が良いということもあるだろう。いずれにせよ、関係的な視点から暴力を捉えるグループ活動では、暴力のことでメンバーを非難したり貶めたりすることはしない。そうではなく、グループのメンバー一人ひとりが暴力のないライフスタイルを求めるようになり、そうした思いに沿ってアイデンティティのストーリーや対人関係のパフォーマンスを育てていけることを目指す。

「暴力に向き合う」グループとジェンダー

私たちの経験から言うと、「暴力に向き合う」グループ活動は男女別に行うのがベストである。場合によっては男女混合のグループ編成も不可能ではないが、多くの文脈において、ジェンダーに関するディスコースがからまると、自分を振り返るための環境を整えるのがかなり難しくなる。

そもそも、男性の暴力は女性の暴力よりかなり一般的なものである。たしかに以前と比べて、最近では若い女性が暴力を振るうこともよく見られるようになった。しかし、暴力をアイデンティティ発達の一側面と見なす雰囲気は、女子よりも男子の方がずっとなじみ深い。男性のヒーローが活躍するアクションムービーやビデオゲームを思い出してもらえば、それが明らかなことはわかってもらえるだろう。

男性と女性の暴力には、重なる点もあるとはいえ、その典型的なあり方は違う。第1章で議論したように、女性の暴力は必ずしも強い力を用いたりはしない。むし

ろ女子は他の子にきつい影響を与えようとする場合、関係性への攻撃を行うことが多い。男子はそうした微妙な攻撃はあまりしない。

　学校での暴力を考える上では、男性から女性に振るわれる暴力についての文化的文脈も考慮に入れる必要がある。男子も女子も、家庭の文化的文脈と同様に、学校の文化的文脈の中でも暴力の反応パターンを学んでいくことになる。そうした学びは後になって家庭内暴力などとして顕在化することになる。ドメスティック・バイオレンスについては多くの議論があるものの、一般的に言って、男性から女性への暴力の比率は逆の場合よりもかなり高いと考えられている（Mirlees-Black & Byron, 1996; Tjaden & Thoennes, 2000）。女性も暴力的になり得るし、女性の暴力行動が見過ごされて良いということはないが、傾向としては、ドメスティック・バイオレンスの圧倒的多数は男性が女性に対して行うものであり、脅しを受けたり、深刻な傷を負ったり、医療的な援助を必要としたりするのは女性の方が多い（Mirlees-Black & Byron, 1996）。さらに言えば、こうした事実は直接に言及されることがないとしても、男子・女子の双方に暗に理解されている。文化内にそうした支配的ディスコースがあるからである。

　なぜ男性のドメスティック・バイオレンスをより問題にするかと言えば、家庭内暴力を内にある怒りの表現ではなく「権力と支配」欲求の表現であると理解することが必要となるからである。こうした考え方はフェミニストによって行われた家庭内暴力に関する研究の多くで採用されてきたが、ドゥルースプログラムが提案した社会活動に関する円環モデル以降、広く一般にも知られるようになった（Pence & Paymar, 1993）。成功した介入プログラムの多くも、暴力についてこうした前提に立っている。もちろん、こうした言わば暴力の権力・支配モデルが、すべての暴力形態を説明できるわけではない。たとえば、女性が自己防衛の際に使った暴力については説明できない。そもそも、男性の暴力を説明するのと同じようにして女性の暴力を説明することはできないだろう。脅しと支配のために男性が行使する暴力は、いわゆる真空状態で起きているわけではないからである。男性が女性に振う暴力は、男性を権威とし、女性をその規範に従わせるという、広く一般に普及するディスコースによって支持されているものである。これまでフェミニストによってこうしたディスコースの土台崩しが行われてきたが、そうした努力にもかかわらず、この支配的ディスコースは未だに多くの男性の、そして女性の心の中に浸透したままである。

　学校に通う生徒たちの間には、まだこうした支配的ディスコースは完全に顕在化してはいない。しかし、その萌芽は見られる。実際、男女混合のグループカウンセリングを行うと、会話の中で男子生徒が支配的なパフォーマンスを見せることがある。特に、男子が数で優っている場合には、女子を従わせるのにそうしたパフォー

マンスが用いられる。こうした支配を示すパフォーマンスは、ジョークや笑いの中に微妙に表現され、まるで冗談を交えて女子に好意を示すかのようにして行われる。そうなると、そのパフォーマンス自体を非難するのは難しくなり、そのせいで、生産的なカウンセリング活動を行うための省察的で信頼に満ちた雰囲気をグループ内に醸成することもできなくなってしまう。同性で行うグループ活動であれば、こうした事態を避けることができる。

経験上、暴力に見られるジェンダー的側面を脱構築していく上でも、同性でのグループ活動の方が生産的な活動を行いやすい。女子は男性の支配的な行動パターンが自分たちにどういった影響をもたらすか、暗黙の内にわかっていることを言葉に出しやすくなるし、男子の方も、女子の前でメンツを失うことなく自身の支配的な行動を打ち明けられるので、ひそかに感じている苦々しさも認めやすくなるからである。

「暴力に向き合う」グループカウンセリングの原則

学校で「暴力に向き合う」グループ活動を実施する上では、主要な原則が5つある。最初の原則は、暴力に関する本質主義的説明に与しないというものである。本質主義的説明は暴力を自然なものであるかのように思わせてしまう。「暴力とはそういうもんだよ。」暴力が正当化される時、こう言われることがある。「暴力が人間の本質だ。」こう言う人もいる。「強くなることは、文化の一部だ。」こんなふうに文化という概念を本質的なものと見なして暴力を正当化する人もいる。「戦うことは人生の一部だ。特に僕の周りではそうさ。」グループに参加することになったメンバーたちは、グループをリードするグループリーダーのことを暴力に反対するスタンスを取っている存在だと思っている。だから、リーダーと知恵比べしようと、徹頭徹尾本質主義的な考え方に与して、こんなことを言ってくることがある。

だからグループリーダーは、「自分は人生のさまざまな局面を非暴力的に解決することが良いことだと思っている」と、きちんと表明しておくことが大事である。ただし、グループメンバーの人生経験を暗に見下したりしてはならない。メンバーたちが個々に抱いている暴力についての考えは彼らがこれまでに知ってきたことなのであり、その点で彼らは正しいとも言えるからである。ここでのコツは、彼らメンバーが思っていることを**条件によってはあり得るもの**として話し、本質的なものとしないようにすることである。もし条件次第だということになれば、別の選択もあり得るということもまた暗に示されることになる。

二つ目の原則は、メンバーとの間で口論にならないよう努めることである。もし

言い争いが生じれば、メンバーはリーダーに抵抗し、おそらくは暴力を正当化するポジションを取るようになるだろう。だが、だからといってグループリーダーは、中立的なポジションに立ったり、逆に暴力を主張するような挑発的なポジションに立ったりする必要はない。そうではなく、メンバー自身で暴力に反対できる機会を持てるような質問をメンバーに投げかける。最初は個々人に直接関連する問題としてではなく、もっと抽象的な問題として尋ねてみると良い。たとえば次のように言う。「学校の中で、いじめの感じがする問題って何かあるかな？」そして、これに続けて次のような質問を行うと良い。「君はなぜ、それが問題だと感じたんだい？」

　三つ目の原則は、当面はグループのメンバーが何と言ったとしても、それを受け入れ、好奇心を持って聞くことである。仮に、信奉している理論と使用している理論（Argyris & Schön, 1974）が一致していなかったとしても、メンバーに向かって「偽善だ」などと言わないよう心がけること。そんなことを言っても、会話を閉じさせ、グループ内の信頼関係を作る上で障害になるだけである。特に活動の初期は、メンバー本人の望む方向と実際の行動との間に開きがあったとしても、受け入れた方が良い。複数のライフスタイルの中から、実際の行動を選択する機会は後に訪れる。

　四つ目の原則は、暴力行為を正当化する会話を避けることである。だからたとえば、なぜ暴力行為をするのかと尋ねるのは避けた方がいい。「なぜ」という質問は、往々にして暴力の正当化や合理化につながってしまう。メンバーたちが暴力の正当化に声を与え始めれば、それだけ暴力の正当性も強化される。社会構成主義によれば、私たちは自分が話していることを現実とするからである。こう考えるなら、「非暴力が良いと思う」といった話を増やしていく方が、ずっと意味がある。

　それではもしグループのメンバーが暴力の正当性を強調し、そこから抜け出せないとしたら、リーダーとしてはどうしたら良いだろうか？　暴力の正当化に反対したところで、うまくはいかないだろう。そんなことをしても抵抗を引き起こし、その流れを強めてしまうだけである。この場合のコツも、条件次第では暴力の正当性も成り立ち得ると言って、暴力が本質的なものでないことを暗に示すことだ。この際、外在化する会話が非常に役立つ。外在化にあたっては、そこで話されている具体的な暴力行為を外在化しても良いのだが、より良いのは、暴力の正当性や合理性自体を外在化することである。これができたら、そうした正当性や合理性が人々をどのように説得しているのか、メンバーと一緒に話し合っていくと良いだろう。

　五つ目の原則は、アラン・ジェンキンスの『加害者臨床の可能性』（Jenkins, 1990）に則ることである。卓越した実践書である本書には、家庭内暴力や虐待を行う男性に変化をもたらすためのセラピーに参加してもらう際の、効果的なアプローチが記されている。ジェンキンスは、ひどい暴力行為をした人でさえ他者との間で平和

敬意に満ちた関係を結びたいと思っていると仮定して活動している。ジェンキンスによれば、暴力行為をする人々は、実のところもっと平和的で敬意に満ちた人になりたいのだが、その思いとは異なるディスコースが内在化されているために、そうした思いが言わば**禁じられている**状態にあるのだという。つまり、平和的な関係を結びたいという思いが内在化した文化の力によって強く抑制されているからこそ、暴力行為が可能となるのである。だから、グループカウンセリングでは、そうした抑制を解き、もっと平和なストーリーを花開かせていくことが目標となる。このために必要なのは、メンバーが、平和なアイデンティティを語らせないようにする価値観から離れ、本当はなりたいと願う平和な人に近づくアイデンティティを得られるような、そうした雰囲気づくりである。

以上の原則は、次のようにまとめられる。

ボックス 11.1
グループカウンセリングの原則

- 暴力を自然で本質的なものだと正当化することに与しない。
- グループメンバーとの直接対決は避け、メンバーが問題に向き合えるような働きかけをする。
- 言行の不一致を（まずは）受け入れ、暴力に与しない語りを広げていく。
- 暴力を正当化しないよう、「なぜ」という質問は避ける。
  ＞暴力の正当性を外在化し、それに対して疑義を呈するよう、メンバーに働きかける。
- 暴力における自分の責任を引き受けていれば、どういったことであれ、それを認め、光を当てる。

「暴力に向き合う」グループのプラン

ここまで、グループ活動を行う上での原則を見てきた。ここからは、グループ活動を進める上でのプランを見ていく。実践で使える質問例も一緒に示していくつもりである。ただし、これらの質問は模範例というわけではなく、有用な質問を提案しているに過ぎない。

実施グループ

グループメンバーとして想定しているのは、怒ったり暴力行為を起こしたりして、学校や地域で問題になった生徒たちである。停学処分になった生徒や裁判所から紹介された生徒ということもあるし、学校で攻撃的・暴力的行動をしたために教師やカウンセラーからグループへの参加を求められた生徒の場合もある。

目　標

- 怒りや暴力が自分の学校生活に占める範囲や、怒りや暴力がもたらす自分の将来の人生について、メンバーに振り返る機会を持ってもらう。
- 怒りや暴力から影響を受けず歩んでいくための選択肢を探求してもらう。
- 暴力のないライフスタイルを選択する機会と、その選択を維持する上で必要なスキルや戦略を育てる機会を提供する。

グループ活動の目的

グループ活動がどれくらいうまくいくかは、はじめにグループ活動の目的をきちんと述べたかどうかにかかっている。グループ活動に入る前にメンバーに強調して示しておくべきポイントは以下の通りである。

- 「このグループは、暴力問題を懸念しているスクールカウンセラーや管理職の先生によって提案されたものです。」
- 「私たちは暴力問題について、ただ人を罰するだけでは意味がないと考えています。このグループ活動では、自分の人生における暴力の影響について、君たち自身で考え、発言してもらう機会を持ってもらおうと思っています。つまり、これまでと違う何かを君たち自身で作り出す機会を持ってもらおうというわけです。」
- 「私たちは、君たちを完璧な生徒に作り変えることに関心はありません。君たちを何か別の人にしようと思っているわけではないのです。変わるかどうかはすべて君たちが選択することです。」
- 「また、過去のことを持ち出して、君たちの気分を害したり、君たちに恥をかかせたり、君たちを責めたりしたいとも思っていません。私たちが目指しているのは、君たちのことを、自分の人生について考え、自分の言葉を持つことが

できる知的な人として扱うことであり、君たちを暴力の意のままにさせないことです。」
- 「このグループは、誰でも怒りをコントロールし、暴力のないライフスタイルを取り入れることができるという前提に基づいており、また、それを強く願うものです。」
- 「このグループは、8セッション（か、あるいはどれくらいかはわからないが）続き、この部屋で一週間に一度＿＿＿曜日に実施します。」

基本ルール

どういったグループ編成であれ、基本ルールはメンバーで話し合って決めるべきである。ただし、いくつか注意しておくべきポイントがある。

まずはじめに、グループ活動にあたっての守秘義務は、誰かを傷つけるおそれがない場合に限定されるということに注意してもらいたい。グループ活動中、メンバーに被害を受けた生徒がその後もまた脅されたりしていないか、リーダーとして確かめておきたいと思うこともあるだろう。この確認は倫理上必要な行動であって、守秘義務違反ではない。また、グループ内で暴力は許容されないということを確認しておくのも大事である。その他、誰かに危害が生じ得る差し迫った状況がある場合、それがたとえグループの外であっても、グループリーダーにはそれを報告する倫理的責任、場合によっては法的責任があるということを、きちんとメンバーに伝えておくことも重要である。

グループ参加の理由づくり

グループへの参加は強制された場合が多く、メンバーがまったく自発的に参加するということはない。とはいえ、強制されたという事実がグループ成功の妨げにはなるとは限らない。ある研究によれば、強制されてグループメンバーになった者もまた、たとえ最初はグループに参加したがらなかった人であっても、グループカウンセリングに何らかの価値があったと感じていたことが示されている（Corey, Corey, & Corey, 2010）。だが、メンバーの中の数人あるいは全員が何かしら脅されて活動の場にいるのだということは心に留めておき、それぞれの生徒がグループ参加を強制されたことついてどう考えているのかに関心を寄せておくべきである。「ここに来たくはなかった」「この場にいるのは単にいなければならないからだ」とメンバーが言ったとしても、そうした発言は感謝して受け取るに値する誠実な表現である。だからこう言うと良い。

「たしかに君が初めに下した選択ではないにしろ、ここに来て、グループに参加してくれたことには感謝を伝えたい。ここにいないといけないということだから、君が何かこのグループから自分の価値になるものを得られるよう、僕は願っているよ。」

ただし、私たちはここに来たくなかったという発言を完全に額面通り受け取るわけではない。グループに参加する際のモチベーションは、ポジティブかネガティブかにはっきり分けられることはほとんどない。たいていの場合、私たちの中には複数のストーリーが競合し合っており、それぞれが自分を見てくれと求めている。だから、自発的に参加した生徒の中にも、グループへの疑いを含んだストーリーがあるかもしれない。そのストーリーのために、後になってグループから去ってしまう可能性もある。そして同じように、参加を強制された生徒たちの中にも、メンツを保つために自発的に参加しているとは言わなかったとしても、グループから何かを得たいという希望が内に潜んでいる可能性がある。そのため、グループ活動への参加を強制することより、メンバーの中にある競合したストーリーを把握するための質問をしていく方が意味がある。

たとえば、グループリーダーは次のようにメンバーに質問すると良いだろう。

「このグループ活動への参加は、どれくらい自発的だった？」

「誰に言われてここに来たのかな？ 参加するよう言われて、何か思ったことはある？」

「ここに行けと言われて、どのくらいムカついてる？ それから、ここにいても良いかなって、どれくらい思っている？ 50対50みたいにそれをパーセンテージで表してもらっても良いかな？」

「このグループ活動を通して自分のために何か得られたら良いな、なんて思ったりしているかな？」

この場にいるという勇気を肯定する

グループ活動の初期には、暴力に向き合おうとするメンバーの勇気を認めることが有益である。そうすると、グループ活動やリーダーシップについてメンバーから信頼してもらうことができるからである。簡単な発言でメンバーの勇気を認めることもできるが、メンバーが応じられる質問をいくつか行うという形で、勇気を認めることもできる。以下にその例を示しておこう。

怒りや暴力の問題に向き合うには、たくさんの勇気がいるんだ。向き合わない

方がずっと簡単だからね。多くの人は、たとえここに来るように言われたとしても、行く勇気さえないと思う。人は時に自分がしてしまったことを深く後悔するものだが、恥じる思いがあるゆえに自分がしたことを自分で認め、向き合うなんてことはできないものだ。まして、他の人が自分のしたことを知るなんて、我慢できることじゃない。それに、私たちは「怒りや暴力について困難を抱えている人たちは、実は他者の暴力による犠牲者でもあるんじゃないか」と思っているんだ。だからこそ、こうしたグループに参加することは二重に勇気がいることだったと思う。だから、勇気を出してここに来てくれたことにありがとうと言いたい。いくつか質問をしてみてもいいかな。申し訳ないんだけど、このグループがうまくいくためには、いくつか質問しないといけないんだ。もし聞きすぎてしまったら、その時は言ってほしい。

以下に、メンバーがグループに参加する選択をしたことを肯定的に認める上で用いることのできる質問例をいくつか挙げた。アラン・ジェンキンス（Jenkins, 1990）は、こうした質問を責任への「魅力的な招待」と述べている。今から挙げるこうした質問は強靭さとか身体的な力強さとかいったものに関するディスコースを利用している。こうしたディスコースは、通常は暴力に向き合うというより、暴力を行使するという方に近い。だから、質問に答えるためには、そうしたディスコースを通常使っているのとは違った方法で使わなければならない。その意味で、これらの質問は脱構築的な質問とも言える。

　　「暴力に関する君たちの経験について質問してもいいかな？　それとも、この質問はちょっときつすぎるかな？」
　　「そうした問題について話すには、もっと強くないとダメなのかな？　それとも、話さない方が強いのかな？　それはどうして？」
　　「君が今日ここに来たことって、君についてどんなことを物語っている？」
　　「今日僕らがみんなここにいることって、僕らの最初の成功だって考えるのは、ちょっと誇張し過ぎかな？　君はどうやってそのドアから入ってこられたんだい？　このミーティングを無視したってよかったはずなのに。」

グループのメンバーに暴力のないライフスタイルについて発言してもらう

続いて、一般的に怒りや暴力がどう思われているかについてメンバーに話してもらう段階へと移る。この段階では個人的な経験を話してもらうわけではないので、抽象的な一般論を刺激するような質問をしていく。この際、グループリーダーは、

暴力の問題点を把握しているエキスパートとして振る舞わないで、暴力や攻撃性がもたらす問題についてメンバーが持っている知識を引き出すような質問をしていく。

そうした質問をしていけば、グループリーダー自ら一般論について話さなくてもよくなるし、話し合いに参加するようメンバーを説得することも避けられる。グループの中から議論が起こるとより効果的だが、もしメンバーが言葉を濁すようだったら、あけすけな質問をしてみても良い。たとえば、もしメンバーが暴力を正当化するような議論に入り始めたら、こんなふうに言ってみるといいだろう。

「コロンバイン高校で彼らが起こしたこと〔訳註：1999年アメリカ合衆国コロラド州のコロンバイン高校で、同校に通う2人の生徒が起こした銃乱射事件。12人の生徒と1人の教員が射殺され、20名余の重軽傷者が出た。事件を起こした2人の生徒はその後銃で自殺した〕は良いことだって君たちは思ってるってことかな？　それはどうして？」

下記に、この線に沿った質問例を挙げておこう。

「君の考えだと、自分がしてほしいことを人にさせる場合、脅しや暴力を使った方が良いってことになる？　それとも、本人たちの意思でした方が良いってことかな？」
「他の人が君に何かさせたいと思っている時、君はどっちの方を好む？」
「男性の中には妻を殴ったり、子どもを叩いたりしても良いって考えている人がいるけど、君はそれのどこが問題だと思う？」
「学校にナイフや銃を持ってきて、それを使って他の人を脅すのはどこが問題だと思う？」
「学校の子たちや、ガールフレンド、あるいは家族との関係が、暴力や恐怖に満ちているのと、敬意に満ちていて暴力もないのと、君はどっちの方が良いと思う？」
「誰かとの間では暴力や攻撃性が見られない関係があるとしよう。それを何て呼んだらいいかな？」
「何でそれが良いと思うの？　そうした対人関係の利点って何かな？」
「人によっては、人間は叩かれてしかるべきだって言う人もいるけど、君はその意見に賛成？　なぜそう思うんだい？」

この議論の流れに沿っていくと、生徒によっては理性的になって暴力に与しない方向へと強く傾き、トラブルの原因となった事柄を二度と起こすまいと思うことが

ある。その場合には、そのポジションをもっと強く主張できるよう働きかけてみる。たとえば、リーダーから次のように質問してみると良い。

「そうすると、君は強くそう感じるんだね？ どれくらいそう感じるかな？」
「どうしてそう決意するに至ったの？」
「その立場を取ったのには、どんな理由があるんだい？」
「誰かに挑発されても、君はその立場を失わないでいる自信がある？」

　こうした質問は嫌味っぽくするようなものではないし、メンバーを偽善的に見せようとして行うものでもない。こうした質問がうまくいくのは、この生徒はどんなことを言うのだろうかと、真に好奇心と関心を持って質問された場合に限られる。この段階のグループ活動の終わりには、メンバーに対して「これから一緒にやっていくべきことをたくさん挙げてくれたね」と言って、暴力や攻撃性に与しない発言をしてくれたことに感謝を述べておくのが良いだろう。

メンバーがここにいる理由を共有する

　メンバーに暴力に与しない主張をしてもらったら、いよいよ、彼らがこのグループ活動に来ることになった理由と向き合う段階となる。この時点でメンバーは非暴力かつ平和的な振る舞いを好んでいるはずなので、紹介のきっかけとなった出来事は、いまの彼らとは矛盾した位置づけをしていることになる。そのため、グループリーダーは粗探しをすべきではない。ナラティヴの視点は人を複数のストーリーから見る。この視点から見れば、行動と価値とが一致しない場合など常にあることだ。だからむしろ重要なのは、暴力行為をメンバーが先に表明した価値からの逸脱として枠づけることであり、彼らの本質的なあり方が表れたものとは考えないことである。

　それゆえ、この段階では、各メンバーに事実に即して話をしてもらうのがベストである。次のように導入すると良いだろう。

　　君たちがいま表現してくれた思いは素晴らしいと思う。ただ、君たちがここにいるということは、少なくとも一度は、暴力のないライフスタイルを好む君たちの思いが敗北を喫し、攻撃あるいは暴力に巻き込まれてしまったということなのだと思う。もし攻撃性や暴力を扱えるほど君たちが強いというのであれば、何が起きてここに来ることになったのか、簡単に話をしてもらっても良いかな？　もし、今すぐ話せるほどに自分はまだ強くないと感じるのであれば、「パス」と言っても

らえばいいよ。

　メンバーが話してくれたら、リーダーはただ単純にそれを受け入れ、正直に話してくれたことについて感謝を述べる。仮にメンバーが表明した非暴力への思いと、実際の暴力の話との間に差があったとしても、偽善ではないかという考えにとらわれてはいけない。ただし場合によっては、話を引き出すために質問する必要は出てくるかもしれない。その場合には、何をいつどこでどのようにしたのかといった質問をし、「なぜ」という質問は避けること。「なぜ」という質問は、暴力行為を正当化するディスコースを喚起する可能性があるからである。以下に、メンバーの話を明確にするための質問例を挙げておこう。

　「最初は何が起こったの？」
　「その人が言った／した時、君はどう考えたの？君は何を言った／した／したかったの？」
　「その子はどう感じていたと思う？」
　「次に何が起こったの？」
　「君がした攻撃か暴力を正確に説明してもらうことはできる？実際のところ、君はどうやってそれをしたの？何回？君はどうやってその子を叩いたの？それはどこで？」

　この段階では、正直に話すのをためらうメンバーもいるだろう。また、暴力を過小評価して報告することもあり得る（「オレはあいつをちょっと叩いただけだよ」）。こうした場合の対応方法は、暴力や攻撃に向き合う勇気をより肯定していくことである。質問としては、おそらく次のようなものが適当だろう。

　「そのことについて話す用意はできてる？」
　「多くの人はそうしたことを話すから逃げようとするものだよ。君はできそう？」
　「話すという仕事を引き受けられそう？正直に話せるほどの強さを君は持ってる？」
　「そんなに率直に話せるなんて尊敬するよ。君がそんなふうに話したのは、今回が初めて？」

　この段階の終わりに、グループリーダーはメンバーの話を要約する。この時、「暴力や攻撃は良くないことであり、敬意に満ちた関係性をより望ましく思っている」

というメンバーの思いと、他方で、そうした思いが抑制されたか背後に追いやられたかして攻撃や暴力に支配されてしまったメンバーの経験とを、対照的なものとして要約して伝え返すのが良いだろう。

どのように人が暴力行為に勧誘されるのかを話し合う

次の段階で取り組むのは、メンバーに暴力を支持させ、平和な生活がしたいという思いを言えなくさせている考え方を脱構築することである。この段階での目標は、敬意に満ちた対人関係を望んでいるはずの人が、どのようにして暴力行為に勧誘（リクルート）されていくのかを理解することである。この「勧誘される」というフレーズが重要である。このフレーズによって、文化的文脈や社会に流布しているディスコースが暴力を自然なこと、あるいは普通のことだと人々に思わせていて、人々はそのせいで一種の役割を取らされている、ということを象徴的に示すことができるからである。こうした見方は、暴力が人々の生活の中で起きる理由について、本質主義とは真逆の理解をしている。

グループリーダーはここで創造的になって、最近話題になっているメディアや映画、音楽の影響について話したりして、メンバーが非本質主義的なメッセージを理解できるようにしていく。そのため、一般的な話から個人的な話へと会話の話題を移すと良いだろう。そうして各メンバーが非本質主義的な考え方に合点がいったようであったら、今度はメンバーに、周りのコミュニティや自分の経験から、何かいまの話と関連することが思い浮かんだか聞いていく。以下にはこうした話し合いをしていくための質問例を示した。ただし、これらは一つずつ質問していくものというより、会話の自然な流れの中で行うものである。

> 「暴力が存在することは別に不思議ではない。僕らはTVやゲームで毎日毎日、暴力を使って問題解決するべきだって誘いを受けまくっているわけだしね。こう考えていくと興味が湧いてくるんだけど、君たちが攻撃的にならないようにしよう、暴力的にならないようにしようと思ってるのにそれを留めてしまうものがあるわけだよね。それってどんなことかな？」
>
> 「暴力を良しとするような考え方や言い分って何かあるかな？」
>
> 「そうした考え方って、どうしてそんなに強力なんだろう？」
>
> 「そうした考え方って、君たちにどれくらい影響してる？　そうした考え方に君たちは完全にコントロールされてしまってる？　それとも、そうした考え方にコントロールされないこともある？」
>
> 「人が簡単に暴力的になってしまうような、人種やエスニシティについての考え

方って何かあるかな？」
　「暴力はお金を持っている人たちの間で起こりがちかな？ それとも、貧しい人たちの間で起こる傾向があると思う？ それは何でだろう？」
　「暴力につながることの多い不良文化についてはどう思う？」
　「暴力を良しとすることに、家族の影響ってどれくらいあると思うかな？」
　「暴力の方に勧誘された経験ってある？」

暴力の影響を探求する

　この段階では、日常生活に暴力がどう影響しているかを探求する。もしグループ全体が準備できているようであれば、メンバーのしてくれた話と関連づけながら暴力の影響を探っていくと良いだろう。だが、グループリーダーとして、メンバーはまだ自分たちの行動の影響に落ち着いて向き合えないと判断する場合もあるだろう。その場合は、何か別の話を取り上げ、その中で暴力がどう影響しているかを話し合うというステップを間に挟むと良い。
　それでは、暴力のどんな影響を話し合えば良いだろうか？ ここでの目標は、暴力が及ぼした影響の広さに気づくことである。カウンセラーというものは、しばしば感情の影響（恐怖や怒り、恥ずかしさ）に焦点を当てがちである。たしかにそうしたことを記録しておくのは重要である。しかし、同時に重要なのは、それ以外の影響も検討してリストアップすることである。感情の影響に注目すると、周囲から隔離された一個人に注意を向けがちになってしまう。だが、暴力が対人関係に及ぼす影響も非常に重要である。暴力は関係の綾を強引に引き裂き、不公平かつ不正な権力関係を作り出し、信頼や友情、家族のつながり、個人的な約束を反故にするからである。また、暴力が健康に及ぼす影響も見落とされるべきではない。暴力は身体へダメージを与えるし、医学的には大きな問題がなかったとしても、あざや擦り傷、不眠、身体的な緊張（頭痛、胃の違和感、背中の痛み）などに苦しめられる人は多い。それから、財政的な影響という点から見ても（たとえば医療費）、心配したり、気に病んだり、学校を休んだり、他の活動を断念したりすることに費やされる時間の影響という点から見ても、暴力にはさまざまなコストがかかってくる。
　どのくらい広く暴力が影響しているか探っていく上では、暴力行為によって影響を受けた人の数という観点も重要である。メンバーが注目しないといけないのは、自分や被害者に対する暴力の影響だけではない。暴力を目撃した人や、それを傍で見ていた生徒たちに暴力がどう影響したかも考慮すべきであるし、後でその出来事を聞いた家族にどんな影響があったかも考えなければならない。影響を受けた人を漏らさずリストアップしていくと、近視眼的に自分のした行為だけ見ていたメ

ンバーたちは往々にして驚くものだ。他者への共感はさらなる暴力を鎮めることにつながるが、そうした共感をより促進していくためにも、暴力に影響を受けた人たちについて検討していくことは大事なのである。こうしたことから、この段階は早めに切り上げたりせず、暴力がもたらしたさまざまな影響について詳しく話してもらえるよう「他にはある？」と繰り返し聴いていくことが重要である。特に、暴力が及ぼす影響として比較的明らかなものをリストに加えた後では、「他にはある？」と質問して、暴力の影響をさらに探求していくことが大事である。

　いま「リスト」という言葉を使って示唆したように、暴力の影響については、ホワイトボードに図表などで視覚的に提示するのも有用である。第6章で取り上げたように円で図表を作ってもいいし、単純にリスト表を作っても良い。たった一つの暴力行為であったとしても、暴力の影響をすべて検討し、目の前でリストが作られるのを見れば、人は変化に強く動機づけられるものである。

怒りを起こすきっかけを見つける

　往々にして人は暴力を良しとする文化的風潮に影響されているものなので、他人の何らかの言動がきっかけとなって暴力的になるような、一種の反応パターンをそれぞれに持っているものである。これは時にかんしゃくという形で経験されるものではあるが、必ずしもそればかりではない。そういった暴力反応を制止する上で役立つのは、怒りを引き起こすきっかけを見つけることである。そのためには、暴力の生じた具体的な場面を取り上げ、一つ一つ流れを振り返りながら、他者との相互行為の中で何が起きたのか、さらにそれに続いて何が起きたのかを慎重に検討することが必要となる。この検討は少しずつ振り返る作業となるため、往々にしてそのメンバーの語り(ナラティヴ)をゆっくりしたものにしていく。この作業が終わると暴力のきっかけに対応する反応パターンが見えてくるので、そこから、反応パターンを外在化し、再検討するといったこともできるようになる。

アイデンティティを表現してもらう

　次の段階で話し合うのは、アイデンティティに関するストーリーである。アイデンティティ・ストーリーは人々の間で生み出されるものであるから、アイデンティティも人の内側から出てくるものとして扱わず、社会的な相互作用の中で他者と交渉し合って出てくるものとして扱うべきである。暴力行為は暴力を振るった生徒たちにある種のアイデンティティ、ないし評判を与える。もしかしたらそうした評判は、彼らが他の人に知ってほしいと思う自分のアイデンティティとは違うかもしれ

ない。しかし、わずかな暴力行為から作り出された評判が、メンバーのアイデンティティを全体化してしまう可能性もある。だからグループリーダーは、アイデンティティ・ストーリーに対して評判が持つ力や権力関係が持つ影響力を、きちんとわかっていなければならない。とはいえ、あるアイデンティティ・ストーリーは条件が重なってたまたまそうなったものであるから、変化する可能性もある。こうした考え方に沿った質問として、以下のような例を挙げておこう。

「いつも攻撃性や暴力の意のままに動く子が学校にいるとしよう。君の経験上、その子はどんなふうにみんなから呼ばれると思う？」
「そうした呼び方って常に当てはまる？」
「そうした呼び方ってポジティブ？ ネガティブ？ それとも他の何か？」
「そうした呼び方って偏ったものではない？」
「そうした呼び方って役に立つ？ もしそうなら、誰にとって一番役に立つかな？」
「君自身が周囲からそうしたアイデンティティ・ストーリーを貼り付けられたとしたら、将来どうなっていくと思う？」

アイデンティティにまつわる言葉を誰かに貼り付けているような絵を、メンバーたちに描いてもらうのも良いだろう。ただしこの場合、メンバーがそうしたアイデンティティにまつわる言葉を人に適用しないで、外在化された名前として考えていけるよう気をつけてほしい。

カウンター・ストーリーを育てていく

いよいよこの段階では、攻撃・暴力のストーリーとは異なる何らかのカウンター・ストーリーをメンバーに選択してもらい、そちらを望んでいると明言してもらうことになる。理想的には、ここまで行ってきたグループ活動が足場となり、メンバーが非暴力的で平和的な関係性のストーリーをスムーズに選んでくれると良い。ただし、たとえ簡単に選べたとしても、選択というプロセスは重要である。リーダーがグループのためにカウンター・ストーリーを選択することはできないからである。だから、カウンター・ストーリーを採用するようメンバーを説得するのも良くない。リーダーがすべきことは、メンバー一人ひとりが暴力の影響を踏まえてカウンター・ストーリーを選択できるよう、暴力の影響についてメンバー自身が述べたことをいま一度要約することである。メンバーは暴力の影響を今後も望んでいるのか、あるいは何か暴力とは別の対人関係を望んでいるのか？ たとえばリーダー

は、次のように質問すると良いだろう。

「君たちは、暴力が君たちや周りの人に及ぼした影響について私に話してくれたね。どうかな、それってこれからも続くべきものかな？ 君たちは暴力と足並みを揃えるべきかな？ それとも、何かもっと良いことを君たちは望んでいるのかな？」

次のような聞き方もある。

「他の人が君の暴力を怖がるのは大丈夫？ それとも嫌かな？」
「暴力が今後もこうした影響を及ぼし続けても大丈夫かな？ あるいは、何か他のことを望んでいる？」
「もし君が暴力行為も暴力の影響も望まないというのであれば、君は他の人との関係についてどんなことを望んでいる？」

こうした質問は、二つの選択肢から一つを選んでもらうシンプルな問いかけである。何か一つを選択するということは、少しでもグループ活動に関わってさえいれば簡単にできることだ。しかし、いったんこの小さな選択をしたら、「では、そう願う非暴力のストーリーへ移ってはどうか」とメンバーに勧めることができるようになる。メンバーたちに、なぜそっちの方に移らないのかと尋ねてみても良い。あるいは、もっと単純に、非暴力的で平和的な対人関係を望むその思いについてもっと話してほしいと頼んでみるのも良いだろう。

いったん新しいストーリーへとメンバーが動き始めたら、次にリーダーが取り組むのはそのストーリーを育てることである。そこで本章の残りでは、新たに生じたカウンター・ストーリーを育てる方法について示していこうと思う。なお、これから見ていく方法は、メンバーの発言に対応するために順番を変えても構わないし、複数の段階を同時に実施してもらっても良い。

新しい行動に関する語りを聞いていく

一つ目の選択肢は、メンバーに対して、変化を起こすか、何か新しいことを試みるか、あるいはちょっと実験してみるかする心の準備ができているかと聞いてみることである。もし準備ができているということであったら、実際にそれを実行に移す時間、場所、方法をグループで話し合い、実行案を細部まで決めていくと良いだろう。また、何か悪いことが起きた場合はどうするかと質問するのも良いだろう

(「もし…ということが起きたらどうする？」)。こうした質問をすることで、予測可能な障害を乗り越える方法をメンバー自身で考えることができる。

新しい行動が持つ歴史を見つけ出す

　変化を起こしたいとメンバーが考えているということは、何かそれにまつわる過去の経験があるということなのかもしれない。そうであれば大きなチャンスと言える。そのため、彼らの経験に、変化にまつわるどんな歴史があるのか尋ねていくと良いだろう。そうした過去はこれまで表立つことなく、暴力のストーリーの裏で従属してきた本人の歴史かもしれないが、潜在的には重要なものとなり得る。この際に行える質問としては、以下のようなものがある。

　　　「過去に、君が攻撃性や暴力に対して立ち向かったことってあった？」
　　　「これまでに、君が攻撃性や暴力に立ち向かおうと意識したことはあった？」
　　　「君が攻撃性や暴力に飲み込まれなかった経験は？」
　　　「君が尊敬している人の中で、暴力にとらわれないでいられる人って誰かいる？その人の秘訣って何だと思う？」

危険な兆候について学ぶ

　新しいストーリーを育てていくと、往々にして暴力反応を引き起こし得る考え方や行動についても学びが深まっていく。暴力は決して自然に起こることはなく、常に予兆がある。だから、暴力を引き起こすパターンや流れを見つけることができれば、コントロールできなくなる前に暴力を防ぐことも可能となる。そこで、ミーティングの際に、メンバーたちで暴力反応に至るまでの一連の流れがどのようなものであるのか検討しても良い。こうした話し合いでは、次のような質問をしてみると良いだろう。

　　　「何のせいで、君は攻撃性や暴力にコントロールを握られてしまうのかな？」
　　　「君を怒らせてしまう引き金って何かある？」
　　　「君は自分がやりすぎたなって、どんなふうに気づくものなの？」
　　　「そういう時、攻撃性や怒りにコントロールを渡さないようにするにはどうしたら良いと思う？」

成功ストーリーとオルタナティヴな知をメンバーで共有する

　メンバーである生徒たちがグループ活動に参加し、問題について振り返り考えているという単純な事実だけでも、彼らの行動に小さな変化を起こしていくことになるだろう。そこで、毎回の話し合いでは、日常の中で暴力や攻撃性の意のままにさせなかったメンバー自身の成功体験を話してもらい、そのストーリーを皆で共有する時間も設けるべきである。とはいえ、グループ活動の初期では暴力や攻撃性に関するストーリーが支配的であるために、そうした成功が当人たちに気づかれることはほとんどない。メンバーに尋ねてみても、そんなことはなかったと異論が出るだけだろう。だから小さな成功をメンバーたちから引き出すためには、根気よく質問することが必要である。そして、メンバーたちの語りからユニークな結果を見つけたら、その結果の存在感を増すために、メンバーにそれに関して少し話してもらい、さらに細かい部分を検討してみる。ユニークな結果の存在感を増していける質問としては、次のようなものがある。

　　「どうやってそれをしたの？」
　　「コツは何かあった？ どんな考え方やテクニックを使ったの？」
　　「いつもと違った行動をしたって言ってたけど、どんな準備をしたの？」
　　「その出来事はまぐれじゃないって、どうしてわかる？」
　　「君がそういうことをしたって聞いて、一番驚かない人って誰かな？」

　グループ活動が進展していったら、メンバーが提案した暴力防止のアイデアを文書化して、そのアイデアを権威づけしてみても良い。以下のような質問をして、メンバーから彼らの知を引き出した後、その知をポスターサイズの紙に書き込み、地図のようにしても良いだろう。あるいは「暴力防止用マル秘知識」などと名付けたグループ用のドキュメントを作成するのも良い。こうした文書に書かれているのは、メンバー全員の経験を収集することで手に入った貴重な共有知である。各メンバーにコピーを配っても良い。彼らの共有知の信頼性を高めるために、地域の有名なリーダーやアーティスト、スポーツ選手の考え方を引き合いに出すのも良いだろう。こうして、自分は一人ではなく、もっと大きなものに参加しているのだという感覚をメンバーが持てると、変化するためのアイデアもより確かなものとなっていく。この時に使える質問の例を挙げておこう。

　　「怒りや攻撃性の影響を受けないようにしたい時、どんなことを考えれば良いっ

「怒りや攻撃性が日常生活に与える影響を減らすために、どんなことを覚えておくと使えそう？」

　　「怒りや攻撃性の影響に立ち向かう上でお互いにサポートし合う方法を、このグループ活動から何か学んだ？」

アイデンティティに関するオルタナティヴ・ストーリーを育てていく

　日常の行動にほとんど進展が見られない場合、メンバーを後押しする一つの方法は、これまで隠されていたか発展してこなかったメンバーのオルタナティヴなアイデンティティを、いまの彼らと結びつけることだ。おそらくどのメンバーのナラティヴの中にも、そのどこかには落ち着きや平和、敬意といったストーリーが存在している。そこで皆でカウンター・ストーリーを共有する時間にでも、そのカウンター・ストーリーと関連させながらオルタナティヴなアイデンティティに関するストーリーについて質問してみると良いだろう。以下に、オルタナティヴなアイデンティティを前進させるための質問例を挙げておこう。

　　「君たちが怒りや攻撃性に支配された時、そのせいで見えなくなる君たちの個性って何かあるかな？」

　　「怒りや攻撃性の影響を避けられて、でも『弱い』って周りに思わせないってことは、どうやったらできるかな？」

　　「そうした君の在り方(アイデンティティ)に名前をつけるとしたらどんなものが良いかな？」

　　「それを君が目撃した時、怒りや攻撃性に巻き込まれることなく、君の正義感を示すにはどうやったら良いかな？」

修　復

　修復的実践の章（第7章）で見たように、強力なカウンター・ストーリーには暴力によって付いた傷を修復する取り組みも含まれるものだ。傷を修復したいという思いは、実際に変化に取り組むことで立証される。実行に移すのは必ずしも簡単なことではないし、相当な勇気もいる。それに、もしかしたら相手に拒絶されてしまうかもしれない。だが、少なくとも次のような質問に沿って会話をしていけば、修復についてメンバーと話し合うことはできるだろう。

　　「君が誰かを傷つけてしまったら、その後どうやってその傷を修復したら良いか

な?」
　「謝ることってできる? それだけで十分?」
　「君の怒りが誰かに与えた影響に耳を傾けられるほど、君って強いかな?」
　「傷を修復したいっていう君の思いを証明することはできる? どうやったら時間が経ってもその思いを維持できるかな?」

逆戻りを予想する

　メンバーが熱意を持てるほどにカウンター・ストーリーが育ってきたら、いまの新鮮な気持ちが薄れた時に逆戻りする可能性を予測しておくと、さらにそのストーリーを確かなものとすることができる。逆戻りの可能性について聞かれれば、メンバーはその可能性について準備しておくことができるし、逆戻りが起きた際にもあまり打ちのめされなくて済む。ここでどんな質問をしたら良いか、以下に例を出しておこう。

　「君たちがこのグループ活動の中で攻撃性や暴力に取り組んできた努力を、僕は本当に尊敬している。でも人生ってパーフェクトにはいかないものだし、君たちも自分の周りすべてを完璧にコントロールできるわけじゃないから、怒りや攻撃性が君たちのところへ戻ってきて、君たちをもう一度取り込んでしまうっていう可能性もあると思う。もしそうしたことが起こるとしたら、それってどういうふうに起こると思う? 君たちはそれが起こるのをどうやったら防げると思う?」
　「逆戻りって、具体的にはどういうことかな。誰か例を出せる?」
　「いまの新鮮な気持ちが薄れていったら、君たちはこれまでに起きてきた変化をどうやって維持する?」

お祝い

　グループが成し遂げた成功について、みんなで祝うことも大事だ。成功を認める証明書をメンバーに渡しても良いかもしれない。証明書を授与する祝賀式を開いて、そこに各メンバーの知り合いを一人ずつ招待するというのも良いだろう。教師たちにメンバーの変化を伝え、変わったことを広く気づいてもらうのも良い。それから、個々のメンバーに今後同じような困難を抱える人がいたら相談に乗ってもらえないかと尋ねてみるのも良いだろう。そうした人たち用に、アドバイス項目を作ってくれないかと頼んでみるのも良い。

まとめ

　本章では、「暴力に向き合う」グループを作っていくためのアイデアを示した。このグループの理論的基盤は「アンガーマネジメント」といったより一般的なアプローチとは異なる方向性を持っている。本章の指示通りにやらなければいけないわけではない。本章はマニュアルというより、使えるリソースのリストといったものを目指したからである。それに、実際の場面では、常に本章の流れに沿って物事が進んでいくわけでもないだろう。大事なのは、グループ活動におけるスピリットである。これは、専門家によって生徒たちを修正しようというスピリットではない。生徒たちの知や望みを常に探求し、記録していくことに基盤を置く、そんなスピリットである。

振り返りのための問い

1. 一般的なアンガーマネジメントでは、暴力の原因についてどういう仮定をしているだろうか？
2. 本章で示したグループ活動の原則のうち、あなたにとって印象的だったのは何だろうか？
3. グループリーダーは、どうやったらメンバーの暴力行為と波長を合わせることなく彼らの経験に敬意を示せるだろうか？

研究のための問い

1. 生徒が、自分たちの暴力的な振る舞いを変化させない理由として挙げる最も一般的な論拠は何だろうか？
2. 暴力的な振る舞いや、暴力を正当化することに、性差はあるだろうか？
3. 「暴力に向き合う」グループに参加した生徒たちが、他者への対応を変化させた場合、それはどのように評価測定できるだろうか？
4. そうした変化がもたらす効果は、どのように評価測定できるだろうか？

第12章 すべてを一つにまとめ上げる

> **この章で何を学ぶか**
>
> 個々の糸を結び合わせる
> 正しいアプローチを選ぶために
> 必要なトレーニングは何か？
> 誰が決定を下すか？ 誰が相談を受けるか？
> 最後に

個々の糸を結び合わせる

　残る作業は、前章まで別々に解説してきた援助の言わば「糸」を結び合わせることである。そこで第12章では、本書が基本にしてきた原則を振り返っていく。また、学校全体で援助をマネジメントする方法に関しても、いままでのまとめをしながら付け加えていこうと思う。そして、複数の対立解決の方法から必要なものをどう選び出すかという問いへとつなげていく。

　対立を解決し、暴力に取り組む考え方として本書が一貫して主張してきたのは、私たちの世界を構成するのは対人関係であり、対立もそうした対人関係の一つだということである。程度の問題はあるものの、対立とは人々の間に違いがあるからこそ生じるものなのであり、いたって普通のことなのである。それゆえ他者との違いを踏まえて生活することは、たとえば数学や語学といった教科の学習と同じくらい重要な、学校で学ぶべき主要な学習課題の一つだと言える。

　人が問題なのではない。問題が問題なのだ。私たちが本書で強調してきたのは、この考えを徹底させた実践である。対立という問題に取り組むということは、対立を解決する活動に取り組むということであり、誰かを非難するということではない。自分のメンツを保つことと、平和な相互理解に向かう道を見つけることを両立させるためには、ある種の妥協が必要となる。平和な相互理解の道を歩むためには、それ相応の努力が求められるのだ。とはいえ、学校コミュニティにいる生徒・教師の

全員がその道を選ぶわけではない。そういうわけで、本書は万能薬とはなり得ないし、ハッピーエンディングを常に保証するものでもない。だがそもそも万能で常にハッピーエンディングが期待できるアプローチなど、どこにもない。罰則という方法をとっても裏目に出ることは多いし、ゼロトレランスアプローチは期待される効果を聞く分には魅力的に思えるが、実際の効果はそれに到底及ばないということが見出されている。

　私たちの願いは本書で示した方法によって学校コミュニティの良心が刺激され、生徒たちが対立のナラティヴからそれまでとは別のナラティヴ(オルタナティヴ)へと移ることである。疑り深い生徒たちの中にも、オルタナティヴなナラティヴへと移行する可能性は潜んでいる。本書のアプローチを好きになれない生徒や批判的な生徒も、オルタナティヴなナラティヴへと呼び込むことのできる、また違った側面を持っているからである。それに私たちは、対立が蔓延するコミュニティであっても、一貫して関わり続ければ変化が起きると信じている。本書で主張してきた誰も排除せず包摂する、敬意あるアプローチを使えば、どこか別のところに問題を丸投げすることなく、難しい対人関係の文脈を良い方向へと変えていけるだろう。

　本書では、主にスクールリーダーとスクールカウンセラー／心理士に焦点を当ててきた。学校内の対立に対処するためには、前提としてこの二つの専門職が一緒になって活動する必要があると私たちは考えている。管理職は問題解決のためのシステムやその進行過程を計画し、必要となる仕事を割り振る役割を担う必要があるし、時には対立解決の実践そのものに参加することも求められる。本書ではスクールカウンセラーや心理士のことを実践の細かい部分を担う存在として論じてきたが、彼らの役割には、スクールリーダーと一緒に対立をマネジメントする全体のシステムづくりを担うことも含まれている。理想的には、スクールリーダーとスクールカウンセラー／心理士の間で、学びが生じる対人関係の文脈を意識的に作り出せる、そんなパートナーシップが持てると良い。学校が学習する組織そのものとなれば、本書で示した実践を越えていくような、さらなる新しい実践を展開していくこともできるはずである。

　既存の対人関係にいままでとは違う新たなストーリーを導入しようという試みは、テストの成績を上げる手段にはならない。しかし、傷ついた対人関係を修復していくという点で、学校組織の成長を維持していく方法にはなる。とはいえ、上の立場にいる人間が現場の教師たちに修復的実践を「上意下達」式に指導し、適切なコンサルテーションや準備、トレーニングを怠ったとすれば、その修復的実践が長く続くことはないだろう。そうなれば、教師たちは修復的実践自体に幻滅し、生徒を管理する罰則的な方法論に戻ってしまう。

　私たちが提唱する対人関係アプローチに学校全体で移るためには、注意深く計画

を立てるとともに、指導する立場のスクールリーダーがチームとなって、学校全体にそうしたアプローチをはっきりと推奨していく必要がある。加えてスクールリーダーは、本書で示した話し方や関係の取り方を自ら率先して行っていくことも求められる。さらに、本書の実践方法をトレーニングする機会を探ったり、現場でのトレーニングにあたってティーチングスタッフやカウンセリングスタッフに一緒に参加してもらう手はずを整えたりするのも、スクールリーダーの仕事である。こういう取り組みをスクールリーダーがしていけば、現場の教師たちもお互いに関係を取り合いながら、一丸となって自分の担当するクラスについて考え、修復的な実践を行っていけるようになるだろう。もちろん教師全員が生徒に一貫した対応をすることがベストではあるが、なかには、本書のような方法を使いたがらず、生徒のモチベーションを上げるために罰則に頼る手法を使い続ける教師もいることだろう。そうした場合にも、生徒の行動をポジティブなものとして捉え直してもらったり、その教師自身が校内暴力やいじめが減ったことに気づいたり、生徒のほとんどが学校にいて楽しいという学級評価の結果が出たりすれば、学校が向かい始めた新たな方向性の正しさをわかってくれるはずだ。場合によっては、生徒の問題をめぐって、教師たちの志気がくじかれたり、教師同士の仲が引き裂かれたりすることもあるかもしれない。そうした場合には、校長なりカウンセラーなりが教師同士の関係を立て直すと共に、協働の手本を示すと良いだろう。こうすれば、学校の雰囲気全体にも大きな影響を及ぼすことができる。

　しかし時には、修復的実践や対人関係上の対立解決に、学校全体で関わることができないという場合もある。そんな時は、まずは一人で革命を始めたって良い。一人であっても、本書のアイデアを実際に試し、組織の中からゆっくりと変革を起こしていくことができる。

正しいアプローチを選ぶために

　本書で示したアプローチを効果的なものとするためには、状況に応じて正しいアプローチを選択する必要がある。時には一つだけ選ぶというのではなく、複数を組み合わせた方が良い場合も出てくる。ある状況では、秘密いじめ対策隊のアプローチと共に、いじめ被害者へのカウンセリングも必要となるかもしれない。あるいは、クラス内の対立を解決するために、セクシャルハラスメントに関するサークル会話とガイダンス授業の二つを行う必要があるかもしれない。「暴力に向き合う」グループの実施と並行して、ピア・メディエーションを行うという場合もあるだろう。どのアプローチを使うべきか、あるいはどのアプローチを組み合わせるべきか

といったことに関しては、考慮すべき点が多くある。アプローチの選択によっては、問題の規模や影響の大きさの割にするべきことが多くなり、対立ストーリーの渦中にいる当事者たちに十分焦点を当てられないということにもなりかねない。もし繰り返し同じような問題が表れてくるのであれば、その問題に取り組むためにどんなアプローチを体系的に行っていく必要があるか、もっと創造的になって考え直す必要があるだろう。

下記では、ある状況でどのアプローチの選択がベストかを決める上で考慮すべき事柄について、節ごとに示していく。

対立は生徒二人の間で起きているか、もっと大きな生徒集団が関わっているか

応報的アプローチでは、通常一人ないし二人を問題の原因と見なして、対応していく。しかし、対立とは複雑な関係事象であり、触手を伸ばすようにしてコミュニティ全体にその影響を広げている。そのため、問題の及ぼした影響を突き止めることの方が、問題の原因を突き止めることより、おそらくは重要である。ドゥルーズとガタリ（Deleuze & Guattari, 1987）のメタファーを使えば、対立はツリーというよりリゾームのようなものであり、だから根っこを引き抜いてそれでめでたしというわけにはいかないのである。このことから、往々にして必要となるのは、当事者の生徒二人の関係に焦点を当てるアプローチではなく、生徒たち全体の関係ネットワークに焦点を当てるアプローチとなる。生徒たち全体の関係に焦点を当てる場合には、サークルタイムや修復的実践、場合によっては、秘密いじめ対策隊といったアプローチが必要となるだろう。

ただし時には、あまり活動を広げることができず、当事者の生徒二人の関係ストーリーに焦点を絞るということもあるだろう。その際には、メディエーションが適切かもしれない。仲介者となれる生徒がいれば、彼らにメディエーションを行ってもらうこともできるが、カウンセラーや心理士が担当しても良い。スクールリーダーがメディエーションの技能を持っているなら、その人に対立解決の支援をお願いしても良いだろう。特に、問題となっている対立に教師が含まれている場合には、スクールリーダーが仲介者となるのが適切である。ただし、争っている片方の相手がメディエーションに参加したがらないということもあるだろう。その場合は、選択するアプローチを対立コーチングに切り替えることになる。他にも、たとえば人種的ないしエスニック的な立場から生徒同士が真っ二つに分かれ、校庭で乱闘騒ぎを起こしたといった時にはメディエーションでの成功が期待できる。

規則違反があるか

　もし対立状況に学校の規則違反がない場合は、用いるアプローチとしてはメディエーションが適している。もし何らかの規則違反が見られるのであれば、規則違反を犯した生徒に罰則を科すか、修復的実践を通してその生徒に責任を取ってもらうか、どちらかを一方を選択する必要が出てくる。ただし、罰則の適用と修復的実践という二つの異なる対応を同時にするべきではない。これらを同時に行うと、お互いに悪影響を与え合う可能性がある。

　対人関係の傷つきに対処する場合は、罰則を科すといったその場しのぎの対応ではなく、修復的実践に取り組むべきである。なお、加害生徒に行わせることを管理職側で前もって決め、それを修復会議に持ち込むと、修復的実践が機能しなくなるということを付言しておく。

　修復的実践では、参加者にある程度の肯定的姿勢と参加意欲が求められる。修復的実践はそうした姿勢や意欲を高めるようデザインされてはいるが、いつもうまくいくという保証はない。もしそうした姿勢や意欲が見られない場合は、学校側は罰則を科すといったことを含めて、別のアプローチに移る必要があるかもしれない。

　また、修復的実践の効果を確かなものとするためには、修復的実践のファシリテーター役の人とスクールリーダーとの間で、生産的かつ良好なパートナーシップが築けている必要もある。

対立はクラス内で起きているか、
クラス・年齢をまたいだ生徒集団で起きているか

　生徒が集団で対立に関わっている場合は、対立解決においても集団でコミュニティを作ることが重要になる。もし対立がクラス内で起きたのであれば、別の教科の授業でも対立が起きているかを調べるべきだ。結果的に対立が一つのクラスの中の関係だけで起きていたとすれば、おそらくサークル会話の選択が適しているだろう。

　一方、もし対立が異学年やクラスをまたいで起こっているとすれば、グループでのメディエーションか、問題パターンを考えるガイダンス授業を実施する必要がある。

ある生徒が集団からいじめられているのか、
生徒同士で対立し合っているのか

　人々の間の対立は、さまざまな欲望や異なる価値体系があることで深まっていく。

だが、ある人の視点も別の人の視点も、どちらも一理あるということは多い。ミシェル・フーコー（Foucault, 2000）は、こうした対等な価値同士の対立を通常の権力関係と述べている。このような対等な価値同士の対立が生じた場合には、メディエーションが有用だろう。しかし、対立に支配関係が見られる場合は別である。支配は、権力関係が一方向的なパターンに固定してしまった状態である。こうした支配関係が、たとえば家庭内で起きると、夫ないし男性パートナーがドメスティック・バイオレンスやその他の方法を使って絶対的な権力とコントロールを確立してしまう。

　学校において支配関係が確立するのは、一連のいじめ行為を通してである。この場合、対立解決の課題は単にいじめを特定することではなく、対人関係上のいじめパターンを止めることである。ここで言う対人関係には、傍観者も含まれる。傍観者もまた、受け身的とは言え、いじめ行為を支援していると言えるからである。なお、いじめに対処する折り紙つきの方法として、私たちは先に、秘密いじめ対策隊を提案した（第9章）。また第10章で解説したガイダンス授業の「問題にインタビューする」活動を行い、いじめにインタビューしてみるのも良いだろう。

　秘密いじめ対策隊は、クラス内で起きたいじめに対して最も効果を発揮する。なぜなら、秘密対策隊のメンバーは、いじめ被害者と同じクラスにいるため、近い位置で定期的な接触を持てるからである。いじめが学年をまたいでいる場合や、クラス外で起きている場合 ── たとえば、食堂で食事の列に並んでいる時や、図書館の中、あるいは校庭で起きた場合 ── には、修復的対話の方が適切かもしれない。

　クラス内の関係構造も考慮しておかなければならない。クラスによっては少数の生徒がクラスの対人関係を支配しており、いじめをすることで一目置かれているという場合があるからである。そのため私たちも、特定の生徒を支援することになる秘密いじめ対策隊はうまくいかないのではないかと懸念を抱いたこともある。だが、そうした場合でも、とにかく実行してみたところ、かなり強い立場にあったいじめ加害者が、いじめに反対することで一目置かれようと、変化していった。これは嬉しい驚きであった。このように、秘密いじめ対策隊は「自分は平和的でサポーティヴに行動できる」ということを仲間に示す機会を、加害生徒に与えるアプローチでもある。

対立の深刻度はどのくらいか

　対立によっては、ひどい暴行や関係性への攻撃によって誰かをひどく傷つける事態にまで発展することがある。こうした暴力行為は直接の当事者だけでなく、多くの人に影響を及ぼす。また被害生徒にとっても、そうした暴力行為は自分が自分で

あるという感覚を傷つけるところまで、深く影響する。学校側としては、そうした暴力行為に関わる可能性がある生徒には、それ以上在学を認められないと判断する場合も多いだろう。しかし、暴力行為を常に加害生徒の生来の性質に基づくものだと考えるべきではない。最善の対応策を立てるためには、暴力行為の文脈や加害生徒がどのくらい事態を改善し、責任を取ろうとしているのかについても考慮に入れることが大事である。ただし、取るべき対応策は加害行為の深刻度に見合うものでなければならないし、その対応策を実行すれば変化する可能性があるということも、ある程度は担保されていなければならない。なお、修復会議（第6章）は、開催にあたって相応の労力が必要となるため、実行するに足る正当な理由がない限り使うべきではない。もしも本格的な修復会議を行うことになった場合には、注意深くプランを立てることが必要不可欠である。準備に相当の時間がかかる可能性もある。準備の労力を減らすため、会議への参加を求める手紙の書式をあらかじめ統一しておくといった工夫も良いかもしれない。だが、各参加者個々人に向けて執筆する部分は、それでは代用できない。会議の場所や軽食の用意、会議録についても熟考する必要がある。このように、本格的な修復会議はそれなりの規模となる。それでも、修復会議は実施すれば多くの人に効果の及ぶ可能性が高い。生徒の家族が多く参加し、かつ、暴力行為がかなりひどいものであったり問題が学級で扱える範囲を超えていたりする場合には、修復会議は本書の全アプローチ中最も大きな効果を発揮するであろうし、介入効果も一番長く持続するだろう。

深刻度があまり高くない場合には、修復的対話か秘密いじめ対策隊による対応で十分である。サークル会話が適している場合もあるだろう。なお、うまくいかない場合には、参加者の規模を広げる必要がある。

深刻度にかかわらず、被害生徒に注意を払うことは必要である。スクールカウンセラーや心理士は、この点で特別な役割を担っている。彼らは被害を受けた生徒に対し、会いたいと意思表示すべきである。また、暴力行為によって受けた影響について被害生徒に話してもらう必要もある。暴力の影響について話してもらうのは、第3章で示したように、被害を受けた生徒と、その生徒自身が持つ知恵や行動主体性（エージェンシー）とを関連づけて支援に活かすためである。病理を特定したり、トラウマを再体験させたりするためではない。もしトラウマ体験による影響が大きく、スクールカウンセラーや学校の心理士で対応できる以上の援助が必要となる場合には、外部機関への紹介が必要である。

生徒個人が問題行動パターンにはまっているか

本書では、人は問題ではないという考えを一貫して強調してきた。しかし対立が

激化した経緯を見ていると、時に何らかの問題が生徒個人に取り憑いているように見えたり、その生徒の中に問題が住み着いているように見えたりすることがある。たとえばある生徒の場合はケンカ癖であったり、ある生徒の場合はいじめによって対人関係を持つことであったり、ある生徒の場合はイライラに身を任せてしまうことであったりと、生徒個人に問題が結びついているように見える場合がある。

　生徒個人に問題が結びついているように見える場合には、メディエーションや修復的対話、秘密いじめ対策隊といった対人関係への介入アプローチでは不十分であり、カウンセリングが必要となる。最初にカウンセリングが選択されるのではなく、修復的対話やメディエーションを行う中で、事態を改善するプランの一つとして、カウンセリングが提案されるという場合も考えられる。なお、カウンセリングは当事者一人だけで行うものなので、場合によっては、集団の力を活用する「暴力に向き合う」グループへの参加を模索する方が良いかもしれない。

対処すべき傷があるか

　対立のさなかでは、本当はもっと良い判断ができるのにそれと反したようなことを言ってしまい、後で後悔するといった事態がよく起こるものである。生徒と会話する時にダブルリスニングを使えば、そうした後悔や判断だけでなく、その裏に隠れている、もっと良いことをしたいという思いも聞き取ることができる。ただし、ここで認識しておくべきなのは、ある行為が生み出した何らかの影響が、時に人や関係性を傷つけるということである。対立が起これば、人に対する信頼など窓から放り投げられてしまう。そして代わりに、その開いた窓から恐怖と不安が入り込んでくる。このような対立ゆえの傷は、そのすべてが元に戻るわけではない。だが、たいていの傷は元に戻すことができる。傷ついた関係性を癒やすのには時間がかかるが、焦りは禁物である。往々にして人は、関係がかなり傷づけられた時でさえ、何とかしたいという気持ちを驚くほど示すものだ。

　修復的実践は、対人関係が傷つけられた時にその事態を改善する目的で作られている。もちろん、対人関係に付けた傷の責任を加害生徒が取るという倫理的な文脈を作り出すことは、修復的実践だけでなく、対立コーチングやグループカウンセリング、ガイダンス授業といった他の方法でも可能である。しかし（被害生徒と加害生徒が）相手を目の前にすることで生じる効果を得られるのは、修復的実践以外にはない。また、先にも示した通り、秘密いじめ対策隊を使えばメンツを保ちつつ関係性に付けた傷を修復する機会を、いじめをした生徒に提供することができる。

同じような問題にもがいている生徒が多数いるか

　暴力行為を繰り返す生徒が大体４人以上いる場合、専門活動の時間を最も経済的に使える方法は「暴力に向き合う」グループである。考え方のよく似た生徒を数人集めることができるなら、集団で対立コーチングを行うのも良い。同様に、同じような問題について支援を行う場合には、クラスの生徒一人ひとりに個人カウンセリングを行うよりは、サークル会話やガイダンス授業を実施する方が賢明である。

ある問題に対処できる方法のうち、
限られた時間の中で最も効果を発揮できるのは何か

　どのアプローチを使うべきか決めるのは、理論や原則以上に、まずは実用性である。対立解決を奏効させるためには、利益を生み出すという実用主義的(プラグマティズム)な要素を含んでいなければならない。そのため、最も少ない労力で最も大きな効果を生み出せるのはどれかという点から、アプローチを選択することになる。選択できるアプローチの幅が広がると、それだけ成功率の高い決定ができるようになる。そうすれば、学校のあり方でさえ、本書で示したもの以上に広がっていくかもしれない。だが、時には選択した実行方法があまりに経済的すぎて、問題となっている事態に十分に取り組むことができないということもあり得る。その場合には、二つ以上のアプローチを組み合わせて使うことで、効果を高めることが可能である。たとえば、ある場合には対立コーチングと修復的対話を組み合わせることが、別の場合にはサークル会話とガイダンス授業を組み合わせることが、また別の場合には修復会議に加えて個人カウンセリングを行ったり、グループカウンセリングとメディエーションを併用したりすることが、効果を上げるために必要となるかもしれない。

必要なトレーニングは何か？

　本書のアイデアを学校側に導入してもらうためには、校内で影響力を持つ人が旗振り役となってリーダーシップを発揮していく必要がある。理想的には、校長が本書のアプローチに熱意を持つ職員をサポートし、実際に実践して変化を生み出すその過程を応援するのが望ましい。学校によっては、本書が唱える修復的実践の原則を根付かせることなど到底無理、という現場もあるかもしれない。そこである学校では、校長が毎日のはじめに修復的実践の原則を職員に向けて話し、一日を通して修復的対話を行うのを奨励している。この学校では、そうした取り組みで継続的に

職員をトレーニングしているので、当初は強い抵抗を示していた教師も、徐々に罰則のない学習環境のメリットに気づくようになってきたという。

　修復的実践を使うよう上から教員に指示しても、適切なコンサルテーションや準備やトレーニングなしには、長期にわたって修復的実践を維持していくのは困難だろう。先程も述べたように、そうなれば教員たちは修復的実践に幻滅し、罰則で生徒を管理する方へと簡単に逆戻りしてしまうことになる。

　だが、変化はどこからでも始められる。上でも示したように、教師やカウンセラー、あるいは管理職一人だけでも、本書のアイデアを始めることができる。生徒たちはそれで助かるだろうし、いずれその影響は学校の組織全体に及んでいくだろう。だからカウンセラーは、ほとんど注目されなくとも、たとえば秘密いじめ対策隊を一人で徐々に組織していけば良い。クラスで問題が起きた時には、教師一人いれば、サークル会話や修復的対話も行える。ピア・メディエーションやピア・メンタリングのトレーニングを受けた生徒たちに協力してもらい、彼らに良い関係の持ち方の手本を示してもらっても良い。

誰が決定を下すか？　誰が相談を受けるか？

　対立解決やカウンセリングが要請されるルートはさまざまである。生徒が友だちを心配して相談室に連れてくるということもあるし、教師が本書のアプローチをしてほしいと言って、カウンセラーのもとに生徒を紹介してくることもある。保護者が子どもの友人関係を心配して学校に電話をかけてきたのがきっかけとなった場合もある。生徒に罰則を科したが、後に生徒同士の関係修復も必要となって、校長から生徒が紹介されたということもある。

　担任は、修復的対話のトレーニングを受けておくと、対立状況に即応できるようになるだけではなく、普段の生徒との関係の中でも修復的対話が行えるようになる。そうすると、クラス内の関係性がまさに学びの綾を形成しているのだということにも気づくようになるだろう。生徒たちがどのように担任に話しかけてくるか、どんなふうにしてお互い話し合っているのかということにも、敏感になるはずだ。自らお手本となって本書の考え方を示すようにもなるだろうし、クラスに飛び交う発話パターンに含まれるパフォーマンスや権力にも意識的になるだろう。さらに、人を全体化するようなレッテル貼りを行わず、対立やトラブルを生徒の中ではなく外にあるものとして話すようにもなるだろう。そうなってくると、生徒たちも他者への敬意と現実への希望を抱きながら、より良い関係を作っていく上での「成長痛」に向き合うことができる。実際、修復的対話のトレーニングを受けた担任であれば、

クラスの中で生徒たちの間に難しい関係が生じた時も、クラス内のルールを遵守しつつ温情も示すといった、バランスある対応を生徒たちに見せるはずだ。

最後に

　本書のアイデアを使えば、誰もが他者へ敬意を持ち、人を貶めることなく生徒と一緒に会話したり、生徒のことについて話し合ったりできる。私たちは誰でも同性愛嫌悪や人種差別といったディスコースを拒絶することができるし、人々の間の差異に敬意を払って会話することができる。これはなにも、生徒や教師だけに当てはまることではない。保護者もまた同様である。だから、生徒のことを軽視せずに話し合うための保護者会を組織してみるのも良い。たとえば、保護者と生徒が一緒に出席できる会を計画してみるのも一案である。

　なかには、対立解決を教えることは学校の役割ではない、学校は読み書き計算を教えることに集中すべきだと言って反対する人もいるだろう。あるいは、対立解決を教えることを「社会工学上の実験」と捉える人もいるかもしれない。こうした考え方は、学校に通うことを技能習得に限定した狭い範囲で理解するものであり、教育の持つ気高い理想とはほど遠いものだ。「生徒に『適切なふるまい方』を教えるべきではない、それは家で学ぶべきものであって、教師や他の生徒たちに対する敬意は織り込み済みと見なすべきだ」という主張は、保護者や時に教師の中にもみられる。しかし、こうした主張は発達理論から言えば素朴すぎて妥当なものとは言えないし、学校が複雑なコミュニティであるということを見落としてもいる。

　残念ながら、試験制度が増殖した結果、教育上の関心は学業成績という狭い範囲に制限させられている。そのため、民主主義に参与する市民（シティズン）を育成するという教育のビジョンは、あまりに簡単に見落とされてしまっている。だが、民主主義が必要としているのは、意思決定に関わる権力を共有する市民たちが、お互い共になって活動することを学ぶことであり、お互いの差異によって生じる不和を乗り越えることを学ぶことである。それゆえ教育の中核に位置することは、お互いの間にある違いに敬意を抱くことなのである。だからといって私たちは、対立解決について試験せよ、と主張したいわけではない。そうではなく、対立解決を生徒の学びを深める潜在的カリキュラムの一部だと自覚せよ、と私たちは主張したいのである。学校がどんなコミュニティであるべきか、そのコミュニティの中で育てていく関係性とはどのようなものであるべきか、こうしたことを考えるのが仕事である人たちは、潜在的カリキュラムが作り出す雰囲気にも関心を払うべきである。もし、最も力の強い者が勝つような、一番声の大きい者が一番声の小さい者（これは教師と生徒の

両方に当てはまる）を黙らせるような、そんな雰囲気が学校の中に作り出されるなら、その学校では、そうした価値をルールとする世界が暗黙の内に作り出されていくことだろう。しかし、それが民主主義の通る道でないことは明らかだ。

　加えて重要なことは、学校という場を「行動」を「管理する」工場として描くべきではないということである。人を、行為主体性（エージェンシー）を持たない商品として扱うのは失礼である。本書のアプローチは「行動管理」アプローチの一つとして使ってはならない。本書で論じたことは、行動管理以上に重要な、人を対象化しないアプローチだからである。学校という場において大事なのは、他者への敬意を実践できる学びの文脈を作り出すことであり、生徒と教師に声を与え、その対人関係の悩みに耳を傾けることである。本書の根底にあるのは、こうした前提であるし、そうすることこそが、教育の中心に位置することだと私たちは考えている。だからそれが実現するならば、学校は学びが生じる最高の場となるだろう。

振り返りのための問い

1. あなたが本書から得たアイデアのうち、最も良かったものは何だろうか？
2. あなたがいる文脈の中で、本書のアイデアを行うのに一番良さそうな場はどこだろうか？
3. 本書のアイデアを、あなたと一緒にやってくれそうな人は誰だろうか？
4. あなたの学校ですでに行われている実践の中で、本書のアイデアに近いものが何かあっただろうか？

研究のための問い

1. 本書のアイデアを実践した場合、その実践を継続的に評価測定するためにはどうすれば良いだろうか？
2. 本書のアイデアを学校に導入する必要があるということをデータから示すとすると、どんなデータを用いれば良いだろうか？
3. 本書で取り上げたアプローチに参加した人たちから、その効果についてデータを収集したい場合、どのようにすれば良いだろうか？
4. あなたの学校で対立解決のために本書の包括的アプローチを導入した場合、その効果を示す上で最も信頼できる指標となるのはどういったものだろうか？
5. 本書のアイデアを使わずにはいられなかったという事例を集めたい場合、どのようにすれば集められるだろうか？
6. 学校全体の雰囲気の変化は、どのように測定すれば良いだろうか？

訳者あとがき

綾城初穂

オルタナティヴな方法としての『いじめ・暴力に向き合う学校づくり』

　生徒にとって、保護者にとって、そして教師にとって、学校は安心できる平和な場所であるべきだ。だから、生徒同士の揉め事や暴力沙汰、いじめ、教師への反抗といった学校で日々起こる対立は、精神衛生のためだけでなく教育上も解決すべき重要な課題である。対立が起きれば、生徒も教師も保護者も地域も、みんな苦しむことになるからだ。ここまでは、教育に関わる方で異存がある人は多分いないのではないかと思う。

　それでは、どう解決していけば良いだろうか。実のところ、意見が分かれるとしたらその方法だろう。おそらく最も代表的な解決法は、規律や罰則に基づく生徒指導の徹底ではないだろうか。学校が安心できる平和な場所となる上で、対立が生じないに越したことはない。だから、少なくともある程度は、規律の遵守に目を光らせる必要がある。罰則や、場合によっては停学や退学も、生徒たちのためを思えば仕方がない。こうした（本書の言い方を借りれば、応報的な）考え方は多くの学校関係者の間で共有されていることだろう。

　しかし一方で、応報的な対応に違和感や限界を感じている人も多いのではないだろうか。それでは生徒を上から押さえつけるだけではないのか。彼らの主体性を信頼していないことにならないだろうか。トラブルを個別の生徒のせいにして、他のもっと大事な問題に目をつぶっているのではないだろうか。あるいは、学校以外の場所に解決を丸投げしているのではないのか。結局、誰の学びにもつながらないのではないか。応報的ではない何か別の方法で、学校を安心した平和な場所にできないだろうか。

　ジョン・ウィンズレイドとマイケル・ウィリアムズによって執筆された本書『いじめ・暴力に向き合う学校づくり ── 対立を修復し、学びに変えるナラティヴ・アプローチ』（原題 *Safe and peaceful schools: Addressing conflict and eliminating violence*）では、まさにそうしたオルタナティヴな方法が提案されている。対立は異常事態ではない。人はそれぞれ違うのだから、人が集まる場所では当然対立が起こる。こうした前提のもと、本書は対立を生じさせない学校づくりではなく、対立を建設的に解決する学校づくりを目指す。そうした学校を作れば、生徒たちも問題を通して対立に対処する術を学ぶことができる。そうなれば学校は、狭義の意味での学力を超えた、生

きる力を身に付けられる場所にもなる。なぜなら、生徒たちが後に出会う社会には学校以上に多様な人がおり、それゆえ対立も当然起こるからである。この意味では、学校で生じる対立は、大いなる学びのチャンスだとも言える。

修復的解決と学校職員の関係性

　本書で提案されている方法は、ひとことでまとめると、傷ついた関係性を修復する術である。対立が起これば、生徒同士の関係は傷つく。傷ついた関係は、当の生徒だけでなく、その生徒と他の人たちとの関係にも否定的な影響を及ぼしていく（いじめはその代表的な例だろう）。だから対立を解決するためには、傷ついた生徒だけでなく、問題を起こした生徒も周りで見ていた生徒も、時には教師や保護者、地域の人たちも含めた形で、そのほつれを紡ぎ直す必要がある。

　ただし、個々人が多様である以上、対立もまた多様であり、それゆえ紡ぎ直す方法もまた一つで事足りるというわけにはいかない。そこで本書では、個人カウンセリング、グループカウンセリング、メディエーション、修復会議、サークル会話、ガイダンス授業など、実際に現場で使って効果があった9つの解決法が紹介されている。ただし本書が推奨しているのは、決まった問題ごとに特定の方法を機械的に用いるような対応ではなく、その場の状況に応じて時に複数の方法を組み合わせるような対応である。それゆえ、本書が提供するのは対立解決マニュアルではなく、対立解決にあたっての素材と地図(マップ)なのである。

　そのため、本書を活用しようと思っている学校には、個別の問題状況に応じて対策を練り、柔軟に実行する姿勢が必要である。もちろん、エッセンスを理解した心理士や教員が一人で本書の方法を用いても十分に効果は期待できる。しかし場合によっては、学校全体で取り組むべき問題も出てくるだろう。その際には、対応を主導する適切なリーダーシップが必要になる。これについて本書では、心理職と管理職の関係性を強調している。個別の援助実践を担う心理職と、全体をマネジメントする管理職がうまく噛み合うというのが、効果を最大限発揮するための条件となるからである。つまり本書で言うところのリーダーシップとは、専門職による強力な導きというより、専門職同士の強力な結びつきのことであり、その意味でリーダーシップは、管理職と心理職のパートナーシップとも言い換えられるのである。

　だからと言って、他の学校職員が校内の対立解決に不要だというわけではない。むしろその逆である。実際、本書の事例を見ればわかるとおり、教職員も事務職員も対立解決において決定的に重要な役割を果たす。こう考えると、関係性の修復を目指す活動そのものが、実践する大人同士の（時には保護者や地域を含めた大人同士の）関係性に基づいている必要があると言って良いだろう。こうした大人同士の

協働関係は、他者とうまくやっていくというモデルを生徒に示すという点で、それ自体が一つの潜在的カリキュラムとなり、生徒たちの学びの機会となる。

ナラティヴの視点

　ただし本書でも指摘されているとおり、活動のビジョンが共有されていないと、協働関係を維持していくことは難しい。実際、本書に紹介されている多様な方法は、すべてある一貫したビジョンに基づいている。これが、ナラティヴの視点と呼ばれるものである。本書を活用するにあたっては、このビジョンを理解し、実践する人々の間で共有しておくことが望ましい。とはいえ、ナラティヴの視点を理解するのはそれほど簡単でもない。実のところ、私もはじめはわかったようなわからないような思いにとらわれることが多くあった。ナラティヴの視点については本書第2章で解説されているので詳しくはそちらを参照いただければと思うが、読者の理解に少しでも役に立てるよう、ここで私なりの説明も加えておきたいと思う。

現実とストーリー

　ナラティヴの視点とは、簡単にまとめるなら、何らかのストーリーが現実を作っているという見方・考え方のことである。たとえば、生徒同士のケンカを例にとってみよう。当事者の生徒たちにケンカのあらましについて聞けば、それぞれの生徒はそれぞれに自分なりのストーリーを語るだろう。たとえば「相手が先に仕掛けたから応戦した。周りは見ていただけだった」というストーリーが一方の生徒から語られるかもしれない。このストーリーは、別の見方をすればそうとは言えないかもしれないが、少なくとも当人にとっては一つの現実である。

　ストーリーが現実だと言うと、実際に起きた出来事や問題の大きさを軽んじ、何でもありだと言っているように聞こえるかもしれない。しかし、そもそも私たちが捉える世界は客観的現実（これが何であるのか、そもそもあるのか無いのかという議論には今は立ち入らない）の反映ではなく、個々の主観に彩られた解釈の結果であることは、周知のとおりである。一方の生徒にとっては「応戦した」と表現される行為も、もう一方の生徒にとっては「やり過ぎ」であったのかもしれない。周りで見ていたとされる生徒たちにしてみたら、傍観していたというより「怖くて何もできなかった」のかもしれない。「相手が先に仕掛けた」かどうかは、タイムマシーンを使って過去に戻ることができれば、あるいは確認できるかもしれない。しかし、何をもって「仕掛けた」と言うかは、やはり個々の主観による。相手がからかってきたことがきっかけだと一方の生徒は捉えているかもしれないが、もう一方の生徒は相手が自分を無視したことが発端だと考えているかもしれない。中には「仕掛け

たのは別の生徒だ」と考える生徒もいるかもしれない。他方で教師は、どちらが最初に仕掛けたかということより、授業中にケンカが起こったということをもっと問題視するかもしれない。学校の心理士は、衝動性や攻撃性という視点から、この出来事を捉えるかもしれない。どの解釈も、すべてを超越した客観的で唯一の真実とは言えないが、しかしどの「現実」もそれなりの筋と一貫性を持っている。だから学問的にどうかは置いておいて、少なくとも私たちの生きる日常を形作っているのは、すべてを公平かつ偏りなく捉えた客観的な真実ではなく、個々のストーリーであり、それゆえ、問題の解決という「現実」に寄与するのもまたそうしたストーリーなのである。

ストーリーとナラティヴ

　対立時に特に重要になるのは、ストーリーが別の「現実」を見えにくくさせているという点である。「相手が先に仕掛けたから応戦した。周りは見ていただけだった」というストーリーでは、相手は加害者、周りにいた生徒は傍観者といったように、登場する人物に配役(ポジション)が割り当てられている。こうなると、加害者ポジションとは一致しない相手のアイデンティティ（たとえば、前は良い奴だった、など）や、周りの生徒への多様な影響（落ち着いて授業に参加できなかった、など）、自分の中に秘められた別の思い（本当は相手とうまくやりたい、など）といった別の「現実」は見えにくくなる。

　さらに、ストーリーは将来にも影響する。なぜなら、未来もまたストーリーのプロットに沿って展開していくからである。たとえば、上のようなストーリーを語った生徒は、相手とうまくやれるような瞬間があっても、それ以上に相手とうまくやれない瞬間の方に注目するようになるだろう。なぜならそちらの方が、自分のストーリーと矛盾しないからである。結果的に、加害者とされた生徒との関係改善は難しくなり、相手が悪いというストーリーだけが補完される。このように、ストーリーは別の現実を見えにくくさせるだけでなく、その独自のプロットの軌道に沿って、それ以降の「現実」も規定してしまうのである。

　こう考えれば、それぞれの生徒がケンカというストーリーにフィットしない実践を展開し、別のストーリーに移ることができれば、問題解決が期待できるということになる。なお、ストーリーに基づいて行われる実践のことを、ナラティヴという。ナラティヴは日本語では「物語」や「語り」と訳されることが多い（本書でもそう訳している箇所がある）。そのため、ともすると、何かストーリーを話すことだけがナラティヴの意味であるかのように思えてしまう。しかし発話であっても行動であっても、とにかく何らかのストーリーに基づいて展開される実践をナラティヴと理解した方が、少なくとも本書を理解する上では有用である。

ここで重要なのは、人は自分が展開するストーリーと矛盾するナラティヴを実践することもできるし、他者との関係について一つのストーリーしか持てないわけでもないという点である。要するに、険悪な相手との間であっても、険悪ではない行動（ナラティヴ）を起こすことができるし、だから「仲が悪い」関係（ストーリー）と同時に、たとえば「そんなに仲が悪いわけではない」関係（ストーリー）も持つことができるということである。

　そのため、別のナラティヴが少しでも展開すれば、対立している生徒たちの間に別の新たなストーリーが作られる可能性もそれだけ増すと言える。こう考えると、当事者たちがそれぞれに語るストーリーのどちらがより真実に近いかと吟味したり、「間違った」ストーリーを特定して、それを捨て去るよう働きかけたりすることは、必ずしも必要ではない。そうではなく、対立ストーリーとは別のナラティヴを生徒の日常から見つけ出し、対立している両者の間に新たな関係性ストーリーを作っていくことの方が大事である。本書で提案されている多様な方法はどれも、こうした観点に立ってそれまでと違った新たなストーリー、すなわちオルタナティヴストーリーを見つけ出し、広げることを目指している。

ナラティヴとディスコース

　しかし、オルタナティヴストーリーを見つけ、さらにそれを広げていくということは決して容易ではない。特に難しくなるのが、対立にディスコースが強い影響を与えている場合である。ディスコースには様々な定義があるが、本書で言うディスコースについては、私たちの生きる社会が規定している一種の規範やイメージのようなものだと考えると良い。たとえば、叱られて泣いてしまった男子生徒が「男のくせに泣くんじゃない」と言われている場面を想像してみるとわかりやすいかもしれない。このナラティヴは「男は強くあらねばならない」といったジェンダーディスコース（マッチョイズム）を反映している。重要なのは、ディスコースは規範として機能するので、対抗するのが難しいという点である。"弱い"男子は"弱い"女子よりも、ずっと問題視される。この考え方に否と言うのは、不可能ではないが容易ではない。だから、特に自分の身近で広く共有されているディスコース（支配的ディスコース）に対抗するのはとても難しい。なぜなら、支配的ディスコースと一致しないナラティヴを展開することは、単に周りと違うということではなく、規範からの逸脱、要するに異常と見なされることだからである。たとえばマッチョイズムが支配的な環境では、弱い奴というラベルを貼られることは、男子にとってなんとしても避けたいものとなる。こういった環境では、ケンカはより起きやすくなる。売られたケンカを買わないのは「男がすたる」からである。

　だから本書では、支配的ディスコースを白日の下にさらし、それを検討する術も提案している。そうすることで、支配的ディスコースの支配性に、要は見かけ上の

正しさに、疑義を呈することができるからだ。これを脱構築と言う。脱構築が成功すれば、支配的ディスコースのせいで見えなくなっていた別の異なるディスコース（オルタナティヴ）を探り出すことができる。そうすれば、結果として支配的ディスコースとは別のナラティヴやストーリーを展開させることもできる。

　しかし、たとえば「男がすたる」と考えている男子生徒に、別のディスコースを参照してもらうことなどはたして可能なのだろうか。ここで重要なのは、オルタナティヴディスコースは教師が上から与えられるような類のものではないという点である。「ケンカは親を悲しませる」という考えを教師が持ってほしいと願ったとしても、それが生徒のコミュニティ（要するに仲間内）の方向性と著しく一致しないならば、それは役に立たないばかりか、場合によって反発すら招くかもしれない。だから、オルタナティヴディスコースを見つけるには生徒たちの声に耳を傾けなければならない。そうやって話を聞いていけば、たとえば、「強いのにケンカしない男子はかっこいい」というナラティヴが見つかるかもしれない。これはそれまでとは別の（オルタナティヴな）ジェンダーディスコースを反映している。大人の役割は、そうしたオルタナティヴなディスコースが見つかった時にそれを認め、生徒たちがそれに沿って新たにナラティヴを展開できるよう、支援していくことである。

ディスコースとエージェンシー

　オルタナティヴなディスコースというのは、どんなコミュニティにおいても必ず見つかる。なぜなら、支配的なディスコースの裏には、いつもそれに対抗しようとする力が目立たずとも潜んでいるからである。こうした支配的ディスコースへ抵抗しようとする個々人の力は、行為主体性（エージェンシー）と呼ばれる。本書の著者の一人であるウィンズレイド教授は、訳者がエージェンシーの定義について尋ねたとき、これを権力と力への反応（response to the power and the forces）だと説明してくれた。人は幼いころには自分がやりたいと思うことが自然にできるものだが、成長していくにつれていろいろな支配的ディスコースの規範に締め付けられ、自由な動きができなくなる。こうした権力の作用に対して瞬間的に出てくる、その人なりの自由な反応、これがエージェンシーだということである。ただ本音を言えば、このエージェンシーという概念は、訳者自身も完全に理解できているわけではない。この概念は本書でも頻繁には出てこないので、ここでの説明を省くという選択肢もなかったわけではない。それでもナラティヴの視点で対立解決を考える時、この概念は決定的に重要なはずだ。そう考え、理解のおぼつかなさを承知で敢えてここに記すこととした。というのも、エージェンシーを仮定しなければ、生徒たちは社会の支配的なディスコースに「適応」という形で従属するだけの、受動的存在ということになってしまうからである。言い換えれば、エージェンシーを仮定するからこそ、生徒たちが自らの力

で主体的に「現実」を作り変えられることを、そしてそれによって対立を乗り越えられることを期待できるのである。

対立を通して民主主義社会の市民となることを学ぶ

　いったん修復された関係性は、もとの対立していた関係性とは別の新たな関係性ストーリーを持っている。当然この新たなストーリーにも、独自の軌道がある。だから結果として後のトラブルを予防する効果も持つ。それゆえ、本書が提案する方法は、規律と罰則の生徒指導にとって代わる、大変強力で魅力的な代替案(オルタナティヴ)となり得る。

　しかし、それでも本書の方法を実践することは、それなりの覚悟がいるかもしれない。多くの人たちにとって、本書の提案はこれまでしてきた実践とはかなり違うものであるだろう。本当にうまくいくのだろうかと疑いを抱きたくなるかもしれない。ニュージーランドやアメリカだから上手くいったのでないか。罰則に代わるなどというのは理想論ではないか。関係の修復は、そんなに簡単なことではない。現実はそれほど甘くはないのだ。そういう声が聞こえてくるようにも思う。

　ウィンズレイド教授に本書のタイトルについて尋ねた時、出版社の勧めが大きかったと言いながら、彼は次のようにも話してくれた。本書の原題に安心（safe）という言葉を付けたのは、人々が暴力を恐れていて、それだけ安全に対する関心が高まっているからである。全米各地の学校で起きる銃乱射事件はその最たるものだ。ただ、本書では敢えて安全（security）ではなく安心（safe）と名付けた。城壁を作って暴力を避けるのではなく、関係性を作って暴力を避けることを強調したかったからである、と。実は、ウィンズレイド教授に会った数週間前に、彼が勤める大学の近くで大きな銃乱射事件があったばかりであった。こうした、日本ではほとんど考えられない圧倒的なリスクを目の当たりにしてもなお、関係性を重視しようというウィンズレイド教授の思いに、私は人への信頼とともに、一種の覚悟も感じた。人が問題なのではない、問題が問題なのだと考えることは、ある種の決意なのだ。

　テロリズムは極端な例かもしれないが、グローバル化・情報化・多様化といった表現で形容される社会の急速な変化に伴って、様々な対立がそこかしこで起きているという「現実」を、私たちは日常の中でも肌で感じ始めているのではないだろうか。それゆえ、これからの社会を生きていく子どもたちに、他者に敬意を持ち、お互いの違いを踏まえて生きていく力を身につけてもらうことは、明らかに重要な課題である。こうした力を身につけることは、一人ひとりが権力に関与し、一人ひとりが声を持つことのできる社会、つまりは民主主義社会を維持していく上でも必要不可欠である。だから、対立に対処する術を学ぶことは、日本における、あるいは

世界における最重要課題であると言っても良いかもしれない。そうした学びが学校においていかに可能であるかを考える上で、本書は大きなヒントになると思う。

と、ここまで書いてきて言うことではないのかもしれないが、本書の実践が現場で実際に使えるものであるかどうか、実のところ私もわからない。正直に言えば、訳しながら「これをそのまま使おうとしても日本の学校では難しいのではないか」と思ったことも、一度や二度ではない。だが、そのまま使おうとすることは、本書の目指すところとそもそも異なる。先にも書いたように、本書はマニュアル本ではなく、理論書でもなく、「実践に関する本」（p.iii）である。だからおそらく必要なのは、疑いを抱えつつも、とりあえず試してみることだろう。本書の真価を問うべきは、実践の効果という実用主義的(プラグマティック)な視点であるべきだからである。

そういうわけで、本書の中に実践してみたいと思うアプローチがあったなら、是非ともトライしてみてほしい。学校全体で取り組むことができれば望ましいが、無理なら身近な誰かと一緒にはじめても良い。それも難しいなら、一人であっても「革命」を起こすことができる。その小さな革命は、児童生徒にとっては大きな学びになるはずだ。そしてそれは、将来の民主主義社会を担う市民を育てるプロットに直接つながっているのである。

本書の翻訳にあたって ── 謝辞に代えて

私が本書と出会ったのは、2014年から2015年にかけて8ヶ月間カリフォルニア州立大学サンバーナーディーノ校のウィンズレイド教授のもとで客員研究員として研究活動に従事していた時である。ウィンズレイド教授からはディスコースやナラティヴがいかに心理援助に有益であるかを教えてもらっただけではなく、他者に敬意を払うという本書の根底にある姿勢も教えてもらった。教授は博士課程が終わったばかりで大した業績もない私をEメールひとつで温かく迎え入れてくれたばかりか、英語もろくに話せない私に、自身が執筆中の論文に関して一人の研究者として意見を求めてくれるなど、常に敬意を持って接してくれた。こうした教授の振る舞いが、私が本書の理念を理解する上で素晴らしい足場掛けとなったのは間違いない。

本書のもう一人の著者、マイケル・ウィリアムズ氏にもお礼を申し上げたい。氏は本書の翻訳を快諾してくれただけでなく、ニュージーランドと日本の文化的背景の違いに興味を示し、本書の実践がどう導入されるかと、日本における展開の可能性にもとても関心を抱いていた。敬意とユーモア溢れる本書の実践は、そのほとんどがウィリアムズ氏によるもの（一部、ウィンズレイド教授によるもの）である。なお、ウィリアムズ氏がスクールカウンセラーを務める（さらに、氏の前に

はウィンズレイド教授がスクールカウンセラーを務めた）ニュージーランドのエッジウォーターカレッジ高校は、日本で言えば中高一貫校に当たる。本書にはほとんど明記されていないが、本書の実践事例の主な年齢層は13歳から15歳ということだそうだ。どの年齢であっても実践の原則が一緒であることは強調しておきたいが、事例の対象となった生徒の多くが日本の文脈に置き換えれば中学生に相当するということは、本書を活用する際の参考となるだろう。

　翻訳にあたっては、新曜社の塩浦暲さんに本当にお世話になった。本格的な翻訳が初めての私の申し出を二つ返事で快諾してくださったことは、感謝してもしきれないほどである。また、塩浦さんを始めとして新曜社の方々にはとても助けられた。その校正は素晴らしく、返却される原稿を読みながら、何度も訳者として掲載したいと思ったほどである。

　現在私が勤務する福井大学教職大学院の先生方や院生の方々（特に、池田丈明氏と山田晃大氏）、また松木健一教授や荒木良子准教授をはじめとする特別支援ゼミの方々にもとても助けて頂いた。特に同僚の宮下哲准教授には、本当に頭が上がらない。宮下先生は嫌な顔一つせず粗悪な訳文に全て目を通してくださり、「面白い」といつも丁寧なコメントをくださった。実際の現場で使えるのだろうかと疑わしく思う私に、現場の感覚に基づいて「使えると思う」と言ってくださった宮下先生の励ましがなければ、本書を訳すのはきっと大幅に遅れたと思う。

　やはり粗悪な訳文に温かいコメントをくれた東京大学大学院教育学研究科博士課程の北村篤司氏にもお礼を申し上げたい。ナラティヴと臨床心理学を専門とする氏に訳文を見てもらえたのはとても光栄だった。

　最後に、精神的なサポートをくれた妻にもこの場を借りてお礼を伝えたい。ウィンズレイド教授から初めて本書のことを聞いたのは、たまたま日本からアメリカに住む私のところに彼女が来ていた時だった。ウィンズレイド教授の研究室で一緒に秘密いじめ対策隊について話を聞いたことが、今この翻訳につながっていると思うととても感慨深い。何気ないナラティヴが将来を変えていくというのを私に最も感じさせてくれたのは、彼女との関係性である。

文　献

American Psychological Association Zero Tolerance Task Force. (2008). Are zero tolerance policies effective in the schools? An evidentiary review and recommendations. *American Psychologist, 63*(9), 852–862.

Argyris, C., & Schön, D. (1974). *Theory in practice: Increasing professional effectiveness*. San Francisco: Jossey-Bass.

Baruch Bush, R. A., & Folger, J. (1994). *The promise of mediation: Responding to conflict through empowerment and recognition*. San Francisco: Jossey-Bass.

Bateson, G. (1972). *Steps to an ecology of mind: Collected essays in anthropology, psychiatry, evolution, and epistemology*. Chicago: University of Chicago Press.〔佐藤良明訳(2000).『精神の生態学』改訂版, 新思索社〕

Besley, A. C. (2002). *Counseling youth: Foucault, power, and the ethics of subjectivity*. Westport, CT: Praeger.

Boal, A. (2002). *Games for actors and non-actors* (2nd ed.; A. Jackson, Trans.). London: Routledge.

Bourdieu, P., & Passeron, J.-C. (1977). *Reproduction in education, society and culture* (R. Nice, Trans.). London: Sage.〔宮島喬訳(1991).『再生産——教育・社会・文化』藤原書店〕

Braithwaite, J. (1989). *Crime, shame, and reintegration*. New York: Cambridge University Press.

Brinkert, R. (2006). Conflict coaching: Advancing the conflict resolution field by developing an individual disputant process. *Conflict Resolution Quarterly, 23*(4), 517–528.

Cobb, S. (1994). A narrative perspective on mediation. In J. P. Folger & T. S. Jones (Eds.), *New directions in mediation: Communication research and perspectives* (pp.48–66). Thousand Oaks, CA: Sage.

Corey, M., Corey, G., & Corey, C. (2010). *Groups: Process and practice* (8th ed.). Pacific Grove, CA: Brooks/Cole.

Crick, N. R. (1995). Relational aggression: The role of intent attributions, feelings of distress, and provocation type. *Development and Psychopathology, 7*, 313–322.

Cronin-Lampe, K., & Cronin-Lampe, R. (2010). Developing a restorative school culture: The blending of a personal and professional "pilgrimage." *Explorations: An E-Journal of Narrative Practice, 1*, 14–33.

Dandurand, Y., & Griffiths, C. T. (2006). *Handbook on restorative justice programmes*. Vienna, Austria: United Nations Office on Drugs and Crime. Available at http://www.unodc.org/pdf/criminal_justice/06-56290_Ebook.pdf

Deleuze, G. (1988). *Foucault* (S. Hand, Trans.). Minneapolis: University of Minnesota Press.〔宇野邦一訳(1999).『フーコー』新装版, 河出書房新社〕

Deleuze, G., & Guattari, F. (1987). *A thousand plateaus: Capitalism and schizophrenia* (B. Massumi, Trans.). Minneapolis: University of Minnesota Press.〔宇野邦一ほか訳(2010).『千のプラトー——資本主義と分裂症』上中下, 河出書房新社（文庫)〕

Deleuze, G., & Parnet, C. (2002). *Dialogues II* (H. Tomlinson & B. Habberjam, Trans.). New York: Columbia University Press.〔江川隆男・増田靖彦訳(2011).『ディアローグ——ドゥルーズの思想』河出書房新社（文庫)〕

Denborough, D. (2006). A framework for receiving and documenting testimonies of trauma. In D. Denborough (Ed.), *Trauma: Narrative responses to traumatic experience* (pp.115–132), Adelaide, Australia: Dulwich Centre

Publications.

Derrida, J. (1976). *Of grammatology* (G. C. Spivak, Trans.). Baltimore: Johns Hopkins University Press.〔足立和浩訳 (1972). 『根源の彼方に──グラマトロジーについて』上下, 現代思潮社〕

Drewery, W. (2004). Conferencing in schools: Punishment, restorative justice, and the productive importance of the process of conversation. *Journal of Community Applied Social Psychology, 14*, 332–344.

Epston, D. (2008). *Down under and up over*. Warrington, UK: AFT Publishing.

Fisher, R., & Ury, W. (1981). *Getting to yes: Negotiating agreement without giving in*. London: Penguin.〔金山宣夫・浅井和子訳 (1998). 『ハーバード流交渉術』新版, TBS ブリタニカ〕

Foucault, M. (1982). Afterword: The subject and power. In H. Dreyfus & P. Rabinow (Eds.), *Michel Foucault: Beyond structuralism and hermeneutics* (pp.199-226). Brighton, UK: Harvester Press.〔山形頼洋ほか訳 (1996). 『ミシェル・フーコー──構造主義と解釈学を超えて』筑摩書房所収〕

Foucault, M. (2000). *Power: Essential works of Foucault, 1954–1984* (Vol.3; J. Faubion, Ed.; R. Hurley, Trans.). New York: New Press.

Freeman, J., Epston, D., & Lobovits, D. (1997). *Playful approaches to serious problems: Narrative therapy with children and their families*. New York: Norton.

Freire, P. (1970). *Pedagogy of the oppressed*. New York: Continuum.

Gergen, K. J. (1992). *The saturated self: Dilemmas of identity in contemporary life*. New York: Basic Books.

Gergen, K. J. (1994). *Realities and relationships: Soundings in social construction*. Cambridge, MA: Harvard University Press.〔永田素彦・深尾誠訳 (2004). 『社会構成主義の理論と実践──関係性が現実をつくる』ナカニシヤ出版〕

Gibbs, J., & Ushijima, T. (2008). *Engaging all by creating high school learning communities*. Windsor, CA: Centersource Systems.

Gillard, J. (2010, April 10). *Address to the National Centre Against Bullying Conference*, Melbourne, Australia. Available at http://www.ncab.org.au/ConferenceInfo/

Goldstein, S. E., Young, A., & Boyd, C. (2008). Relational aggression at school: Associations with school safety and social climate. *Journal of Youth and Adolescence, 37*, 641–654.

Holder, E. (2009, October 7). *Attorney General Eric Holder speaks at news conference on youth and school violence, City Hall, Chicago*. U.S. Justice Department. Available at http://justice.gov/ag/speeches/2009/ag-speech-091007.html

Hubbard, B. (2004). *The "no-blame" bullying response approach: A restorative practice contender?* Doctoral thesis, Massey University, Auckland, New Zealand.

Jenkins, A. (1990). *Invitations to responsibility: The therapeutic engagement of men who are violent and abusive*. Adelaide, Australia: Dulwich Centre Publications.〔信田さよ子・高野嘉之訳 (2014). 『加害者臨床の可能性──DV・虐待・性暴力被害者に責任をとるために』日本評論社〕

Jones, T., & Brinkert, R. (2008). *Conflict coaching: Conflict management strategies and skills for the individual*. Thousand Oaks, CA: Sage.

Kracke, K., & Hahn, H. (2008). The nature and extent of childhood exposure to violence: What we know, why we don't know more, and why it matters. *Journal of Emotional Abuse, 8*(1/2), 29–49.

Kruk, E. (Ed.). (1997). *Mediation and conflict resolution in social work and the human services*. Chicago: Nelson-Hall.

Lindemann Nelson, H. (2001). *Damaged identities, narrative repair*. London: Cornell University Press.

McKenzie, W. (2010). Ideas and questions for critical incident work. *Explorations: An E-Journal of Narrative Practice, 1*, 34–42.

McLaren, P. (2005). Critical pedagogy and the social construction of knowledge. In E. R. Brown & K. J. Saltman (Eds.), *The critical middle school reader* (pp.409–418). New York: Routledge.

Mirrlees-Black, C., & Byron, C. (1999). *Domestic violence: Findings from the MCS Self-Completion Questionnaire*. London: Home Office Research, Development and Statistics Directorate. Available at http://webarchive.nationalarchives.gov.uk/20110220105210/http://rds.homeoffice.gov.uk/rds/pdfs/r86.pdf

Moore, C. (1996). *The mediation process: Practical strategies for resolving conflict*. San Francisco: Jossey-Bass.〔レビン小林久子訳・編 (2008).『調停のプロセス──紛争解決に向けた実践的戦略』日本加除出版〕

Mosley, J., & Tew, M. (1999). *Quality circle time in the secondary school: A handbook of good practice*. London: David Fulton.

Myerhoff, B. (1982). Life history among the elderly: Performance, visibility, and remembering. In J. Ruby (Ed.), *A crack in the mirror: Reflexive perspectives in anthropology* (pp.99–117). Philadelphia: University of Pennsylvania Press.

Noddings, N. (2002). *Educating moral people: A caring alternative to character education*. New York: Teachers College Press.

Olweus, D. (1993). *Bullying at school: What we know and what we can do*. Oxford, UK: Blackwell.〔松井賚夫・角山剛・都築幸恵訳 (1995).『いじめこうすれば防げる──ノルウェーにおける成功例』川島書店〕

Pence, E., & Paymar, M. (1993). *Education groups for men who batter: The Duluth model*. New York: Springer.〔堀田碧・寺澤恵美子訳 (2004).『暴力男性の教育プログラム──ドゥルース・モデル』誠信書房〕

Prinstein, M. J., Boerger, J., & Vernberg, E. M. (2001). Overt and relational aggression in adolescents: Social-psychological adjustment of aggressors and victims. *Journal of Clinical Child Psychology, 30*(4), 479–491.

Restorative Practices Development Team. (2004). *Restorative practices in schools: A resource*. Hamilton, New Zealand: School of Education, University of Waikato.

Robinson, G., & Maines, B. (1997). *Crying for help: The no-blame approach to bullying*. Bristol, UK: Lame Duck Publishing.

Roth, S., & Epston, D. (1996). Consulting the problem about the problematic relationship: An exercise for experiencing a relationship with an externalized problem. In M. Hoyt (Ed.), *Constructive therapies* (Vol.2, pp.148–162). New York: Guilford.

Slowikowski, J. (2009). *National Survey of Children's Exposure to Violence*. Washington, DC: U.S. Department of Justice. Available at http://ojjdp.ncjrs.org/Publications/

Solomon, B. (2006). Traditional and right-informed talk about violence: High school educators' discursive production of school violence. *Youth and Society, 37*(3), 251–286.

Stuart, B. (1997). Sentencing circles: Making "real differences." In J. MacFarlane (Ed.), *Rethinking disputes: The mediation alternative* (pp.201–232). London: Cavendish.

Tjaden, P., & Thoennes, N. (2000). *Full report of the Prevalence, Incidence, and Consequences of Violence Against Women Series*. Washington DC: National Institute of Justice and the Centers for Disease Control and Prevention. Available at http://www.ncjrs.gov/txtfiles1/nij/183781.txt

Underwood, M. K. (2003). *Social aggression among girls*. New York: Guilford Press.

U.S. Department of Education, Institute of Education Sciences. (2007). *School Survey on Crime and Safety*. Available at http://nces.ed.gov/surveys/ssocs/tables/scs_2007_tab_14.asp

Vygotsky, L. (1978). *Mind in society: The development of higher psychological processes*. Cambridge, MA: Harvard University Press.

Vygotsky, L. (1986). *Thought and language*. Cambridge: MIT Press.〔柴田義松訳 (1962).『思考と言語』上下, 明治図書出版〕

White, M. (1989, Summer). The externalizing of the problem and the re-authoring of lives and relationships. *Dulwich Centre Newsletter* [Special edition], 3–21.

White, M. (2006). Working with people who are suffering the effects of multiple trauma: A narrative perspective. In D. Denborough (Ed.), *Trauma: Narrative responses to traumatic experience* (pp.25–86). Adelaide, Australia: Dulwich Centre Publications.

White, M. (2007). *Maps of narrative practice*. New York: Norton.〔小森康永・奥野光訳 (2009).『ナラティヴ実践地図』金剛出版〕

White, M., & Epston, D. (1990). *Narrative means to therapeutic ends*. New York: Norton.〔小森康永訳 (1992).『物語としての家族』金剛出版〕

Williams, M. (2010). Undercover teams: Redefining reputations and transforming bullying relationships in the school community. *Explorations: An E-Journal of Narrative Practice, 1*, 4–13.

Williams, M., & Winslade, J. (2008). Using "undercover teams" to re-story bullying relationships. *Journal of Systemic Therapies, 27*(1), 1–15.

Williams, M., & Winslade, J. (2010). Co-authoring new relationships in schools through narrative mediation. *New Zealand Journal of Counselling, 30*(2), 62–72. http://www.nzac.org.nz/nzjc.html.

Winslade, J. (2005). Utilising discursive positioning in counseling. *British Journal for Guidance and Counselling, 33*(3), 351–364.

Winslade, J. (2009). Tracing lines of flight: Implications of the work of Gilles Deleuze for narrative practice. *Family Process, 48*(3), 332–346.

Winslade, J., & Monk, G. (2000). *Narrative mediation: A new approach to dispute resolution*. San Francisco: Jossey-Bass.

Winslade, J., & Monk, G. (2007). *Narrative counseling in schools: Powerful and brief*. Thousand Oaks, CA: Corwin.〔小森康永訳 (2001).『新しいスクール・カウンセリング——学校におけるナラティヴ・アプローチ』金剛出版〕

Winslade, J., & Monk, G. (2008). *Practicing narrative mediation: Loosening the grip of conflict*. San Francisco: Jossey-Bass.

Winslade, J., Monk, G., & Cotter, A. (1998). A narrative approach to the practice of mediation. *Negotiation Journal, 14*(1), 21–42.

Zehr, H. (1990). *Changing lenses*. Scottdale, PA: Herald Press.〔西村春夫・細井洋子・高橋則夫監訳 (2003).『修復的司法とは何か——応報から関係修復へ』新泉社〕

Zehr, H. (2002). *The little book of restorative justice*. Intercourse, PA: Goodbooks.〔森田ゆり訳 (2008).『責任と癒し——修復的正義の実践ガイド』築地書館〕

索　引

■ABC
ASCA ナショナルモデル　ii

■あ行
アイデンティティ・ナラティヴ　12
アウトサイダー・ウィットネス　57
足場掛け　15, 79, 175
アンガーマネジメント　24, 199
いじめ　155, 228
　——関係　24
　——のストーリー　157
ヴィゴツキー, レフ　78, 174
ウインズレイド, ジョン　105
エプストン, デヴィット　19
応報的司法　104
オルヴェウス, ダン　155
オルタナティヴ・ストーリー　50, 61, 93, 96
オルタナティヴなアイデンティティ　219

■か行
外在化：
　——する会話　26, 94, 95
　——する言語　108
ガイダンス授業　179, 181, 182
カウンセリング　39
カウンター・ストーリー　34, 57, 63, 69, 93, 97, 108, 117, 215
『加害者臨床の可能性』　203
ガーゲン, ケネス　22
ガタリ, ピエール＝フェリックス　226
関係性：
　——の輪　145
　——への攻撃　156
還元主義　22
規格化された判断（ノーマライジング・ジャッジメント）　12

擬人化（問題の）　184
教育介入反応（RTI）　ii
ギラード, ジュリア　15
口げんか　136
グループカウンセリング　197
　——の原則　202
クローニンランプ, キャシー　137
クローニンランプ, ロン　137
ケア・コミュニティ　105, 126
欠陥思考　21, 22
欠陥ディスコース　21
権力　10, 198
合意　99
行動　198

■さ行
再ストーリー化　73
再評価儀式　1705
再領土化　12
サークル会話　142, 180
サークルタイム　141
ジェンキンス, アラン　203
ジェンダー　200
自己実現　24
事後対応（ポストベンション）　54
支配的（ドミナント）ストーリー　93
支配的（ドミナント）ディスコース　13
社会劇　191
社会的学習活動　174
弱体化　22
謝罪　33
修復　10, 118, 219
修復会議　103, 229
　——の原則　105
　——の準備　112
修復過程　131

249

修復的実践　125, 230
修復的司法　9, 104
修復的対話　135
象徴的暴力　5
スクールカウンセラー　ii, 61
ステレオタイプ　13
ストーリー　20
　——部隊　56
スンヒ, チョ　12-13
ゼア, ハワード　9, 104, 107
成功ストーリー　218
ゼロトレランス　103, 106
　——委員会　4, 6
全体化　23
　——する言語　108
疎外　12
ソロモン, ブレンダ　8

■た行

対立（コンフリクト）　i, 1, 27, 228
　——解決　12, 223
　——の影響の評価　49
　——の影響のマッピング　27
　——コーチング　41, 50
　——ストーリー　25, 34, 45, 62, 68, 93
対話的思考　15
立ち位置（ポジション）　23
脱構築　28, 180
　ルールの——　51
脱領土化　12
ダブルリスニング　25, 43, 56, 63, 68, 93
定義的祝祭　56
ディスコース　10, 21
テュー, マリリン　142
デリダ, ジャック　28, 180
デンボロー, デヴィッド　57
同輩の仲介者　→ ピア・メディエーター
ドゥルーズ, ジル　12, 226
ドゥルースプログラム　201
独話的思考　15

トラウマ　54, 57
ドルーリィ, ウェンディ　137

■な行

ナラティヴ　20
　——・アプローチ　62
　——実践　19, 23
　——による対立コーチング　42
　——による仲裁（ナラティヴ・メディエーション）　i
ネットいじめ　156
ノディングス, ネル　3

■は行

発達の最近接領域　78, 174
ハバード, ビル　163
パフォーマンス　198
ピア・メディエーション　77, 81
ピア・メディエーター（同輩の仲介者）　77, 80
「人が問題なのではない。問題が問題なのだ」　10, 21, 95, 109
秘密いじめ対策隊　163, 228
複数のストーリー　24, 62
フーコー, ミシェル　10, 12, 194-195, 198, 228
フレイレ, パウロ　180
ボアール, アウグスト　191
包括的アプローチ　6
傍観者　164, 175, 228, 238
暴力　4, 8
　——過程　8
「暴力に向き合う」グループ　197, 200, 202, 204, 231
ポジション　46
ホルダー, エリック　3
ホワイト, マイケル　19, 20, 57, 109, 174
本質主義　5

■ま行

マイヤーホフ, バーバラ　144
マッケンジー, W.　57

民主主義　14
メインズ, B.　163
メディエーション　61
モズレー, ジェニー　142
モンク, G.　105
問題：
　——改善の原則　125
　——にインタビューする　184
　——の影響のマッピング　48, 63, 115, 133

■や行
ユニークな結果　97
抑圧行為　191

■ら行
レジリエンス　56, 58
ロビンソン, G.　163
ロールプレイ　185

著者略歴

ジョン・ウィンズレイド(John Winslade)
現在、アメリカ合衆国カリフォルニア州立大学サンバーナーディーノ校教育学部特別支援教育・リハビリテーション・カウンセリング学科教授。オーストラリアダルウィッチセンター国内・国際部局スタッフ。博士(カウンセリング)。主著に『ナラティヴ・メディエーション —— 調停・仲裁・対立解決への新しいアプローチ』(北大路書房)、『新しいスクール・カウンセリング —— 学校におけるナラティヴ・アプローチ』(金剛出版)など。

マイケル・ウィリアムズ(Michael Williams)
現在、ニュージーランドエッジウォーターカレッジ学生支援カウンセリング長。修士(教育学)。秘密いじめ対策隊をはじめとするいじめへの取り組みにより、ニュージーランド・ヘラルド紙が選ぶ 2012 年年間最優秀ニュージーランド人に選ばれている。

訳者略歴

綾城初穂(あやしろ　はつほ)
現在、福井大学教育学研究科教職開発専攻(教職大学院)特命助教。臨床心理士。東京都立大学人文学部卒業、東京大学大学院教育学研究科修了(博士(教育学))。専門は、臨床心理学、教育相談、ディスコース分析。主要論文に『Deconstructing dominant discourse using self-deprecating humor: A discourse analysis of a consulting with Japanese female about hikikomori and NEET.』(Wisdom in Education)、『Reproducing dominant discourses for therapy: Discourse analysis of a Japanese client's therapy.』(Journal of Systemic Therapies) など。

いじめ・暴力に向き合う学校づくり
対立を修復し、学びに変えるナラティヴ・アプローチ

初版第1刷発行　2016年9月25日

著　者　ジョン・ウィンズレイド
　　　　マイケル・ウィリアムズ

訳　者　綾城初穂

発行者　塩浦　暲

発行所　株式会社　新曜社
　　　　101-0051　東京都千代田区神田神保町3-9
　　　　電話 (03)3264-4973 (代)・FAX (03)3239-2958
　　　　e-mail : info@shin-yo-sha.co.jp
　　　　URL : http://www.shin-yo-sha.co.jp

組　版　Katzen House
印　刷　新日本印刷
製　本　イマヰ製本所

Ⓒ John Winslade, Michael Williams, Hatsuho Ayashiro,
2016 Printed in Japan
ISBN978-4-7885-1491-1 C1037

新曜社の関連書

インプロをすべての教室へ
学びを革新する即興ゲーム・ガイド
C・ロブマン、M・ルンドクゥイスト
ジャパン・オールスターズ 訳
A5判232頁
本体 2100円

越境する対話と学び
異質な人・組織・コミュニティをつなぐ
香川秀太×青山征彦 編
A5判400頁
本体 3600円

遊ぶヴィゴツキー
生成の心理学へ
L・ホルツマン
茂呂雄二 訳
四六判248頁
本体 2200円

あたりまえを疑え!
臨床教育学入門
遠藤野ゆり・大塚類
四六判200頁
本体 1800円

よい教師をすべての教室へ
専門職としての教師に必須の知識とその習得
L・ダーリング-ハモンド & J・バラッツ-スノーデン 編
秋田喜代美・藤田慶子 訳
四六判144頁
本体 1600円

授業を支える心理学
S・ベンサム
秋田喜代美・中島由恵 訳
四六判288頁
本体 2400円

ワードマップ 学校臨床社会学
教育問題の解明と解決のために
今津孝次郎
四六判272頁
本体 2500円

理解するってどういうこと?
「わかる」ための方法と「わかる」ことで得られる宝物
E・O・キーン
山元隆春・吉田新一郎 訳
A5判448頁
本体 2200円

家族と暮らせない子どもたち
児童福祉施設からの再出発
中田基昭 編著
大塚類・遠藤野ゆり 著
四六判232頁
本体 2200円

虐待をこえて、生きる
負の連鎖を断ち切る力
内田伸子・見上まり子
四六判260頁
本体 1900円

*表示価格は消費税を含みません。